imaginist

想象另一种可能

理
想
国
imaginist

# 规则
# 为什么会失败

## 法律管不住的
## 人类行为暗码

BENJAMIN VAN ROOIJ
ADAM FINE

# THE
# BEHAVIORAL
## CODE

The Hidden Ways the Law
Makes Us Better ... or Worse

［荷］本雅明·范·罗伊　［美］亚当·费恩　著　高虹远 译

上海三联书店

THE BEHAVIORAL CODE: The Hidden Ways the Law Makes Us Better ... or Worse
by Benjamin van Rooij and Adam Fine
Copyright © 2021 by Benjamin van Rooij and Adam Fine
Simplified Chinese edition © 2023 by Beijing Imaginist Time Culture Co., Ltd.
Published in agreement with The Stuart Agency, through The Grayhawk Agency Ltd.
All rights reserved.

著作权合同登记图字：09-2023-0632

图书在版编目（ＣＩＰ）数据

规则为什么会失败：法律管不住的人类行为暗码 /
（荷）本雅明·范·罗伊，（美）亚当·费恩著；高虹远译 .
-- 上海：上海三联书店，2023.10（2024.2 重印）
ISBN 978-7-5426-8193-5

Ⅰ . ①规… Ⅱ . ①本… ②亚… ③高… Ⅲ . ①法理学
Ⅳ . ① D903

中国国家版本馆 CIP 数据核字 (2023) 第 157443 号

规则为什么会失败
法律管不住的人类行为暗码
[荷]本雅明·范·罗伊、[美]亚当·费恩 著；高虹远 译

责任编辑 / 宋寅悦
特约编辑 / EG
装帧设计 / 尚燕平
内文制作 / EG
责任校对 / 王凌霄
责任印制 / 姚　军

出版发行 / 上海三联书店
　　　　　（200030）上海市漕溪北路331号A座6楼
邮购电话 / 021–22895540
印　　刷 / 山东临沂新华印刷物流集团有限责任公司

版　　次 / 2023 年 10 月第 1 版
印　　次 / 2024 年 2 月第 2 次印刷
开　　本 / 635mm×965mm　1/16
字　　数 / 288千字
印　　张 / 19.75
书　　号 / ISBN 978–7–5426–8193–5/D·597
定　　价 / 59.00元

如发现印装质量问题，影响阅读，请与印刷厂联系：0539–2925659

推荐序一
# 在政策制定问题上展示社会科学（经济学）的威力

聂辉华

中国人民大学经济学院特聘教授

在所有的科学问题中，理解人的行为可能是最难的问题之一。因为人是这个星球上最富有创造力的物种，其行为就不免缺乏明显的规律。然而对政策制定者而言，理解人的行为又是最基础的工作之一，惟其如此才能针对性地制定有效的政策。尤其是，如何让人遵守各种规则，或者反过来说，如何让人不要违法犯罪？为了回答这个难题，本雅明·范·罗伊与亚当·费恩两位教授合著了这本《规则为什么会失败》(*The Behavioral Code*)。仅凭书名，就可以期待它是一本有趣的书。

让我先从自己熟悉的经济学角度讨论这个问题吧。在如何减少违规违法行为方面，经济学的答案非常简单：激励（incentive）。哈佛大学经济学家曼昆在其风靡全球的教科书《经济学原理》中总结了十大原理，其中之一就是"人们会对激励做出反应"。事实上，近40年来的信息经济学、契约理论和机制设计理论，很大程度上就是为了解决激励问题而发展的。可惜，激励不是万能药，有时甚至适得其反。本书就举了一个例子。幼儿园通知家长们每天下午5点来接小孩，如果迟到就要罚款（一种反向激励）。结果如何呢？迟到的家长更多了。因为那些忙碌的家长认为，既然我付了罚款，那你就必须帮我看好孩子。此外，社会学和心理学的研究表明，金钱和奖品这样的外在激励，会降低儿童的内在动机，阻碍他们发展自主性和独立性，也弱化他们的自我管控责任。

严刑峻法有用吗？1975年经济学家埃尔利希在一篇论文里证明，每执行一次死刑，可以防止七八次谋杀案，然而经济学同行发现了本文存在数据操纵问题。还有研究发现，死刑会导致更多的犯罪，因为处决的残酷性会刺激罪犯，促使其正当化自己的暴力行为。关键是，所有研究仍然没有建立起足以证明一般威慑确实有效的完整因果链。这不禁使我看起了几年前热议的一个问题：该不该给人贩子判处死刑？从事前威慑的角度看，很多人赞成使用极刑；但从事后降低危害的角度看，极刑有可能导致犯罪分子"狗急跳墙"。你看，哪怕是一种犯罪事实很清楚的行为，也不容易找到最优的消除方案。

本书的两位作者也提到，减少违规违法行为的关键是刑罚的确定性。刑罚的确定性越高，犯罪者越可能被抓、被起诉、被定罪、被罚款或监禁，刑罚就越可能起到威慑作用。这就要求提高执法水平。然而两位作者也提到，社会科学表明，威慑作用是主观的，它完全取决于潜在犯罪者的认知。比如在环保问题上，针对企业环保经理们的一项调查表明，受访者听说过的罚款次数远少于实际发生的数量；对美国54个具有一定人口规模的大型县的1500多名成年人的调查也表明，人们对刑罚的严厉性和确定性的感知，与实际数字间的相关性几乎为零！

两位作者进一步指出，当法律试图凭借激励来影响人的行为时，它是在假定人们会理性地权衡这些激励措施。但人们其实并非理性人。诺贝尔经济学奖得主卡尼曼在《思考，快与慢》这本书中告诉我们，人并非总是凭借理性做决策，而是拥有两套决策系统："系统1"凭直觉做出决策，"系统2"凭理性做出决策。直觉更快，虽然不太准确；理性严谨，但是太耗脑力。基于心理学和行为经济学的研究，法律如果想改善人的行为，就必须学会与人脑这头自主运行、易于出错的"大象"对话，并且要综合运用社会规范、包括道德压力来影响行为。比如一项关于汽车保险的研究表明，在保单表格的顶部签名的人报告的里程数大大高于在底部签名的人——差异超过10%，即前者更诚实。原因是，当事人如果在表格顶部签名，注意力就集中到了自身，而不是格式化的条款。有意思的是，我们人民大学期末考试时，本科生必须签署的考试承诺书，就是在试卷内容的前面。

再进一步分析，法律要能够影响人的行为，前提是人们熟知法律，但事实并非如此。例如，美国加州大学有10所分校，28万人，为了避免火灾导致的责任，该大学制定了4000页的安全规程。这根本不是一个事前的防火系统，而是一个事后的免责系统。想象一下，我们有多少人在手机或电脑屏幕上一看到应用程序的冗长条款，就直接拖到页面底部点击"同意"？你看，连熟知规则有时都是一件很奢侈的事情，更不必说遵守规则了。

那怎么办呢？《规则为什么会失败》的两位作者提出了一套行为暗码六步法：第一步，分析不当行为有哪些类型；第二步，分析不当行为是如何运作的；第三步，为克制不当行为，了解人们需要什么；第四步，人们是否认为规则、规则制定者和规则执行者是合法的；第五步，了解道德和社会规范起什么作用；第六步，如何将激励和外在动机考虑进去。

本书内容环环相扣，循序渐进，引人入胜。但对我来说，最有价值的是，它在政策制定问题上充分展示了社会科学的威力，帮我们重新找回了社会科学（尤其是经济学）的尊严和价值。近几十年来，很多人批评经济学是"精致的平庸"，即用一套复杂的模型或者大样本数据，严谨地证明一个凭直觉或经验就知道的结论，简直是用高射炮打蚊子，而且还很难打中。但通过本书，我们发现，经济学所推崇的严谨的逻辑推理、严密的因果关系识别，在政策评估和政策制定过程中都非常重要。如果缺乏严谨的逻辑和可信的证据，错误地制定了一项政策，就有可能导致祸国殃民的恶果。从这个角度讲，我有时保守地认为，把经济学当作一种方法论，至少对社会是无害的。你同意吗？

# 行为法经济学的未来

梁捷

上海财经大学副教授

经济学应当成为法学的重要支柱,"法经济学"(Economics of Law)应该在法学研究中拥有更重要的地位,这种观点近年来已经被诸多法学名家所接受。法经济学又可以分出不同派系,比如有人主张"法和经济学"(law and economics),另一派主张"法的经济学分析"(economic analysis of law),这些差异都源自对法律和经济学各自立场的不同认识。

探讨法经济学,必须追溯它的源头,即关注经济学本身的范式演变,以及它对于法律分析的直接和间接影响。1960年,科斯发表了名为《社会成本问题》的经典论文。后来有学者根据这篇文章的思想,归纳出了"科斯定理"。科斯定理非常关键。因为它提供了一个参照系,形成了一套关于产权、交易费用、契约等问题的经济学核心范式。科斯定理复活了制度经济学,也成为法经济学的源头之一。

科斯一直在芝加哥大学任教。后来同在芝加哥大学的经济学家贝克尔发表经典论文《犯罪与刑罚:一种经济学方法》,大法官波斯纳则在芝加哥大学创办了《法律研究杂志》。他们都主张用新古典经济学的方法来分析法律,从而构成了法经济学运动中的芝加哥学派。

同一时期，耶鲁法学教授卡拉布雷西发表论文《风险分配和侵权法的某些思考》，逐步发展出了法经济学的耶鲁学派。他们更多用整体结构的经济学方法来分析法律，推动法经济学成为法学院的一门常规课程。到了20世纪90年代，美国和西欧的著名法学院里至少要聘任一位经济学家。斯坦福法学院的莱希格曾说："今天我们全都是法经济学家了！今天的《公司法》和《反托拉斯法》已经令在它降临之前的法学院毕业生不认识了……法经济学的见解如今是常规科学。"耶鲁法学院的克隆曼说："法经济学是如今美国唯一真正有影响的法学流派。"这些名人的话，都可作为法经济学运动蓬勃兴起的佐证。

波斯纳1987年在《哈佛法学评论》上写了一篇文章，宣布"法律作为一个自主学科的衰落"。波斯纳1962年从哈佛法学院毕业，他对法学主流从"法律形式主义"朝向"法律现实主义"的转变趋势有着特别敏锐的观察。他表示，自己学习法律的时候，正是"将法律视为独立自主的学科"这种确信行将完结的时代，针对法律现实主义者的批判已经偃旗息鼓。所以他倡导的法的经济分析才会大受欢迎，在很短时间里就转变成法学院的重要课程。

好景不长，20世纪90年代开始，新古典经济学自身出现了一些缝隙。不断有新潮学者利用实验方法挑战新古典经济学的经典假设，逐渐形成一股潮流。他们用多种可重复的实验证明，人类行为系统性地偏离理性经济人假设，这绝非偶然。现有经济学理论面临危机，需要范式更新，才有可能准确地解释一系列人类行为。

经济学本身的危机，很自然地也蔓延到了法学领域。本雅明·范·罗伊与亚当·费恩所著《规则为什么会失败：法律管不住的人类行为暗码》一书，正是在这种传统经济学已经失败、新兴经济学尚未完全成型的背景下进行的写作。在他们讨论的诸多案例中，不仅规则失败了，传统的法的经济分析也失败了，这是一种双重失败，只有新兴的经济学才能挽救这种局面。

这种新兴的经济学叫作"行为经济学"（behavioral economics）。如果追溯它的源头，最早可以追溯到普林斯顿心理学家卡尼曼和特维斯基在 20 世纪 70 年代的一系列研究。他们在 1979 年对于"前景理论"的研究，堪称近几十年最有影响的经济研究工作之一，在所有经济学论文中，下载引用率可以排进前三。他们的多项工作展示了行为分析的力量，为行为经济学正名，同时使得"行为法经济学"成为可能。1998 年，美国学者乔尔斯、桑斯坦和塞勒的论文《法经济学的行为方向》在《斯坦福法学评论》上发表，紧紧跟随卡尼曼等的脚步，提出了"行为法经济学"的概念。

行为经济学打破众多新古典经济学理论，本身却没能提供基础稳固、逻辑一致的替代方案，所以行为经济学至今仍在经济学内部存在争议。它在众多经济学分支领域都已开展应用，甚至引发一些领域出现了"行为学转向"的奇观。尽管它已经取得大量荣誉，尽管各类经济学顶级学刊上都在发表行为经济研究，尽管每次行为经济学的国际会议都会爆棚，但国际国内对于行为经济学的批评从未停止。2002 年，诺贝尔经济学奖颁给了卡尼曼，后来又陆续颁给了罗斯、塞勒等行为经济学家，意味着经济学界开始承认行为经济学，但这一切仍只是开端。行为经济学尚且如此，法经济学如要全面转向行为法经济学，挑战只会更多。

行为经济学过去研究多集中在理性主义比较强大的领域。例如，拍卖理论是博弈论的重要应用场景之一，多涉及复杂的计算问题。行为经济学家发现，人们在拍卖市场里的行为表现与理论预期有显著偏差，需要更富有包容性的理论，这就是行为经济学。排名理论的研究，催生出最早一批行为经济学家。

到了今天，行为经济学已经走出传统领域，四处挑战。例如塞勒研究过纽约出租车的工作时间问题，可以归入劳动经济学。他也研究过个人储蓄的问题，可以归入行为金融学。他还尝试从行为角度解释违法行为，这就属于行为法经济学了。行为分析方法本身并无边界，但将它引入其他领域，势必要与该领域的核心范式碰撞。

《规则为什么失败》就搜集了大量法律案例，从行为学角度来解释这些法律实践失败的原因。行为经济分析的研究往往思路独特，解释有力，让人耳目一新。如果行为经济学比传统的新古典经济学好用，预测结果更准确，法律设计更可靠，法经济学转向行为法经济学就是很自然的结果了。

行为科学的范式革命虽仍在进程之中，《规则为什么失败》已为我们展示了行为法经济学的巨大潜力。所有关心法律的读者应当同时关心行为科学的进展，因为法经济学未来的图景已经依稀可见。

献给雅妮内，马克斯和马蕾

——

献给莉亚涵和我的女儿们

# 目　录

# 第一章
# 双"规"记

请想象你有一颗药丸，红色的药丸，有点像《黑客帝国》里墨菲斯给尼奥的那种，吃了这药丸，你就能看到世界的真貌。

在今天之前的每个早上，你都是关掉闹钟，穿好衣服，冲好咖啡，然后开车去上班。但今天早上，就在你离开家之前，你用水送服下了这颗红色药丸。起初一切如常，在加州美好的阳光下，你把车倒出自家车道。就在这时，一段段印刷体小字突然出现在你眼前，它们就仿佛附着在你能看到的所有物品上。在街对面的限速标志下，你看到了这样的文字："在依据第 22349 条或第 22356 条规定限速的高速路段，机动车行驶不得超过相应限速。"

文字继续出现："在高速路段，任何机动车辆时速不得超过 65英里；"你揉了揉眼睛，继续定睛阅读，"在充分考虑天气、能见度、路上交通状况、路况及路面宽度后，机动车行驶不得超过合理的安全车速；在任何情况下，机动车行驶速度不得危及人身和财产安全。"

你注意到，这些文字的末尾都有一行小字标明了其来源：《加利福尼亚州交通法规》。

随着药力增强，你开始注意到一行行小字无处不在。目光所及，到处都是规则、规则、更多规则。滚动的小段文字充斥车内。有的规则说明你必须持有驾照才能驾车，有的会限制使用手持设备，还有的限制醉驾、药驾。你早已对这些规则知道个大概，但亲眼看到周围有这么多的规则细节，你还是会大吃一惊吧。

你还发现，文字里有一些你依稀知道不应该做，但从未真正确定是非法的事情。有一行文字说不许向车窗外扔"任何瓶子、罐子、垃圾、玻璃、钉子、废物、纸张、铁丝等任何可能在公路上造成人身伤害和财产损害的物品，或任何恶臭、恶心或令人讨厌的东西"。那么，把苹果核扔到车窗外的灌木丛中违法吗？你猜这取决于人们是否将苹果核视为"令人讨厌的东西"，或者它是否构成"废物"什么的（这里的"废物"是英文中的 offal，可以特指动物内脏、腐烂的动物肉，也可以笼统地指废物）。

车内的信息让你应接不暇。于是你停车、下车，靠在引擎盖上。但你的车灯周围也聚集着大量的文字。你读了几条。有些只是陈述显而易见的事实："除摩托车外，机动车应至少配备两个前照灯，车头两侧至少各有一个。"这很有道理。但另一些文字中的细节你却闻所未闻："前照灯和前照灯中的所有光源，离地高度应不高于 54 英寸且不低于 22 英寸。"另一段文字说："任何机动车可配备不超过两个安装在前面的辅助灯，离地高度应不低于 16 英寸且不高于 42 英寸。"这段文字继续说："辅助灯是为补充前照灯中的远光灯而设计的，不得与近光灯同时打开。"这是否意味着你不能同时使用辅助灯和前照灯？这两者又有什么区别？

你的驾照考试中不会考这些规则。但当这些法律条款显现在你眼前时，你才意识到，到处都是数量庞大且非常具体的法律规则。谁会知道关于车灯都有这么详细的规则？而神奇的红色药丸只是揭示了这些条款中很小的一部分。仅仅是《加州交通法规》就有一千多页，多如牛毛的法律条款几乎涵盖了关于操作和驾驶机动车的方方面面。[1]而这些还只是适用于驾车的州法规，联邦和州指导汽车制造和销售的法律法规还未包括在内。这颗神奇药丸也可以显示出与汽车生产侵权责任、车辆尾气排放、汽车安全标准、汽车制造业工人的职业健康和安全标准以及与竞争法相关的数目惊人的法律法规，更不用说成千上万页关于汽车生产和销售的美国税法了。

红色药丸会显示出，法律法规无处不在。目光所及之处，你都能看到成堆成堆的法律规则。

我们生活在一个由规则，尤其是法律规则指导着生活方方面面的世界里。规则无处不在。在我们工作时，看电视时，耕种时，提供食物时，进行体育运动时，建造房屋时，规则都在那里。在我们约会和恋爱时，上网时，甚至睡觉时，规则也在那里。

法规和人类的历史一样古老。我们可以从古老的宗教典籍，如《圣经》和《古兰经》中清清楚楚地看到它们。最初，每个人都知道这些法规。它们可能是一个社群的规矩，是《汉谟拉比法典》，是刻在周朝青铜鼎上的法律制度，或者是"十诫"。它们是群体的习俗或城邦的法律。然而，随着法律体系及社会的扩大和复杂化，法规条文本身也在不断增长。每当遇到新风险或新问题，人们就呼吁制定新的规则，更多的法律法规因此被采用。

日常生活中，我们只会看到全部明暗规则的一些片断。在每一次新的大规模枪击事件后，我们都会了解到关于攻击性武器、撞火枪托和背景调查的各种枪支方面的法律。在伯尼·麦道夫（Bernie Madoff）的大规模庞氏骗局之后，我们了解了关于欺诈和证券的法律法规。随着美国"阿片危机"的兴起，在普渡制药和强生公司的历史性诉讼和解后，我们了解了侵权行为法和产品责任法。

但在所有这些事件中，普通人对包围在自己身畔的全部法律法规，只有九牛一毛的了解。法律的规模和复杂性已使掌握其全部内容变得不可能。哪怕训练有素的律师，也无法掌握真正存在的全部法律条款。律师们自己也不得不做许多小时的法律研究，在法律法规和案例法的数据库里钻研，但即便如此，充其量也只能说得到了一幅模糊的图景。法律体系已经变得如此庞大、复杂，使我们无法看到错综复杂的规则网，而某种程度上，又是这张网塑造了我们生活的方方面面。

用这样一个庞大的法律体系来指导我们的日常生活，看似无稽之谈。但是，大多数规则的存在是有原因的，目的是使我们免受伤害。

我们来想一想，美国是如何利用法律法规来应对 20 世纪中遇到的一些重大挑战的。20 世纪六七十年代，美国 2/3 的湖泊、河流和海岸被严重污染，到了钓鱼和游泳都不安全的程度。因此，国会在 1972 年通过了《清洁水法案》。这部新法律试图从根本上遏制水污染，使人们可以安全地在河道上钓鱼和娱乐。另一个例子要回溯到 20 世纪 30 年代。大萧条之后，国会颁布了《格拉斯—斯蒂格尔法案》（又称《1933 年银行法案》），将高风险的投资银行业务与普通商业银行业务分开。依据该法案，联邦存款保险公司（FDIC）成立，它通过为银行提供存款保险来保护人民，旨在帮助维持国家银行系统的整体稳定。

每当社会面临损害或风险时，我们就会继续扩充规则，并将其纳入法律条款。关于损害和风险指什么，是什么原因造成的，什么可能是立法上最好的回应，众人时而会莫衷一是。可一旦有了足够的共识和政治支持，我们就会建立新的法律规则来应对我们的社会、市场和环境所面临的风险。

法律当然是必要的。没有有效的法律规则，我们就不能保护自己的财产，避免被盗；小企业会被大型垄断企业和不公平的借贷操作吞并；环境会更加恶化，气候会继续变暖；许多食物将无法安全食用；政府不再能收到税款，于是公立学校将关闭；老板也可以随心所欲地骚扰我们。

是法律规则使当代社会成为可能。然而，人们在日常生活中却很少去想法律规则是如何实际运作的。一旦理解了现有的法律规则，我们就会看到一个旨在保护我们安全的庞大规则体系。当然，并非所有法律规则都以此为宗旨，历史上也不乏相关反例，从纳粹德国的法律，到美国的快克可卡因与粉状可卡因之间的联邦量刑差异[*]，这些法规为不公正服务，造成了更多的伤害。显然，法律要运作良好，本身必须公正。但在法律规则确实旨在改善人民生活的前提下，只有人们遵守这些规则，同时这些规则也实实在在地改变了人的行为时，法律才能发挥作用。

洛杉矶和橙县的 405 号州际公路限速为时速 65 英里。但在没有大规模的交通堵塞困扰该地区时，几乎人人都以至少 70 英里的时速开车。加州的司机们是知道限速规定的，每条道路上都有限速标志

---

[*]　1986 年和 1988 年联邦通过了两个判决法律，美国借此建立了一个粉状可卡因和快克可卡因 100:1 的比例关系，即一个人若携带 500 克粉状可卡因，将有可能获得 5 年刑期；而他如果只携带 5 克快克可卡因，也将获得相同的 5 年刑期。这一政策存在种族歧视，因为贩卖或持有快克可卡因而被判刑的，大部分是黑人，而大部分粉状可卡因吸食者是白人。——译注（本书此后脚注若无特别说明，均为译者注）

在提醒他们限速多少。他们可能也知道超速的罚款数额和其他处罚，甚至知道如果被抓的次数太多，可能会被吊销驾照。然而，大多数司机在 405 号州际公路上依然逮着机会就超速。

法律规则未能改变人的行为的例子不胜枚举。在 20 世纪 20 年代的禁酒令期间，美国领导人出台了多项法律，甚至修正了宪法，以禁止酒精消费，而美国人的饮酒习惯却丝毫未被改变。[2] 该法律只因滋生了黑市和有组织犯罪而被世人记得。它甚至不仅仅是"失败"——实际上，它还引发了更多犯罪。

禁毒战争在历史上也是频频重演。美国的立法者出台越来越严格的法律，禁止使用、生产和销售娱乐性毒品（最近对大麻监管的放松是一个例外）；自 1971 年以来，执法部门的禁毒战打了一场又一场。[3] 但美国的毒品滥用依旧猖獗。尽管法律禁止海洛因并严惩毒犯，阿片类药物依然肆虐，美国每年死于阿片类药物的人，比死于整个越南战争的还多。[4]

法律也不易改变企业的行为。几乎每个星期，媒体都会曝光又一家大公司恶劣的违法行为。回想一下脸书公司被揭露出如何试图压制和攻击其批评者，大众汽车尾气排放造假丑闻，或者富国银行的大规模欺诈案。也请想一想，美国银行在 29 个案件中一共被罚款超过 560 亿美元，依然屡罚屡犯。[5] 每周都有上百名美国人由于违反《职业安全法》而死于工作 [6]——事实上，美国人每年死于工作的，比 2003—2010 年在伊拉克丧生的还要多。[7]

日常新闻里也充斥着法律条文没能保证我们安全的例子。法律禁止警察射杀手无寸铁的平民，但警察射杀平民的视频每月都会出现，并像病毒一样传播。法律禁止在体育赛事中使用提升运动表现的药品，但奥运选手频频被检出使用违禁药物，哪怕是穿"我不使用兴奋剂"宣传衫的那些运动员。法律禁止性侵和性骚扰，但从好莱坞到国会，从教会甚至到我们的法院，几乎每天都有性侵者被揭露。

显然，我们的法律规则并不总是有效。最坏的情况是，法规没能改变有害行为，也没能给我们它所许诺的保护。当这种情况发生时，我们所拥有的只是一纸空文，这套纸面上的庞大规则体系对维系我们的生活、社会、市场和环境的安全没有多大作用。因此，本书致力于回答的关键问题是：为什么法律不能改善人们的行为？

站在一班法学院学生面前，我们把一本美国宪法口袋本放在讲台上，请学生们告诉我们这是什么。

几个学生说："这是宪法。"

"不，"我们说，"再仔细看看。"

"我们的基本权利，"另一名学生试着说。不，再看看。

"是法律。"又一个说。

不，也不对。"你真正看到的，精确而言，到底是什么？"

"一套基本的法律规则。""我们社会结构的核心。"

不对，还有谁想回答？学生们七嘴八舌，直到最后一名学生给出了我们期待的答案。

"它是一叠纸。"

完全正确：就是印在纸上的文字。归根结底，法律条文只是印在纸上的文字，至少在我们开发了数字法律数据库，把法条呈现为二进制代码之前，它们一直都是这样。一旦我们看清了法律条文的实质，它在改变世人行为上的失败就没什么可惊讶的了。立法者似乎奢望仅仅靠撰写文本来改变人们真实的日常行为。但无论是印刷品还是电子化的文本，又如何能影响我们的行为？书本上的法律如何能变成行动中的法律？这绝非易事。

为了理解这套纸面规则如何塑造行为，我们必须换个视角。与其靠吃神奇药丸来读到规则，我们不如来看看人们对这些规则如何反应。我们会看到一种非常不同的规则，这是一套行为机制的暗规则，即"行为暗码"。

以安全带为例。每次坐进车里，你都会不假思索地系上安全带。这不是一个真正有意识的决定，你也从未真正想过要求你系上安全带的具体法律条款。然而情况并非一直如此，过去几十年里，绝大多数司机和乘客都不使用安全带。

至 1968 年，美国法律已要求所有车辆都配备安全带。[8] 但直到 20 世纪 80 年代，只有 1/10 的美国人真正使用了安全带。[9] 法律改变了这种情况。1984 年，纽约州成为第一个要求司机使用安全带的州。很快，除了以"不自由，毋宁死"为州训的新罕布什尔州外，其他各州纷纷效仿。全国的安全带使用率从 10% 猛增到了 50%——这可是 400% 的增长率。[10] 仅仅是引入强制使用安全带的法律，就极大地影响了人们的安全驾驶习惯。

但仍有一半的美国人不系安全带。针对这个问题，各州开始组织执法活动，还打出了像"不系带，吃罚单"（click it or ticket）这样朗朗上口的口号。那些偷懒不肯系安全带的人被警告说，如果不遵守新法律，可能面临罚款。罚款金额很小，大多远低于 100 美元。相比之下，超速的罚单要贵得多。与此同时，官方也播放公益广告，展示使用仿真假人所做的未系安全带的碰撞测试，以此来警示潜在的可怕后果。汽车制造商也安装了安全带提醒装置，提醒（确切地说只是烦扰）我们系好安全带。[11] 在所有这些努力的联合作用下，今天，约有 90% 的美国司机和汽车乘客都会系安全带[12]，且其中大部分人都已习惯成自然。

现在让我们试着辨别一下哪些行为机制在这里起了作用。前两项很容易被忽略。仅仅是新法律法规的颁布,就极大地改变了人们的行为。从行为学的角度看,这意味着两件事。首先,人们了解了新的规定是什么,它们又有何要求;很多时候情况并非如此——大部分法律条款不为人知,因此基本上形同虚设。第二,仅仅因为规则的改变,人们就开始改变自己的行为,甚至无须有明确的执法力度——他们仅仅是对"这是法律"这一情况做出了反应。这里,是遵守法律的责任感和法律的制度正当性本身起了主要作用。

别的一些行为机制也发挥了作用。法律通过实施罚款,使人们顾虑不系安全带的后果。但有趣的是,不系安全带的罚款金额很低,比超速的罚款金额低得多,而针对超速的罚款似乎不起作用。不知何故,这些低额罚款反而触发了预期的行为反应。

接下来是借公益宣传说服公众,系好安全带是为了他们自己的利益。这些宣传是在试图将系安全带的决定从外在动机("我不想受罚")转为内在动机("这是我自己的利益,我因此不会受伤")。

然后是提醒装置的鸣音。恼人的哔哔声为那些仍未系好安全带的人制造了实际障碍,它在法律责任、对惩罚的恐惧和内在动机之外,又添了一层行为因素。即便之前的行为机制都没起作用,你可能还是会屈服于这哔哔声。事实上,这个提醒鸣音会使不系安全带的驾驶变得非常困难,至少是非常烦人。

随着越来越多的人开始使用安全带,系上安全带变得比不系更为常规了。人们开始效仿他人,这种行为也在社会上维系了下来。到最后,系上安全带,已是习惯成自然。这种行为变得深入人心,已经不再是一个需要做决定的事情。我们几乎不会注意到,我们无意间就在遵守法律。

不得不说，这是法律的明文规则和行为暗码的规则完美结合的成功典范。

在这些及其他的事例里，我们或许看到了干预措施，如惩罚和公益宣传，而法律规则塑造行为的其他方式依然晦暗不明。我们没有看到人们的守法责任感，也没有看到人们如何看待法律制度的正当性。我们难以理解人们的动机，以及大家如何回应公益宣传。我们并不总是知道人们如何看待惩罚，对惩罚的恐惧又如何干预着他们的行为。我们很少考虑人会在多大程度上效仿他人，或者实际障碍如何影响不当行为，更不用说无意识行为是如何占了上风，即便我们自认为正在做有意识的理性决定。

为将法律改进得更为有效，我们需要了解行为暗规则（暗码）。社会科学是这里的关键。几十年的研究已经揭示了各种人类行为机制，是这些机制塑造了人对法律规则的反应方式。科学已经让无形的行为暗码变得可见。它显示了我们的法律是如何影响人的动机、调整人的处境，从而提高其依从性并防患于未然的。在过去40年，科学已经彻底改变了我们对人类行为方式及不当行为成因的理解。但此类科学还没有融入我们的法律。囿于学术期刊的价格门槛和学术术语的晦涩，许多科学见解依然隐而不显，就像行为暗码本身一样。

不良行为破坏了我们的社会、我们的安全、市场、生态及生活方式。我们已经建立了一套复杂的法律规则，来处理不同形式的破坏行为。显然，法律规则的目的是塑造行为。法律专业人士在其中起着关键作用。这些专业人士作为立法者，会起草我们的成文法，并选择哪些内容能被通过；作为检察官和监管者，他们决定法律是否以及如何被执行；他们也被雇来起草合同，设计组织规则，将法律规则融入商业交易；他们还会担任法官，运用法律解决争端，并在此过程中解释和影响法律在未来的含义；作为法学教授和法律专家，他们也左右着关于法律是什么又应该怎样的公共辩论。

就这样，我们把法律制度中的设计和关键决策留给了法律从业者，但他们对于人类行为背后的社会科学并无多少知识。法学院的课程设置几乎完全忽视了曾撼动过经济学、伦理学等领域的行为学革命。[13] 对于设计和执掌法律规则的从业者们来说，社会及行为科学基本不是他们的必修，于是他们只能依靠自己对人类不当行为的直觉，而这些直觉，很多已经被实证研究证明是错的。我们把对于人类行为最重要的编码——法律规则——交给了行为科学的新手。

而这不仅仅是立法者的失误。我们的法律往往起源于一个受舆论影响的政治过程。但从业者中很少有人了解行为暗码，遑论描绘它的社会科学。于是，在听闻一起残忍的谋杀、一家跨国公司贿赂国家政府或是又一起令人震惊的 #MeToo* 案件时，在看到汽车危险地超速疾驰时，我们会依靠自己的本能反应。是这些自然生发的本能反应最终塑造了舆论和立法。我们如果真的关心如何使法律更有效，就必须学会理解行为暗码，必须深入研究社会科学，它会向我们揭示一直隐藏着的是什么。只有理解了人类行为，法律才能真正履行其职能，保证我们的安全。

————————————

\* 美国反性骚扰运动。

# 第二章

# 惩罚错觉

夏尔米和谢尔比简直要逼疯他们的家人了。[1]每天，这个 5 岁的男孩和他 4 岁的妹妹都尖叫着在家里四处乱窜。他们逮着什么就往上爬，无论是门，厨房台面，还是后院的树。他们在车上也完全失控，大喊大叫，互相踢打，从安全带下钻出来。小谢尔比如戏精附身，稍不称意就声嘶力竭地哭号。而夏尔米如战神附体，谁挡了他的道就推倒铲开。他对妹妹尤为暴力，不停踢打她，有时甚至掐她脖子。

终于，他们的父母忍到了崩溃的边缘，把孩子的视频发给了一个叫《超级保姆》("Supernanny")的电视节目，向"超级保姆"本人乔·弗罗斯特（Jo Frost）这位英国知名的育儿大咖求助。"超级保姆"乔拜访了他们家，在孩子们不在的情况下观看了夏尔米和谢尔比恐吓父母的视频。她大声惊呼："怎么会这样？"

经过一段时间的观察，超级保姆直指父母面对孩子糟糕行为时的应对不当："孩子不尊重你们以后，你们从来没有立规矩……你们的孩子不知道规矩是什么。是回自己卧室，打屁股，数一二三四，还是别的？我不知道，因为我什么都没见到。如果你们没有给孩子设定界限，怎么能指望孩子满足你们的期望？"

超级保姆开始教这对父母如何有效地利用惩罚。她在每一集节目里用的窍门其实很简单：家里需要制定明确的规则，违反规则必须承担后果。规则本身也非常简单，包括一个明确的日常作息表，其中设有固定的看电视和玩电子游戏的时间；她要求父母在房子里设置"禁区"标志，标明哪些地方夏尔米和谢尔比不可以进入或攀爬。

超级保姆还教父母如何在孩子们（难免）违反规则时施以惩罚。她指导父母在家里指定一个专门区域，孩子违反规则要去那里冷静，她称这个区域为"淘气角"。父母要把违反规则的孩子在这个角落里待的分钟数，设为他 / 她的年龄，即夏尔米是 5 分钟，谢尔比 4 分钟。而且，也许最重要的是，在父母把夏尔米和谢尔比放在淘气角之前和之后，都要解释他们被放在那里的原因。

夏尔米和谢尔比的妈妈乔埃儿不相信这会奏效。她特别担心夏尔米，说他"非常倔强"。正在乔埃儿表达她的担忧时，夏尔米就跑开了，他躲在桌子下面尖叫，不肯出来。乔埃儿一下子就得到了尝试新方法的机会。她把儿子拖到淘气角，并按指示解释说："夏尔米，我要把你放在淘气角，因为你不听话。你要在这里待 5 分钟。"

奏效了吗？当然没有。知子莫如母。不到一分钟，夏尔米又跑开了，他妈妈追着他从房子里一直追到花园。乔埃儿很绝望："我没辙了。难道要我满街坊追他吗？"转眼间，夏尔米爬上了一棵树，他妈妈和超级保姆都够不到。

最后，在剥夺电子游戏时间的警告下，夏尔米才被妈妈带回了屋内的淘气角，被留在淘气角里哭泣，而妈妈去把定时器设置为 5 分钟。你猜怎么着？小夏尔米在淘气角里待了整整 5 分钟。当 5 分钟结束时，乔埃儿向夏尔米解释她为什么把他放在那里："妈妈把你放在淘气角是因为你不乖。你应该向我道歉，那我就原谅你这次。"

小夏尔米含泪啜泣着说："对不起。"

　　淘气角创造了奇迹。愤怒的幼儿和好斗的学前班儿童很快学会了遵守家规。这个转变虽不是一蹴即就，但父母亲眼看到了，一以贯之、解释清楚的惩罚，最终会改变孩子的行为。在电视节目里，这看起来很容易——只需制定规则，一旦被违反就解释规则同时迅速而一以贯之地实施惩罚。

　　淘气角对我们有天然的吸引力。我们早已见惯了用惩罚来纠正不良行为。从幼年起，我们一旦做错事，就会受父母和老师的惩罚。就像超级保姆一样，我们中许多人都认为惩罚可以改变行为，使人免于违反规则。其实仔细去看的话，你会发现淘气角在我们的家庭、学校和工作场所到处都有。它也根植于我们的法律制度，以及政治和民众对法律应如何应对不良行为的呼吁中。小到儿童日常的调皮捣蛋，大到社区中的严重犯罪，用惩罚来纠正不当行为感觉很自然，简直是直觉反应。因此我们很多人都有所谓的"惩罚直觉"（punitive intuition）。

　　2016 年 2 月，美国参议员伊丽莎白·沃伦（Elizabeth Warren）在她的脸书页面上写道："适可而止吧。"[2] 检察官与又一家华尔街大银行（这次是摩根士丹利）就又一起违法案件达成和解。正如沃伦所解释的："这些人违反了法律，他们这样做是出于最古老的理由：赚更多的钱。"在她看来，和解是不够的。"公司将支付罚款，每个参与密谋、计划和诈骗的高管今晚都能回家与家人团聚，用他们丰厚的奖金尽情消费；他们都笑到了最后——没有人被逮捕、没有人被起诉、没有人去坐牢。"此前，她还在《纽约时报》的一篇评论中写道："正义不能是给偷车的半大孩子判刑，而对悄悄策划盗窃数十亿美元的首席执行官（CEO）却只是侧目而视。"[3]这篇评论提到了她自己对20起公司违法案件的综评。在这20起案件中，只有一名高管获刑入狱。这名高管被指控须对一起致29人死亡的矿难负责，而刑期只有3个月。[4]

在她的脸书发布和《纽约时报》评论文章发表几个月后，沃伦参议员给司法部（DOJ）写了一封公开信，信中批评司法部对某9人未做检控，而他们与2008年金融危机有关，涉嫌严重违反联邦证券法及其他法律。她在信中指出："这9人中没有一个入狱或被判有罪，甚至没有一个人被起诉或受审。"她解释说："这些公司和个人，是导致金融危机并使数百万美国民众陷入困境的罪魁祸首，却无须面对刑事指控。司法的缺席令人出离愤怒。"[5]

就在沃伦呼吁加大惩处力度的同时，官方的诉讼政策已经在发生变化。到2015年底，奥巴马时期的司法部已经承诺对处理公司犯罪实施重大改革。据司法部副部长萨利·耶茨（Sally Q. Yates）在2015年9月9日的一份备忘录介绍，根据公司犯罪的政策，司法部将开始优先起诉高管个人。正如该备忘录所解释的那样："把责任落实到行事不当的个人，是打击公司违法违规最有效的方法之一。这种责任落实的重要性在于如下几方面：它能威慑未来的非法活动，激励企业改变行为，确保正当当事人（proper parties）对自身行为负责，并提升公众对司法系统的信心。"[6]不出两个月，司法部就收获了对两名银行高管就28项欺诈和串谋的指控做出的第一个有罪判决。[7]

严惩高管的呼吁和司法部政策的整体转变，显然是以刑罚会改变行为的想法为前提的。刑罚的实施，按说应该能使公司的行为变得更加守法，而公司守法了，就应该能避免下一次金融危机或重大环境灾难。这个逻辑很清晰：我们可以通过制定更严厉的刑罚来改变具有破坏性的违法行为。

保守派无疑有着惩罚直觉。1973 年，尼克松总统说："我们如果不能让罪犯为其罪行付出代价，实际上就是在怂恿他认为犯罪有回报。"[8] 后来，里根总统不断重复尼克松总统的这个观点："多年来，刑事司法的天平一直向保护罪犯权利的一边倾斜。如今太多的判决惩罚力度不够，服刑时间太短。"[9] 布什总统在 1989 年说："除非严厉打击毒品犯罪——比现在严厉得多，否则我们不会有安全的社区。"[10]

民主党对于严厉打击街头犯罪也有一套他们自己的说辞。1994 年，克林顿总统签署了由民主党参议员乔·拜登起草的《暴力犯罪控制和执法法案》(Violent Crime Control and Law Enforcement Act)。该法案超过 356 页，是美国历史上最长的犯罪法案。正如克林顿在宣布该法案时所解释的："它将使警察上街，罪犯入狱。它扩大了联邦死刑的范围，让罪犯明白有罪必罚，同时也让守法公民知道，我们正在努力确保他们应得的安全。"[11]

政治家们喜欢惩罚。或许他们对于该惩罚谁达不成共识，但在应对不良行为时，他们最爱的方式倒一致地都是惩罚。政治家们经常宣称，他们不得不支持更严厉的刑罚，因为这是公众的强烈要求。在克林顿签署犯罪法案，使之成为法律的 20 年后，美国国家公共广播电台（NPR）的凯莉·约翰逊（Carrie Johnson）引用维拉司法研究所（Vera Institute of Justice）所长尼古拉斯·特纳（Nicholas Turner）对严厉打击犯罪的政策和国家的"惩罚本能"（punitive instinct）的解释说："刑事司法政策与其说是由事实驱动的，不如说在很大程度上是由公众情绪和政治本能驱动，以迎合公众情绪中更消极的、倾向惩罚的元素。"约翰逊补充道，"这种公众情绪要求把整个国家的监狱填满，这是 1994

年犯罪法案的一个关键部分。"[12]

人们常说公众的情绪推动了政治。我们公众非常惧怕犯罪，于是政治家们开始更加严厉地打击犯罪，以安抚我们的恐惧。然而，上述分析忽略了一个事实，即公众情绪和政治家的行为之间不是单向关系。它没有指出，在犯罪法案出台前的几十年里，关于犯罪问题的政治演说很可能推高了公众的恐惧，也助长了我们的惩罚直觉。几十年来的总统全国讲话都在告诉我们要惧怕犯罪，保障我们安全的唯一途径是更有力、更严厉的刑罚。事实就是，政治家们不但回应了公众的惩罚直觉，而且也煽动了它。

此种现象并非美国独有。可以想想，菲律宾总统杜特尔特和巴西总统博索纳罗等政治家是如何通过承诺用严刑峻法来减少犯罪，从而获得民众支持的。即使是像荷兰这样的自由民主国家，也笃信刑罚能减少不良行为。在2019年秋季的短短3周内，荷兰司法部长费迪南·格拉珀豪斯（Ferdinand Grapperhaus）就提出了两项法案，以加重对公共性不当行为的判决：第一项法案试图将酒驾和药驾的刑期从3个月提高到1年，第二项法案试图规定对袭击救护、消防、警务等人员的人强制执行监禁。[13]同样崇尚自由主义的丹麦也在向着民粹政治转变，变得支持更严厉的刑罚。在2018年开始实行的一项新法律中，丹麦政府对25处贫困者及穆斯林聚居区的居民所犯的罪行加倍处罚。该法称这25个居民区为"贫民窟"。[14]

沃伦参议员说得对，公司高管即便领受了刑罚，所受惩处也比对从事轻微的街头犯罪、毒品犯罪的人宽大得多，这确实不公平。但如果这些公司高管能够从一开始就不违法，岂不更好？法律的核心功能不就是防止伤害吗？为了让法律真正保护我们的安全，我们必须换一种方式来看待惩罚。我们不能只评估惩罚是否公平合理，而是要问它是否以及如何塑造行为、减少犯罪。

## 对刑罚的畏惧

切萨雷·贝卡里亚（Cesare Beccaria）一度担心自己的想法不为世人接受。他担心自己关于刑事司法改革的短篇论著会为他招致世人的唾弃和政府的报复。因此，他起初选择了匿名出版他的著作《论犯罪与刑罚》（On Crimes and Punishments）。该书在1764年问世后，不仅在他的家乡米兰，也在全球引起了巨大的震惊，但不是他所预料的那种震惊：他所处时代的统治者非但没有抨击他的思想，反而一边倒地公开称赞他的思想。他的著作向东传至俄罗斯，叶卡捷琳娜大帝公开表示赞同，并在她发布的《训令》（Nakaz）中借鉴了其中的思想——女皇的《训令》，意图是让俄罗斯的立法机构建立一个由警察、检察官、法官和监狱组成的现代刑事司法系统。贝卡里亚的影响向西传到美国，启发了美国的革命者托马斯·杰斐逊、乔治·华盛顿和约翰·亚当斯，以及他们对于新法律的构想。贝卡里亚去世后，他的著作继续影响着主要的刑法改革和运动，包括1810年法国的《拿破仑刑法典》和1848年维克多·雨果的废除死刑运动。

贝卡里亚的论点是激进的。他认为刑事司法受精英阶层的支配，也在不公正地偏袒精英。他主张刑事司法制度应该客观平等地对待所有人。他抨击当时酷刑成风，并呼吁废除死刑。他主张用温和人道的刑罚来代替严刑峻法。

贝卡里亚相信刑罚的作用。确切地说，他认为，为"阻止个人专横的心灵令社会的法律重新堕入古时的混乱"，刑罚是必要的。[15]但在他看来，刑罚的核心作用还是防止犯罪。任何不能防止犯罪的刑罚，他都认为是背离了自由主义德性、正义以及使人们在社会中彼此联结的社会契约。在他最著名的一句话中，他引用了孟德斯鸠，表示："任何并非出于绝对必要的刑罚，都是暴政。"[16]

贝卡里亚以此促使他的读者思考刑罚对改变行为的作用。他聚焦在防止犯罪，减少损害行为。他认为刑罚并不完全是替受害者报复或给受害者补偿，而是一种行为工具。在贝卡里亚看来，刑罚会向潜在的犯罪者灌输恐惧，以此来减少犯罪。他说："因此，选择刑罚和施刑方式，依据的必须是多少施用量恰好能更有效、更持久地给人留下深刻印象，而非如何折磨犯人的身体。"[17]

如今，我们把这称为"威慑"（deterrence）。刑罚貌似能阻止犯罪，因为人们在经历过、目睹过、甚至只是听闻过刑罚后就会害怕，怕到从一开始就不想犯罪。这听起来过于简单化，但我们会因为害怕被惩罚而不做坏事的想法，与《超级保姆》里的淘气角非常相似，也非常像政治家们想激发我们的惩罚直觉时所告诉我们的。

关于是什么驱动我们惧怕刑罚，贝卡里亚阐发了一些思想。他阐明了威慑的三个核心要素：首先是刑罚的严厉性——刑罚越严厉，人就越会惧怕它；第二是刑罚的确定性——违反规则的人越有可能被抓住并受罚，人们就越会惧怕刑罚；第三是刑罚的迅速性或说及时性——违反规则和受罚之间的时间间隔越长，人对刑罚的恐惧就越小，刑罚对人的威慑也就越小。

对贝卡里亚这样的思想家来说，刑罚也是痛苦的一种形式。像当时和现在的许多人一样，贝卡里亚认为人会权衡痛苦和快乐。这个想法很简单：人们会克制住痛苦超过快乐的行为。为了防止某人将来再次犯法，要在他初犯时就对其进行严厉的惩罚，这样，受罚的痛苦经历会使他将来不再犯法。这种形式的威慑就叫"个别威慑"。

监禁就是一个最典型的痛苦的惩罚形式。失去自由本身就够可怕的了，而当代美国的监狱条件还很可能造成真正的肉体痛苦。总的来说，高达 20% 的囚犯在监禁期间遭受过身体暴力。监狱内的男性被攻击的比率是监狱外的近 20 倍。[18] 更糟的是，据美国心理学会，单独监禁对身体和精神健康都有严重且广泛的伤害，包括增加自残、自杀意念、偏执和攻击性的风险。[19]

监禁的痛苦似乎是对再次犯罪的一种强力威慑。但果真如此吗？几十年的犯罪学研究已经分析了监狱服刑和再次犯罪之间的关系。如果个别威慑有用，那么人在监狱中待的时间越长，其再次犯罪的可能性也该越小。刑罚越痛苦，威慑力就会越大，也会有越少的人在未来再次犯罪。

但证据却并非如此。[20] 多数曾在监狱服刑的人都会再次犯罪。一项针对美国 15 个州 272111 名监狱释放人员的大型研究表明，68% 的人会在 3 年内再次被捕。常见犯罪，如财产犯罪（含盗窃和抢劫）和与毒品有关的犯罪，它们的再次被捕率相似，分别为 73.8% 和 66.7%。[21] 在荷兰，从监狱释放后的 3 年内，超过 60% 的人会被再次定罪。[22] 在英国，释放后两年内被再次定罪的人，比例为 57%。[23] 这还只是官方的再次被捕率和再次定罪率，并不能反映实际犯罪率。事实上，有特别多的犯罪是不会被发现的，犯罪学家称之为"犯罪黑数"（dark figure of crime）。犯罪黑数告诉我们，如果这些国家的再次被捕率和再次定罪率徘徊在 60% 左右，那么实际的再次犯罪率一定高到惊人。

不过，我们也不能仅凭服刑人员的累犯率就说监狱没有起到威慑作用，这样解读数据是不对的。不幸的是，我们知道，人一旦开始犯罪，他就更有可能再次犯罪。问题在于，监狱服刑的痛苦是否会减少这种再次犯罪。如果没有监禁，罪犯的累犯率完全可能更高。因此，我们必须将被定罪入狱的罪犯与定罪但未入狱的罪犯进行比较。于是问题变成：未入狱的人，其累犯率是否比入狱的人高。比较入狱服刑过的人和犯有类似罪行（如财产犯罪或轻微毒品犯罪）但只在社区内服刑的人的累犯率，是对监禁的个别威慑效果最有说服力的实证研究。

关于这一问题，第一份大型系统性文献综述发表于 2000 年。[24]其结果令人惊讶。研究者们并未发现监禁的经历会减少再次犯罪。恰恰相反，比起犯类似罪行但只在社区内服刑的人，蹲过监狱的人有着高得多的累犯率。后续的系统性文献综述结论也一样。事实上，对现有证据的最新综述在回顾了 57 项严谨的研究后发现，监禁不仅不能减少再次犯罪，实际上还增加了犯罪。该综述的结论是，监禁将累犯率提高了 5%—14%。[25]

总的来说，没有研究发现监禁有个别威慑作用。犯罪学家弗朗西斯·卡伦（Francis Cullen）及其同事曾就此撰文，标题就完美地表达了结论："监狱不能减少累犯：忽视科学的高昂代价"。文中明确指出："监禁罪犯，并没有那种令其恐惧到出狱后不会重犯的特殊魔力。"并补充说："倒不如说，它只是一个不能解决累犯根本原因的粗暴策略，因此对罪犯没有作用，甚至反而会引发再次犯罪。"[26]

当然我们也须意识到，现有的研究并不完美。这在很大程度上是因为要测量监禁对再次犯罪的作用，还有许多困难。研究者往往用逮捕率或定罪率来量化犯罪数量，但这些统计数据并不完整，因为许多犯罪行为永远不会被发现，即"犯罪黑数问题"。另一个问题是，监禁对再次犯罪的影响很难被单独分离出来，因为还有许多其他与监禁无关的因素同时影响着犯罪行为，如社会经济条件、犯罪机会，以及潜在罪犯的年龄、性别和个性等。

总之，对于监禁，保守的结论是：与我们的直觉相悖，没有证据表明监禁有个别威慑作用。此外，许多研究表明，监禁实际上创造了更多的犯罪——研究者称其为刑罚的"犯因效应"（criminogenic effect），即监禁会促发更多的犯罪。

2000 年，加里·尤因（Gary Ewing）被人赃并获。在加州埃尔塞贡多市的一个高尔夫球场，一名细心的球具店店员注意到尤因一瘸一拐地走出商店，裤子里鼓鼓囊囊的。事实证明，尤因一瘸一拐，是因为他要偷偷顺走 3 根高尔夫球杆。由于每根球杆价值 399 美元，他被指控犯有重罪"重窃罪"，其后也被定此罪。尤因试图说服检方和法官将他的犯罪级别从重罪降为轻罪。对尤因来说，这可不是少判几个月或几年，而是在为自己的人生而战，至少是人生中很大的一段。如果被判重罪，尤因会依加州 1994 年通过的"三振"政策*而被判刑。由于高尔夫球杆盗窃案是他的第三次犯罪，重罪指控意味着他将被判处 25 年的监禁。

显然，之前的个别威慑对尤因没起作用。他的第一次定罪是在 1984 年，当时，22 岁的他因重窃罪被判 6 个月监禁。然后在 1988 年，他因盗窃汽车的重罪被判处一年监禁。1990 年，他因小偷小摸被判刑 60 天，1992 年因殴打他人被判刑 30 天。1993 年，他因一连串的罪行被判处 9 年监禁，其中包括入室盗窃、非法持有枪支和抢劫。

---

\* "三振（出局）"本是指在棒球运动中，投球手连续投出 3 个好球，而对方的击球手全部没有打到时，该击球手会被判出局。加州的三振政策要求，被判定犯有任何新的重罪的被告若有重罪前科，则此次将被判处两倍的该罪行刑期。若被告被判定犯有任何重罪并有两次或更多的前科，法律规定州监狱的刑期为 25 年至终身监禁。

入室盗窃和抢劫被算作了"第一振"和"第二振",而偷高尔夫球杆
将成为"第三振"。

　　类似的案件数不胜数。以 33 岁的柯蒂斯·威尔克森（Curtis Wilker-
son）为例,他在一家百货商店偷了一双袜子。两名保安抓住了他,商
议后决定把他交给警察,而不是让他按袜子的定价支付 2.5 美元。由
于这是他第三次犯罪,柯蒂斯被判处了终身监禁。也有人因为持有 0.09
克海洛因而被判终身监禁。[27] 你能想象 0.09 克是多少吗? 我们拿餐
桌上常见的善品糖包做对比。你知道多少个糖包是 0.09 克吗? 即便
你猜 1 个也太多了。事实是,11 个 0.09 克才能装满一个糖包。也有
人因为从超市偷了一个金枪鱼三明治而被判 70 年,还有人因为从超
市偷了录像带而被判终身监禁,50 年内不得假释。[28]

　　三振法显然就是一个试图通过更严厉的判处来减少犯罪的例子。
第三次犯罪将被判处 25 年至终身监禁的政策试图让罪犯感到恐惧,
以对他们的再犯起到威慑作用——如果他们还有机会出狱的话。但
除此之外,更重要的一点或许是：让其他可能想犯重罪的人都感到
恐惧。犯罪学家将此称为"一般威慑"。这里的核心逻辑是,惩罚
一个罪犯会使许多其他潜在的罪犯产生恐惧,从而遏制其犯罪行动。
贝卡里亚认为这是惩罚的核心功能,他这样写道："[ 刑罚的 ] 目的仅
仅在于……防止他人重蹈覆辙。"[29]

　　一般威慑远优于个别威慑。个别威慑只在犯罪者已经犯罪并受
到刑罚之后才起作用。这意味着,为了减少不法的侵害行为,每个
犯罪人都必须受到刑罚。按照这一逻辑,这也意味着人必须至少犯
一次罪,才能吸取刑罚的教训,不再重蹈覆辙。一般威慑能使刑罚
产生杠杆效应。仅仅一人受到刑罚,就能威慑到很多得知这一刑罚
的人。但问题是,刑罚是否真的震慑了其他潜在的犯罪者?

　　和研究个别威慑一样，确定刑罚是否具有一般威慑作用也不容易。社会科学家已经花了几十年的时间来分析不同形式的刑罚，如更长的监禁时间、针对公司犯罪的经济处罚或监禁、针对严重暴力犯罪的死刑等，是否会吓退大家不去犯类似罪行。

　　这里的核心问题是，刑罚的严厉程度是否影响一般威慑。研究监狱刑期长度如何影响犯罪，就是试图回答这个问题的一个好例子。为此，研究者们使用了各种复杂巧妙的方法和研究设计。许多研究使用了政府发布的关于犯罪率和监禁率的汇总数据，运用了复杂的统计分析，旨在分离出监禁对犯罪的影响——许多混淆变量可以影响犯罪，因此这绝非易事。

　　此外，以这种方式使用数据，有一个根本性的问题：它不能明确地分清因果。乍一看，监禁只会单向地影响犯罪率似乎才符合逻辑，即更多、更久的监禁会减少犯罪。然而如果想得更深一点，我们会立即意识到，这个关系反过来应该也成立：犯罪的数量直接影响我们惩罚罪犯的程度，从而影响监禁率。[30] 因此一直以来，我们都很难将监禁对犯罪的影响与犯罪对监禁的影响区分开来。[31] 当然，我们也不可能使用真正的实验设计（严格控制实验条件、随机分配被试等）来研究监禁的威慑作用。研究人员想出的最好方法是进行"准"实验，即在实际监禁政策改变"之前"和"之后"分别研究犯罪的情况。

　　讽刺的是，像高尔夫球杆窃贼加里·尤因这样的案件，就为检验严刑的一般威慑效果提供了一个理想的准实验环境。这里，我们有明确的"之前"和"之后"。以1994年颁布三振法为分水岭，加州在1994年之前对这些案件的判决大大轻于1994年之后。因此，加州，以及通过了类似法律的其他24个州和联邦政府，都贡献了极好的检验案例。

三振法向我们证明了更长的刑期对他人的犯罪有威慑作用吗？以一言蔽之：没有。

在 2001 年出版的《惩罚与民主》（*Punishment and Democracy*）一书中，伯克利的犯罪学家富兰克林·齐姆林（Franklin Zimring）及其同事对加州三振法的威慑效果进行了深入研究。[32] 该研究使用了加州 9 个主要城市 7 年的数据来考察三振法颁布前后的犯罪率。齐姆林等人发现，政策出台后，犯罪率确实有所下降。但问题是，早在三振法颁布之前，犯罪率就已经在下降了，而最重要的是，他们并没有发现该法加速了原本的下降趋势。

为了使检验更稳健，齐姆林及其同事将注意力集中在了有前科的罪犯身上。他们认为，也许三振法对初犯没有影响，但对有前科的人却有巨大的威慑作用，毕竟后者才会是在三振法更严厉的判处下损失最大的人。这是一个理性的观点。但他们发现，该法甚至对第二次犯罪的人也没有明显的影响。事实上，他们的结论是，三振法的威慑作用"在 0—2% 之间"。[33]

许多其他学者也得出了同样的结论。一些研究人员采用了新方法：比较两组类似的县，其中一组已经颁布并执行了三振法，另一组则尚未颁布或尚未执行。在这样的跨县比较中，一项研究发现，相比较于较宽松的县，积极严格执行三振法的县在任何犯罪类别上都没有下降。[34] 另一位研究类似数据的学者报告说："在加州，三振法似乎没有对犯罪产生明显的威慑或抑制（incapacitative）作用。"[35]

令人担心的是，有一些证据表明，三振法可能还增加了犯罪，特别是暴力重罪。一项对美国 188 座城市跨 20 年的研究发现，三振法使犯罪在短期内增加了 13%—14%，从长期看增加了 16%—24%。[36] 在一篇标题恰切的文章《三振法的杀伤力》中，威廉与玛丽学院的经济学教授托马斯·马维尔（Thomas Marvel）和卡莱尔·穆迪（Carlisle Moody）证明，三振法使杀人案在短期内增加了10%—12%，从长期看增加了23%—29%。他们发现："由于三振法要求对有前科的罪犯处以严厉的刑期，那些犯过两次罪因而害怕该法的罪犯估计会铤而走险以避免受罚。"[37] 面临第三次犯罪的人可能会变得格外暴力，以避免被抓。

　　这项政策也可能适得其反，因为对于已经有两次前科的犯罪者来说，一旦决定第三次犯罪，无论罪行如何，后果就都一样了。波士顿大学行为经济学教授雷·菲斯曼（Ray Fisman）有说服力地解释了这种困境。假设你已经断定，违法是你的唯一选择：你必须搞点钱，至少要偷上一波。接下来的问题是，搞什么才能让你获利最大？"你是从当地的球具店顺几根高尔夫球杆呢，还是去抢银行？抢银行的潜在收益显然大得多，但惩罚也大得多：抢银行会让你在监狱里待上几十年；可如果是第三次犯罪，入店行窃也会。"[38] 这个例子可能很极端，但其逻辑依然成立。无论如何这都会是你的第三次犯罪，那为什么不干票大的？

　　也有两篇论文提出了一些疑问。在第一篇论文中，埃默里大学经济学博士、现在任该校法学院副院长的乔安娜·谢泼德（Joanna Shepherd）利用了1983—1996年间全加州58个县的犯罪数据，以获得关于三振政策效果的更详细的县一级的视野。与其他一些研究相反，谢泼德确实发现了三振法有威慑作用，哪怕对第一次犯罪也构成强烈的威胁："由于害怕被记'第一振'，潜在的罪犯会减少符合'第一振'的犯罪行为。"然而她发现，三振法对于谋杀和强奸，亦即其最初建立时所针对的暴力犯罪，并没有很强的威慑作用。她对此的解释是，暴力犯罪者根本不考虑长期监禁的后果。"如果就像许多人认为的那样，罪犯已经对自己的未来自暴自弃，那么更长的刑期并不能显著增加罪犯对谋杀刑期的感知。"[39]

在第二项研究中，两位经济学家也发现三振法确有威慑作用。[40]但他们的研究揭示了另一个问题。根据他们的计算，三振法的成本收益并不高。使用三振法预防一次犯罪的成本约为14.8万美元，而每次犯罪的平均成本仅为3.4万美元。基于这个巨大的差价，该研究认为，如果把因为三振法更严厉的刑罚而花费在判决、监禁罪犯上的46亿美元用于增加警力巡逻，对于打击犯罪将有效得多。据估算，三振法的判决和刑罚每年可减少3万起犯罪，而如果用这笔钱增加警力巡逻，每年可减少100万起犯罪——效果要大30倍以上。

总的来说，我们的结论是，现有的社会科学知识从根本上质疑了三振政策的威慑作用。根本没有确凿的证据表明，三振法下更长的刑期对犯罪产生了威慑作用。许多研究没有发现威慑作用，而少数发现了其威慑作用的研究，又发现它要么没有威慑到它打算重点预防的暴力犯罪，要么比起投入更多警力则是效果差得多而代价却高得多。但是，或许科学家们没能为三振法的威慑作用找到支持性证据，是因为他们没有考虑最终极的刑罚：死刑。

1975年，经济学家艾萨克·埃尔利希（Isaac Ehrlich）发表了一篇论文，题目冷峻而贴切："死刑的威慑作用：事关生死"。埃尔利希用复杂的计量经济学模型研究了死刑是否影响谋杀率。研究结果可以归结为一个常被引用的简单结论："在一个时间段内，每年每增加一例死刑执行，平均可以减少7—8起谋杀。"[41]在埃尔利希看来，死刑有明显的威慑作用，每执行一人，就能防止七八起谋杀案。

在这场高度两极分化的辩论中，埃尔利希关于死刑威慑作用的研究为这个复杂的问题提供了明确的答案。对于美国的死刑问题，这项研究发表得恰逢时机。当时，一方面是最高法院搁置了死刑[42]，但另一方面，就在几年前，尼克松总统一直在发表大力支持死刑的演讲。无怪乎这项研究会引起了广泛的关注。该研究发表后，美国司法部部长甚至在使最高法院最终恢复死刑的"格雷格诉佐治亚州案"的"法庭之友"意见书*中引用了这份研究。[43] 40 年后，哥伦比亚大学的一位法学教授回顾道："他的结论具有将车尾贴纸和印在上面的口号卷成政治炸药的冲击力。"[44]

然而，问题来了。20 世纪 70 年代，就在埃尔利希发表该研究后不久，发表在主要的同行评议期刊上的学术文章对他的方法和结论都提出了质疑。学者们指出，该研究"选取的时间段和／或变量，以及估算的谋杀案供给方程和方程的函数形式"都有问题。这些学术批评甚至总结在了美国国家科学研究委员会（NRC）的一项研究中。该委员会是美国在科学问题上最权威的独立专业建议来源，由持不同观点的知名学者组成，他们共同负责向联邦政府、公众和科学界提供关于科学发现状况的建议。其报告在向公众发布之前，要经过亦持有不同观点的独立外部专家的广泛评议。1978 年，NRC 发表了一份报告，列举了埃尔利希研究的一长串缺陷，质疑了其研究结果。这份报告的结论是："现有的（包括埃尔利希的）研究没有为死刑的威慑作用提供有用的证据。"埃尔利希的研究尽管在 20 世纪 70 年代被广泛引用，但在此后的几十年里一直不被看好。[45]

---

* 即 amicus brief。"法庭之友"是指在诉讼案件中没有直接涉及法律利益的私人或团体，他们为了向法院说明其对该案件在相关法律争议上的意见、澄清立法意旨、理清模糊的法律规定、通知法院关于案件事实的真实情况等目的，主动向法院提出书面报告，以协助法院更公正地做出裁决。

然而，自21世纪初开始，埃尔利希的研究得到了某种程度的复兴。新的研究主要来自经济学家，他们得出了类似的结论：死刑能威慑犯罪。一项研究发现，执行一例死刑，可以震慑住多达32起杀人事件。亦有论文认为，死刑还可以震慑住非理性犯罪，如激情杀人。另一位经济学家甚至认为，当存在死刑时，非致命的刑罚，如罚款和监禁，也会提升威慑力，即有死刑执行时，其他较轻的刑罚也能更有效地威慑犯罪。一项研究对"新威慑论"研究如此总结道："死刑的威慑作用显然不可估量，执行死刑是针对日常犯罪的万灵药。"[46]

像20世纪70年代一样，新的研究报告再次引起了巨大轰动。包括《商业周刊》《波士顿环球报》《丹佛邮报》在内的主要报刊经常引用这类研究结论：每1例死刑可以防止5起杀人案，而赦免和减刑则会增加谋杀案。[47]支持死刑的团体开始野火燎原般地传播这些研究结果。也和20世纪70年代一样，新威慑论研究在审理死刑案件上被法庭之友意见书再次引用。[48]新威慑论研究者之一乔安娜·谢泼德在众议院司法委员会作证时说："有可靠的科学证据表明，每执行一例死刑，可以阻止3—18起谋杀案。"[49]

然而还像20世纪70年代一样，新威慑论研究很快就受到了知名学者的严厉批评。一篇抨击猛烈的论文在回顾了新威慑论的相关文献后指出，此类研究常常依赖于"少数异常的州和年份"以及"依靠人为截选的时间段而产生的虚假结果"。[50]这些研究滥用不恰当的统计方法，经常遗漏关键数据，而且没有控制影响谋杀率的其他主要因素，如毒品泛滥的程度。[51]最重要的原因或许是，新威慑论研究并没有真正地检验威慑效果[52]：新威慑论的支持者从未直接检验过潜在罪犯选择放弃谋杀是不是因为害怕死刑，也从未检验过执行死刑是否会吓得潜在犯罪者不敢犯罪。一篇批评性论文令人信服地解释道："我们基本不清楚潜在谋杀犯知道多少关于死刑的风险，又在多大程度上受以下这些因素的影响：死刑的相关法条章节，某个州的死刑执行数量，某个州中有多大比率的谋杀犯最终会被执行死刑，以及可能导致死刑判决的特定谋杀类型的细节。"[53]

这还不够，还有证据表明，死刑会导致更多的犯罪。研究人员不断发现，死刑有一种"残暴化效应"（brutalization effect），会导致杀人案增加。处决的残酷性会刺激罪犯，使他们正当化自己的暴力行为。[54] 例如，一项研究发现，在死刑被执行后，针对陌生人的凶杀率会紧跟着上升。[55] 甚至连谢泼德，这位在众议院司法委员会面前作证时支持死刑威慑作用的经济学家，后来也得出结论，死刑可能会导致这种"残暴化效应"。[56]

也像 20 世纪 70 年代一样，这些结论也总结在了 NRC 的报告中。新报告的结论如同当头一棒："迄今为止，相关研究并不能说明死刑是会降低还是提高凶杀率，抑或对凶杀率没有影响。"

这一切都表明，行为暗码是多么复杂。试图分离出重刑对犯罪的影响非常困难，因为人的行为受很多因素的影响。关键是，所有这些研究仍然没有建立起足以证明一般威慑确实存在的完整因果链，即潜在犯罪者看到别人受到严厉刑罚时确实会害怕，因而决定不去犯罪。[57] 这需要非常不同的数据，不仅需要关于监禁率和犯罪率的数据，更需要知道潜在犯罪者在关键时刻的看法和决策。此外，从这些研究中得出的结论，很难类推到各种情境下的各种惩罚形式。例如，有证据表明，首次增加罚款对交通违章者有威慑作用[58]，但没有科学证据表明更严厉的刑罚对公司犯罪者有威慑作用。[59]

总之，没有确凿的证据表明重刑能还是不能威慑犯罪行为。在重刑的威慑作用和犯罪之间建立联系是非常复杂的，且很大程度上取决于具体情境。从重刑到犯罪决策的因果链，根本无法充分建立。

见仁见智，莫衷一是，这样的结论令人沮丧。我们可以选择说我们根本不知道，科学无法证明重刑是否有威慑作用。NRC 在其关于死刑的报告中两次都得出了这个结论。搁置争议的坏处是，公众辩论的推进将很可能抛开科学，抛开对重刑作用的科学怀疑。而且，很有可能，关于重刑的辩论将回到公众的本能直觉上：重刑当然有威慑作用，必须的。

一个更好的选择是，向公众解释清楚，缺乏确凿的证据证明重刑的一般威慑作用意味着什么。这意味着，人们有理由怀疑颁布重刑本身就能产生预期的威慑效果。而这种怀疑使得我们必须非常谨慎地考虑是否应该实行重刑，尤其当它涉及生死或终身监禁之时。它至少意味着，考虑加重刑罚的社会应该收集所有能获得的证据，以仔细评估它们对犯罪的任何影响。正如贝卡里亚在 250 多年前所写的那样："任何超越绝对必要性的刑罚都是暴政。"[60]

怀疑重刑的正面作用，也意味着我们不能只考虑刑罚的严厉程度，而必须评估人在什么条件下才对刑罚有所反应。

## 刑罚的确定性

尽管没有确凿的证据表明重刑有威慑作用，但对于刑罚的确定性在威慑犯罪方面所起的关键作用，科学家们却得出了强有力的结论。一项又一项的研究发现，只有有过必罚，刑罚才能威慑犯罪。刑罚的确定性越高，犯罪者越可能被抓、被起诉、被定罪、被罚款或监禁，刑罚就越可能起到威慑作用。参与了 30 多年威慑论研究的卡内基梅隆大学著名犯罪学家丹尼尔·纳金（Daniel Nagin）回顾了现有研究后得出结论："各种测量方式下的证据，都更为一致且令人信服地支持，刑罚的确定性远比刑罚的严厉性更有威慑作用。"[61]

研究表明，如果刑罚的确定性没有达到一定的阈值，刑罚就根本没有威慑作用。犯罪学家发现，犯罪率在逮捕率低于 30% 的地方上升，而在逮捕率高于 30% 的地方下降。由此可见，刑罚的确定性似乎有一个临界点。后来的研究验证了这些发现，并报告说刑罚确定性的阈值水平在 25%—40% 之间。[62] 这些研究还指出，许多社区从未达到刑罚确定性所需的临界点水平。[63]

如果被抓的确定性很重要，那么执法就成为威慑作用的关键。这种观点认为，在能看见警察的社区里，有犯罪企图的人会有所忌惮。因此，雇用更多的警察，或者仅仅是让警察更多出现在社区中，就可以减少犯罪。[64] 后者被称为"哨兵效应"（sentinel effect）：警察的存在起到了哨兵的作用，它使被捕机会变得极高，因而起到了威慑和防止犯罪的作用。[65] 研究发现，对于威慑犯罪，投资警力远比投资监狱系统更有成效。[66]

当然，警察不可能无时无刻无处不在，他们也不需要这样。犯罪学家发现，有些"热点"犯罪地区的犯罪率会高出平均许多。例如，一项研究分析了明尼阿波利斯警方在一年内接到的 323979 个电话，发现了一个清晰的高犯罪热点地理分布。[67] 该研究发现，总体上，在明尼阿波利斯，50% 的报案电话只来自该市 3% 的地区；尤其是，几乎所有抢劫案的报案都发生在该市 2.2% 的地区，所有强奸案的报案都发生在该市 1.2% 的地区，所有汽车盗窃案的报案都发生在该市 2.7% 的地区。后来对其他城市，如对泽西市和西雅图的研究，也有类似的发现。[68]

如果犯罪主要发生在特定的热点地区，如果警察的出现可以因其大幅提高被抓的确定性从而减少犯罪，那么就应该将警力集中到这些热点地区。一些研究支持了这一符合逻辑的提议，它们发现，在热点地区增加警力，可以使报案电话减少 6%—13%。

你可能会想，潜在的罪犯会不会只是多走几条街，到警察少的地方作案？第五大街上警察太多，那我就去抢第七大街上的便利店。情况表现得并非如此。研究人员一致发现，在城市的某些地区增加警力，并没有将犯罪从一个地区赶到另一个地区。[69] 不仅没有证据表明犯罪会干脆转移到周边地区，还有一些证据表明，周边地区的犯罪实际上也减少了。[70]

在此，我们必须加一个提醒。在热点地区加强警力这个策略，如果使用不当，用在错误的情境下，又没有社区成员充分持续的投入和监督，结果可能很可怕。一个典型例子是纽约市的"拦截搜身"执法。从 2003 年到 2008 年，纽约的拦截搜查激增了 5 倍，并在 2011 年达到顶峰，当年警察在纽约拦截超过 68.5 万人次。当时的想法是，这些大规模的警察干预措施将有助于更好地从街头发现及清除毒品和枪支。然而，拦截搜身政策过分地影响了穷人和少数族裔聚居区。尤其是在纽约，这些政策的执行带有强烈的种族偏见。拉美裔被拦截的可能性是白人的 3 倍。在 2016 年，82% 的被拦截者是黑人或拉美裔。2013 年，美国地区法院法官希拉·谢恩德林（Shira A. Scheindlin）将纽约的这种做法判为违宪。[71] 根据纽约公民自由联盟的数据，拦截搜身政策代价巨大，却事与愿违。近九成的拦截并没有搜到违禁品。[72] 更糟糕的是，这一政策可能削弱了民众对执法部门的信任乃至整个法律制度的正当性，正如我们后面会讨论的，这样就非但不能减少犯罪，反而会滋生更多犯罪。

增加刑罚的确定性并不容易。执法部门的能力总归有限，不可能发现所有的非法活动，即使发现了，也并不总是能成功地对其起诉和定罪。企业界为我们理解这点提供了特别好的例子。

2014 年，埃里克·英格兰（Eric England）在俄勒冈州波特兰市历史悠久的阿琳施尼策尔音乐厅外约不到优步（Uber）网约车。他不断刷新应用程序，终于有一个司机接了他的单。英格兰与其他要在寒夜回家的音乐会观众不同：他在这里是为了抓优步一个现行。

世界领先的共享网约车公司优步此前曾宣布将进驻波特兰，尽管这明显违反了当地的出租车管理制度。事实上，波特兰的交通主管史蒂夫·诺维克（Steve Novick）曾告诉一位优步公司的政治策略师，该市不欢迎优步。他明确表示："让你那该死的公司滚出我们市！"[73]鉴于优步公司已经宣布无论如何也要进驻波特兰，诺维克派许多像英格兰一样的检查员对优步司机进行"钓鱼"罚款。通过冒充音乐会观众，英格兰希望能抓优步一个现行。英格兰打开优步应用程序，叫了一辆车，然后等待着。

优步的程序显示，英格兰的司机将在 5 分钟后到达。应用程序准确地显示了汽车的实时位置，司机将按什么路线来接他。到达的时间和距离不断缩短，结果突然间，行程被取消了，程序显示他约的车已经驶过了他的位置。

英格兰当时并不知道，他从一开始就没有进入正常的优步应用环境。尽管英格兰的操作和其他千百万人一样，下载优步应用程序，发出订单，但他完全没有真的叫了一辆车。尽管应用程序和约车过程看似一样，但正如《纽约时报》后来报道的那样，英格兰被"灰球"（Greyballed）了。

"灰球"指的是优步应用中的一个秘密系统，它会将像英格兰这样的人标记为公司的潜在威胁。一旦被标记，用户就会被该系统降到一个假的程序版本上，这版程序看起来运作正常，但用户永远无法搭上车：里面显示的汽车和司机都是不存在的幽灵。用这种办法，优步可以成功躲避一些城市试图对其司机征收的高额罚款。

这只是优步公司用来保护自己及其司机免受罚款的许多方法之一。该公司先前曾向司机传授如何避免因各种违规行为被抓的操作指南。比如，司机们收到的信息有"让你的优步手机远离挡风玻璃，可以放在水杯槽里""使用离终点路边最远的车道上下客"等。这些都是针对"如何避免被抓"的实用指南。万一司机真被抓了，优步也承诺公司将支付罚款，司机只需将罚单的照片发送至优步公司的一个电子邮箱即可。

但灰球系统不一样；它更深入，因而能有效地破坏政府（如波特兰当局）已经开始暗中使用的钓鱼执法。设计该系统的最大困难在于如何区分真正的客户和潜在的执法威胁。优步的工程师们想了许多办法来解决这个问题，比如使用"地理围栏"，即在警察局和其他执法场所周围划出一个数字化边界，然后监测在这些区域内打开和关闭优步程序的人。在这些地方开关程序，被认为是可疑行为，可能导致某人被列入优步公司的灰球名单。更有争议的是，优步还会分析新用户的个人资料，如信用卡、电话号码、地址等，审查他们是否与执法部门有任何关系。

在违法时成功躲避检查的，并不只有优步。伯尼·麦道夫多年来一直成功地经营着一桩金字塔式传销骗局，不但自己赚取了数十亿美元，还让投资者认为他们的回报来自真正的利润，而非其他投资者的资金。证券交易委员会（SEC）两次突击检查麦道夫的办公室，他却依然能在委员会的眼皮底下暗度陈仓。问题在于，SEC只突击搜查了处理合法业务和投资工作的第 18、19 两层，全然不知整个第 17 层才是麦道夫专门用于经营其传销骗局的地方。[74] 还可以想一想俄罗斯体育联合会在 2014 年索契冬奥会期间成功逃避兴奋剂检查的巧计。在设计反兴奋剂检查实验室时，主办方在 125 号和 126 号房间之间开了个秘密小口，前者是反兴奋剂的官方收集正式尿样的地方，而在后一个房间里，俄罗斯医疗团队会用运动员之前上交的干净尿样替换掉比赛当天的问题尿样。他们甚至还找到了办法，既不破坏瓶子，又能打开号称牢不可破的尿样瓶封条。[75]

在隐瞒非法行为上，人总是颇有才智。伯尼·麦道夫和俄罗斯的兴奋剂事件表明，即便处于政府监管机构的直接审查和严格监视下，他们也能瞒天过海。他们可以建造社会学家加里·格雷（Garry Gray）所说的"波坦金村"——相传在 1787 年的俄罗斯，格里高利·波坦金（Grigory Potemkin）在女皇叶卡捷琳娜二世来她交给他管理的新领地时，沿途搭建了一些"纸板"村，以给女皇留下好印象。[76]

随着技术的进步，躲避当局的检查不再需要在墙上开秘密小口或租赁秘密楼层，而只需一群聪明的程序员。违法者越强大，越有神通，违法行为越复杂，执法官员就越难发现其犯罪行为。这些违法者面临的惩罚越严厉，他们就会投入越多的资源来逃避被抓。[77] 而问题并不止于发现违法行为本身。想一想检方在为形式复杂的犯罪收集证据时所面临的挑战。关键在于，既要收集违法证据，又要以恰当的方式保存证据，这样陪审团才会将嫌疑人定罪。会使这一工作极具挑战性的复杂案件，并不限于公司犯罪。看一看新西兰的这项惊人统计吧：在所有向当局报告的性暴力案件中，只有11% 最终被定罪。[78]

而且，并不是走完诉讼程序就万事大吉了。有时，尤其是在公司案件中，即使有足够的证据，当局也无法执行判决。加州大学尔湾分校的法律教授以斯拉·罗斯（Ezra Ross）和普渡大学全球分校法学院院长马丁·普里蒂金（Martin Pritikin）的一项惊人研究表明，在公司被勒令支付罚款后，实际收缴率通常远低于50%。事实上，司法部只能收到开出的罚款、处罚的4%左右。美国主要采矿管理机构之一"露天开采办公室"的情况稍好一些，也只有5%的收缴率，而加州公路巡警局的罚款收缴率约为6.6%。即使是表现最好的机构如SEC，也只收到了约45%的未缴罚款及处罚。[79]

社会科学确凿地发现，刑罚的确定性比其严厉性更重要。因此，为了改善我们的法律及行为暗码的运转，我们必须大力投入良好的、合宪的、基于社区的执法，而不是建更多的监狱。此外，我们不应该一听到新的震惊性违法行为就加重处罚，而要把重点放在确保违法者被抓住并受到惩处上。

## 对刑罚的认知

长期以来，荷兰的纳税人都高估了执法部门。在申报个人所得税时，荷兰人会认为，作假很可能被审计发现。此外，他们还认为，一旦被发现，对逃税的个人惩罚会很严厉。但其实荷兰税务机关很少审计个人所得税，即便发现了违规行为，也只予以温和的处罚。[80]人们对风险和威慑的这种高估，对税务机关来说正中下怀。这使得税法即便在执法力度有限、违法者也很难被抓到的情况下，还可以具有一定的威慑力。

这个道理反之亦然：即便有强有力的执法，人们也可能觉得违法者被发现并受罚的机会很小。社会科学表明，威慑作用是主观的，它完全取决于潜在犯罪者的认知。如果潜在犯罪者低估了刑罚的确定性和严厉性，刑罚对其行为的影响就会削弱。

　　2005 年，澳大利亚和美国的三位政治学家系统地分析了化工行业的环保经理对执法的看法。[81] 他们的研究考察了环保经理在听闻其他公司因非法排污而受罚后，自己在遵守环境法方面的决策会受何影响。研究发现，环保经理们对罚款的频率和严重程度的认识完全不准确。正如该研究所总结的："受访者听说过的罚款次数远少于实际发生的数量。例如，受访者能记起的（过去一两年中在美国任何地方）对其他公司的罚款次数，中位数只有 8 次；然而仅路易斯安那州，一年的时间里（2001 年 7 月至 2002 年 6 月）就有 31 家公司因环保违规而被罚款。"[82] 此外，大多数受访者都只记得这些案件中的违规细节，但不记得违规者所受的惩罚。事实上，受访者全面低估了惩罚的确定性和严厉性。

　　某行为人的受罚会如何影响其他行为人对该处罚的看法，其过程并不明确，也绝非自发。信息在传播过程中会衰减。如果受监管行为人像荷兰的纳税人那样高估了威慑，这没什么问题；但如果人们低估了惩罚的风险，那问题就大了：这样，无论多大的执法力度，用多高的成本来提高惩罚的确定性，都不会自动转化为足够高的风险认知，守法行为的数量也无法达到预期。只是发现并惩处违规行为是不够的，向公众充分传达这些执法行动也同样重要。

　　论及各种罪名的相应刑罚时，人们通常对其确定性和严厉性没有合理的概念。公众的感知与现实中的刑罚的确定性和严厉性并不相符。犯罪学研究表明，尽管在对特定几种罪名进行比较时，人们能大致分辨出怎样的惩罚合适，但在估计针对某次特定犯罪的刑罚的实际可能性和严厉程度上，表现却很糟糕。例如，对美国 54 个具有一定人口规模的大型县的 1500 多名成年人的调查表明，人们对刑罚的严厉性和确定性的感知，与实际数字之间的相关性几乎为零。[83]事实上，在 2013 年的一篇对当时现有研究的综述中，犯罪学家罗伯特·阿佩尔（Robert Apel）总结道："除了少数例外，大部分研究得出的刑罚与个人感知间的相关性都非常弱。加入少量的控制变量，往往就能消弭一切有显著意义的相关性——这表明刑罚与感知间的联系实际上可能有多么微弱。"[84]

我们也知道，对威慑力的感知会因新的经验而改变。例如，犯罪学家发现，有一种所谓的"经验效应"（experiential effect）。犯了罪但没有被抓的人，会对刑罚的确定性和严厉性产生较低的风险意识。从本质上讲，违法后逃脱惩罚的经历，会让罪犯相信自己将来犯罪也一样可以逍遥法外。

然而亲身受罚或目睹他人受罚，并不总能提高人对威慑力的感知。多数研究发现，罪犯只有在最初认为被抓的确定性很低时，才容易因被抓并受罚而建立更高的风险意识。而且，麻烦的是，有些被抓并受罚的罪犯反而可能认为再次被抓的风险降低了。犯罪学家格雷格·波加斯基（Greg Pogarsky）和亚历克斯·皮奎罗（Alex Piquero）将这种心理类比于"赌徒谬误"，即罪犯认为自己不可能被雷劈两次。[85]

总之，关于威慑，这些研究揭示了关键而又常被忽视的一面：要威慑犯罪，不仅刑罚要有确定性，人们还必须感知到这种确定性。正如阿佩尔在他对相关研究的综述中所总结的："人们对犯罪受罚的可能性的主观估计与现实大相径庭，这让威慑论前途黯淡。如果人们对所在市、州、县的刑罚认识模糊，那么刑罚产生威慑的理论根据就被釜底抽薪了。"[86]想让刑罚真正威慑到犯罪，信息的充分传达是关键。仅仅抓住并惩罚罪犯是不够的。要达到威慑效果，当局必须完成下一个同样重要的步骤：向公众宣传执法行动。发现并起诉犯罪，只是成功实现威慑的第一步，向潜在的犯罪者的充分传达信息则是至关重要的第二步。

## 抵制惩罚直觉

自 20 世纪 90 年代中期以来，纽约城市大学约翰·杰伊刑事司法学院的人类学教授大卫·肯尼迪（David Kennedy）成功地说服了美国几个大型警察部门采用他基于科学的方法来减少帮派暴力犯罪。他的策略被称为"重点威慑"。该策略的一举成名，是因为"停火行动"（Operation Ceasefire）成功减少了在波士顿猖獗多年的帮派暴力。

肯尼迪的方法直接参照了关于威慑的主要科学发现。首先，他跳出了当时弥漫全国的针对犯罪的"零容忍运动""严打运动"中轻罪重罚的风气，而是遵循了贝卡里亚的理念，将刑罚的确定性和迅速性作为关键。在这样做的过程中，他努力确保刑罚的确定性达到一定的阈值，否则重罚不会起作用。

第二，他强调就刑罚进行信息传达。具体而言，他向最有暴力倾向的帮派定向发出信息，向他们清楚地传达，如果该帮派不结束暴力，后果会是什么。为此，他要求地方当局强制处于假释和缓刑期的帮派成员参加会议，在会议上，帮派成员被警告，他们和他们的帮派如果不结束暴力，就都会受到确定、迅速而严厉的惩罚。就这样，他的方法运用了威慑论文献中的两个关键的发现：刑罚的确定性和认知转变。

但除了威慑外，肯尼迪还为帮派成员提供了就业咨询和生活辅导。他还利用当地社区的道德压力来说服年轻人改变他们的暴力生活。在这样做的过程中，肯尼迪直接运用了社会科学的其他发现，例如要减少犯罪须有一些社会经济机会、人会对所在社区的社会和道德呼吁做出反应等。

在其他方法都未曾减少暴力的社区里，肯尼迪的方法奏效了。类似的结果也发生在辛辛那提市。面对每天的谋杀报道，市民们人心惶惶，还担心这座城市落得个极端暴力的名声。因此，执法部门对轻罪和轻微的违规行为也采取了"零容忍"政策。然而，在零容忍运动的 3 个月里，尽管因轻罪而被捕的人数激增，该运动更像是抱薪救火：该市的杀人案不降反增，并达到了历史最高水平，每天的谋杀案高达 12 起。无计可施之际，城市警察部门采用了肯尼迪的"重点威慑"法。

这个方法大获成功。尽管并非所有的会议都很顺利，也并非所有寻求求职帮助的帮派青年最终都就了业，但整座城市与帮派有关的谋杀率下降了。一项追踪长期效果的研究发现，在辛辛那提市实施重点威慑后的 24 个月内，与帮派有关的杀人案下降了近 38%，42 个月内下降了 41%。[87]重点威慑运动在其他地方也有显著的效果。对这种方法在多个城市实施后的有效性经验评估综述发现，总体上它减少了犯罪。[88]它在各地的效果大小不同，但确实有效。

尽管成绩斐然，要说服警局采用他的方法，肯尼迪面临的依然是一场硬仗。第一个障碍可能就是他的外貌。约翰·西布鲁克（John Seabrook）在《纽约客》上的报道表示，警察大概会说："关于辛辛那提市的犯罪，一个看起来像耶稣的家伙能教我们什么？"他看起来和其他学者都不一样。正如西布鲁克所写的："他胡子花白，不羁的浓密长发披散肩头，有点儿电影《荒野浪子》（High Plains Drifter）里那个翩然而至、除暴安良的神秘客的劲儿。"[89]

但真正的问题在更深的层面，即政治和公众认知认为该如何处理违法行为的层面。辛辛那提市市长马克·马洛里（Mark Mallory）起初担心肯尼迪的方法会被民众视为政府对犯罪的软弱。顺着惩罚直觉，民众一直在呼吁采取更严厉的治安措施，延长监禁的刑期，甚至建新的监狱来关押这些罪犯。警方已经反复用过这些措施，但并没有阻止谋杀率的上升。引进一位社会科学家似乎是个软招，尤其是这位外部专家还为帮派成员提供生活辅导和就业咨询。

这就是问题的关键。在我们自己的恐惧和政治家的煽风点火下，直觉告诉我们打击不良行为很简单：只要手段强硬并公之于众。甚至有生物学的证据表明，人天生喜欢惩罚。一项神经学研究发现，人脑倾向于惩罚，因为当我们惩罚他人时，多巴胺系统会被激活。[90]因此，当我们打击犯罪、打击公司欺诈或不安全驾驶时，直觉告诉我们，我们需要的只是更多更重的刑罚。此类情绪根深蒂固。我们可以在全世界的主要古代传统中找到它们，从希腊的古典思想家到中国古代的法家，以及印度教、犹太教、基督教和伊斯兰教的经书。我们到处发现的都是相同的观念：坏人不见棺材不掉泪，惩罚是施加痛苦、纠正不良行为的良方，而如果惩罚在公共场合执行，还能起到惩一儆百的效果。[91]但是这种传统思维并没有得到当下经验科学的支持。没有确凿的证据表明，仅是重刑本身就能起到威慑作用。

人们思考该如何有效地处置不当行为时，很容易受自身是非观的影响。这就是心理学家所说的"道德融贯性"（moral coherence）。它意味着，人们将自己心中的"道德正确"与"实际有效"混为了一谈[92]：某项政策如果符合我的道德信念或直觉，它就一定有效。在道德上支持水刑的人会不假思索认为水刑作为一种"强化审讯"技术能让美国情报人员在伊拉克有效地获得有用情报，但事实并非如此。[93] 不幸的是，我们都很容易让偏好、直觉决定自己认为什么是真正有效的。这是人性的一部分。

问题是，所有这些都削弱了我们的民众和政治家运用科学的能力。只要我们听任自己的惩罚直觉压制对科学证据的理性权衡，我们就会继续支持那些徒劳无功的政策，也因此常常适得其反。

研究人员无比沮丧地看到他们的研究结果并没有影响公共和刑事政策。尤其是当美国监狱人口呈指数式增长时，他们的绝望有目共睹。2011 年，犯罪学家弗朗西斯·卡伦和他的同事讨论了忽视科学发现的高昂代价。"尽管没有人确切知道监禁究竟是让罪犯更不容易还是更容易再次犯罪，但惩教领域已经进入了大规模监禁的时代。"鉴于监禁高企的成本，他们呼吁："知识缺席，无知当道，监狱政策将危及社区安全，白白浪费公共财政，陷罪犯于犯罪的死循环中。"他们恳请当权者关注相关的科学研究。[94] 我们也心有戚戚。

一个大家都不愿意面对的事实是，几十年的科学研究并没有发现严刑峻法能阻止错误行为、违规或暴力犯罪。在大多数情况下，仅靠严厉惩罚的威胁是不够的。我们没有看到确凿的证据表明长期监禁可以防止累犯，甚至没有看到重刑会威慑他人免于犯罪，无论那是三振法、死刑，还是对公司更严厉的制裁。

刑罚的确定性最为重要。这意味着，我们应该把重点放在加强良好的、合宪的、由社区驱动的执法，以及增加犯罪者被捕和受罚的可能性，而不是祭出更长的刑期或开出更高的罚款。

此外，大多数人甚至不知道被抓和受罚的概率，也不知道刑罚可能有多严厉。所以，只管闷声执法是不够的。要使一般威慑发挥作用，公众必须看到罪犯的下场。这意味着每次惩罚违规者时，都必须广而告之。

在最坏的情况下，重刑会适得其反。长期服刑会使人难以过上守法的生活。残酷的刑罚形式，如死刑，或在极不安全的监狱中被监禁几十年，可能只会导致罪犯铤而走险。重刑会使人采取更暴力、更极端的方式来逃避抓捕。显然，惩罚是可能使人行事更为糟糕的。

对惩罚的条件反射深入人心。保守派可能会呼吁严厉打击街头犯罪，并可能支持"零容忍"政策、三振法或死刑。改革派也可能会支持对污染环境和搞欺诈的公司及其 CEO 给予重罚。但这两种做法都没有科学依据。因此，我们不能肯定地说，重刑将减少街头犯罪或防止下一起公司丑闻的发生。我们都游走在某种危险的边缘，即让自己的道德信念凌驾于真正防止犯罪的科学证据之上。

我们必须了解自己的直觉和偏见所在；对于如何处理不良行为，我们有哪些假设，以及有哪些证据来支持这些假设。每次我们得到新的科学证据，而它们也像以上的证据那样，明显显示出一些对假设的疑虑，我们也必须意识到，我们的预设确实会试图抵制挑战自身的发现。一旦这样做，我们就会看到，惩罚并不是我们直觉上认为的那种万灵药。没有什么"淘气角"可以有效对抗所有的社会罪恶。所幸，刑罚只是减少不良行为的众多干预措施之一。

第三章

# 大棒、胡萝卜和大象

1995 年的一个冬日清晨，得克萨斯州埃尔帕索市。快到早 7 点的时候，电话开始在全镇响起。全镇的家庭都知道这只能意味着一件事：学校今天又不开。人们走出屋外时，就看到了罪魁祸首：黑色的雾霾布满社区上空。这污染并非出自他们自己的城市，甚至不是来自美国。它是从墨西哥北部边境城市华雷斯城飘过"大河"（Rio Grande）而来的，那里有几百个小型砖窑在排放浓浓的黑烟。[1] 烟雾之所以是黑色的，是因为这些砖窑用废品作燃料，如废旧木材、锯末、塑料、粪肥、废机油，甚至旧的汽车轮胎。

这不是什么新鲜事。早在 20 世纪 80 年代末，墨西哥当局已经开始设法解决砖窑的污染问题。起初，他们试图禁止高污染燃料，并迫使砖窑主使用清洁的丙烷，希望以此来减少砖窑的污染排放。但严格的禁令并不成功。砖窑归在所谓的非正规部门，它们并不注册为正规企业，也不纳税，只是朝不保夕地小本经营着。由于这些小企业数量众多，人手不足的当地环保部门根本无法用定期实地检查来执法。而且，砖窑主面临激烈的竞争，所以只有保持极低价格才能生存。即便如此，这些砖窑也只能勉强维持收支平衡。砖窑主没有能力为清洁燃料支付额外费用。你可以想象，烧砖是一项艰苦的工作，若非穷困已极又走投无路，谁也不会以此为生。

但变革正在酝酿之中。墨西哥个人保健和社区发展协会联合会(当地称 FEMAP）启动了"华雷斯制砖者项目"。该项目不像传统上那样，依靠由政府部门唱主角的对抗性执法，而是寻求砖窑主的配合，激励他们用丙烷代替高污染的废品燃料。在 1991—1994 年间，该项目成功地使许多砖窑改用丙烷。

这一成功是由若干因素联合促成的。至 20 世纪 80 年代末，选举已然促使墨西哥的政策优先考虑环境保护。而美国和墨西哥的北美自由贸易协定( NAFTA )贸易谈判给墨西哥的绿色环保发展添加了压力。这给了 FEMAP 它所需要的筹码去推动地方政府更认真地对待环境问题，并确保有资金支持该项目。FEMAP 建立了一个包括制砖者、当地丙烷公司和市政府在内的广泛联盟，他们一起采取了"胡萝卜加大棒"策略。作为大棒,地方政府开始加大禁止废品燃料的执法力度，以结束一直以来事实上的违法不究现象。他们寻求当地社区的帮助，要求他们报告当地砖窑的污染情况，并投诉仍然使用废品燃料的砖窑。作为胡萝卜，砖窑主们可以免费得到自己永远买不起的丙烷设备，此外还有帮他们安装新设备的免费技术支持。

FEMAP 也能够改变市场条件。所有主要的制砖者行会都同意以每千块砖 250 比索的固定价格出售砖块；建筑公司也同意参与，以这个价格购买"清洁"砖。墨西哥国有石油公司 PEMEX 开始补贴丙烷，这降低了遵守高污染燃料禁令的成本，给了砖窑主换用清洁燃料的进一步动力。在 1993 年前后的高峰期，大约 60% 的砖窑都使用丙烷，这意味着华雷斯和附近埃尔帕索的居民在 20 世纪 90 年代初可以呼吸到更好的空气。

可惜好景不长。到 1995 年，情况又和 20 世纪 80 年代一样糟糕了。一些砖窑主出售用废品燃料制成的低成本砖块，破坏了价格协议。市政府放松了对高污染燃料的禁令，开始允许砖窑烧锯末，不再监督执法。建筑公司放弃了以前只买贵但清洁的丙烷烧制砖的协议，砖的最低收购价也就不再有保障。最后，由于经济自由化政策，使用丙烷不再享受补贴。结果，废品燃料和丙烷燃料的成本差价从 1992 年的 29% 上升到了 1995 年的 162%。很快，就只有一家制砖厂还在使用丙烷了，这就是为什么边境对面的埃尔帕索市家庭会在清晨得知学校因黑色雾霾笼罩社区而关闭。

墨西哥对抗污染的初期成功和过早夭折，告诉了我们一个重要的道理：当且仅当激励措施得当时，旨在减少损害行为的法律禁令才能成功改变人们的行为。

砖窑主面临着一个选择：遵守还是违反禁令。两个选项各有利弊。违反禁令的砖窑主必须一边支付废品燃料的费用，一边冒着被抓到支付罚金的风险。但同时，这些砖窑主降低了制砖的成本，可以把砖价压得比制售清洁砖块的守法竞争者更低，以此提高销量。

同样的分析也适用于遵守禁令的情况。在这里，守法的成本包括为丙烷支付高价，以及被用废品燃料烧制的廉价砖抢占了市场而导致低销量。而守法的好处是，每卖出一块砖，单价都更高。如果砖窑主做理性选择，他们就会根据收益减去成本后哪个更高，来决定是遵守还是违反规则。

在华雷斯，当丙烷不再有补贴，守法的成本上升了；而由于丙烷烧制砖在市场上价格过高，守法的收益下降了。同时，由于对廉价砖块的需求增加，违规的好处也在增加；而由于执法的放松和废品燃料成本的降低，违规的成本也降低了。总之，各种变动组合在一起，造成了这个失败。

　　这样看来，塑造人们面对法律时的反应的行为暗码，包含着大棒与胡萝卜的各种组合下所产生的激励机制。

### 侵权责任能保证我们的安全吗？

　　2007 年 12 月，以"今日之八卦，明日之新闻"为口号的热门博客 Gawker 发布了一个代价惨重的帖子。[2] 帖子的标题是："各位，彼得·蒂尔（Peter Thiel）百分百是同性恋。"

　　替蒂尔这位重量级风险投资人、PayPal 联合创始人出柜的 Gawker，毫不讳言自己对品位和隐私的漠视。但是，让 Gawker 最终破产的不是这个标题，甚至不是帖子的内容，而是 Gawker 的创始人尼克·丹顿（Nick Denton）在帖子底部的一条评论："关于蒂尔的性取向，唯一奇怪的是：究竟为什么过了这么长时间，他还是对被发现如此抓狂？"[3] 根据对这个故事的一则长篇分析，正是这条短评激怒了彼得·蒂尔，因为这是在质疑他的心理健康。

　　蒂尔被气到把 Gawker 称为"MBTO"，"曼哈顿基地恐怖组织"的缩写。蒂尔想与 Gawker 开战，却发现自己师出无名。Gawker 的帖子没品吗？当然。违法吗？并不。但蒂尔发誓要搞垮 Gawker。这位豪富的风险投资人及企业家成立了一个空壳公司，专门用来资助和他一样被 Gawker 冒犯过的人，帮助他们把 Gawker 告到"灰飞烟灭"。[4]万事俱备，只欠一个完美的起诉人。

　　"绿巨人"霍根（Hulk Hogan，本名 Terry Gene Bollea），这个包着头巾、留着雪白马蹄胡须的前职业摔跤超级明星应时而至。霍根曾与希瑟·克蓝（Heather Clem）发生过性关系，后者是电台主持人"爱海绵的布巴"（Bubba the Love Sponge）的妻子。布巴似乎是鼓励妻子与霍根上床，还偷拍了 30 分钟的性爱录像，据称没有霍根的知情同意，把录像带放在自己的办公桌抽屉里。一名同行冤家偷了这盘录像带，并泄露了副本，以图得到原本属于布巴的热门节目时段。这盘录像带最终落在了 Gawker 公司手中，Gawker 在其网站上发布了一个两分钟的片段。

事后证明，这对 Gawker 来说是一个错误。霍根以侵犯隐私、名誉权和故意造成精神损害为由起诉 Gawker，索赔 1 亿美元。在蒂尔的巨额诉讼基金的支持下，霍根深入了一场复杂的法律斗争，这场斗争将产生 2.5 万页法庭文件。[5]霍根拒绝和解，案件进入审判阶段，这个涉及巨额款项的裁决裁定霍根将获赔 1.15 亿美元，其中一半以上是赔偿他的精神损害，还有 2500 万美元是惩罚性赔偿。Gawker 的创始人尼克·丹顿为他对彼得·蒂尔的几十字评论支付了 1.4 亿美元。这肯定是互联网上最昂贵的评论，每字以百万美元计。

Gawker、蒂尔和霍根的传奇故事讲述的是复仇与报应。但是，蒂尔和霍根用来反击 Gawker 的侵权责任制度——规定人必须如何为自己给他人造成的损害进行赔偿的法律规则——并非关于复仇。侵权法的主要功能是确保人为所受的损失获得补偿。因此，在这个案件里，Gawker 向霍根支付的是后者所遭受的经济和精神损害。当然，我们可以讨论霍根的痛苦是否值 1.15 亿美元。但对一些法学家和许多经济学家来说，侵权法的目的不仅仅是修复已经造成的损害，它还应该有助于防止未来的损害行为。这就是为什么一些司法辖区，如审理霍根案的佛罗里达州，会设置惩罚性赔偿。这种损害赔偿的作用不仅仅是补偿，而是要防止造成损害的一方未来再实施有害行为，同时也威慑他人不要实施类似行为。这个意义上，侵权责任与刑事处罚也不是全然不同。至少在理论上，法律要求我们对自己造成的损害负责、支付赔偿，这可能会产生一种激励，激励我们别去实施有害和危险的行为。不要做这个——不是因为你可能被抓并受刑事处罚，而是因为你可能被抓并受到经济处罚。

所有这些案例中都有一个核心问题：侵权责任是否真的有助于减少损害行为？

以汽车保险为例。人们购买汽车保险是为了保护自己免于承担全部责任。但是如果有人造成事故，他们的保险公司就必须支付更多费用，因而公司自然会提高肇事人的保费。有些司法辖区已经采用了一种侵权责任不再起作用的系统，在这样的"无过错"系统里，受害者直接向保险索赔，这意味着保险公司要为它的每位司机投保人的损失埋单，而不管是谁的过错。这相当于肇事司机不再担责。如果侵权责任能起到使人行事更谨慎的作用，那我们可以预期，朝向无过错制度的改革将导致更多的事故以及更多与交通有关的损害和伤亡。

但遗憾的是，一些评估这种预期是否应验的研究发现，情况既不明确也不一致。有些研究发现，由于无过错保险制度，致人死亡的交通事故增加了2%—15%。[6]另一些研究则没有发现这种效应。[7]两份对此类研究的综述一致认为，目前的证据不足以定论：我们无法确定侵权法在减少不安全驾驶方面是否发挥着作用。[8]

科学家们也分析了医疗事故责任的作用。当医生或其他照护人员犯错时，病人有权起诉要求赔偿损失。这种医疗事故责任或可促使医生更安全地操作。但是，过高的医疗事故责任可能会产生负面影响。一些医生可能会选择离开医疗事故责任高的司法辖区，或停止做风险较高的手术，医疗服务的供应可能因此减少。一些医生还可能会给病人增加不必要的检查，只是为了保证自己不会被追究疏忽之责。鉴于这些潜在的副作用，也因为侵权法改革面临的广泛压力，一些司法辖区已经降低了医疗事故责任。有些地区对受害人可获得的经济损害赔偿及惩罚性赔偿总额设置了上限，有些地区限制了律师费，有些地区在受害者对损害负有共同责任时减少了被告的责任，也有些地区限定了较短的诉讼时效以减少原告可以起诉的时间。

就像对交通事故一样，我们也可以评估降低责任是否会增加医疗事故。如果侵权责任真能减少损害行为，那么当责任降低时，我们可以预见医疗事故造成的伤亡人数会增加。同样，对医疗事故的研究也是尚无定论。针对一百多个实证研究的两份主要综述发现，情况依然是模糊不清的。对于不同类型的医疗责任，都没有有力的证据表明减少责任是否会增加医疗事故造成的伤亡人数。很多研究的发现自相矛盾，截然不同；很多研究根本没有发现相关性。[9]

最后，还有人研究侵权责任是否有助于减少其他类型的公司有害行为，如不安全产品、环境恶化和不安全的作业条件等。对此类研究的综述得出的结论，与我们在研究交通事故和医疗事故时相同：没有确凿的证据表明侵权法有助于减少不当行为和损害行为。[10]

在对公司高管责任的研究中，有一些证据表明，侵权法有助于防止伤害。研究发现，当高管需要承担更高的侵权责任时，他们会更少做出高风险的决策，像是重新申报公司收益，以过高价格收购其他公司，或在时机未成熟时让公司上市等。[11]然而，这个结论的证据是非常间接的，研究评估的是一般性的风险决策，并不是直接造成伤害的决策。

一项研究试图理解组织，特别是警局和医院，在被起诉造成损害后是否吸取了什么教训。[12] 该研究认为，从理论上讲，诉讼可以促使组织改善其内部运作，防止未来发生类似的损害。医院确实试图从侵权诉讼中吸取教训，收集可以帮助其改善运作的信息，相比之下，警局却几乎不为所动。因此，侵权法确实有可能刺激组织更加自省，但研究表明，只有在激励措施和内部能力到位的情况下才会如此，而现实显然并非总是如此。

一些研究考察了侵权责任保险的作用。这类研究假设，为侵权损害提供保险的保险公司因为与投保方利益相关，所以会确保投保的个人或组织避免实施可能引发损害责任的行为。一项研究显示，侵权责任保险公司发挥了积极作用，包括要求警方采取措施，在高速度追捕车辆和使用武力这样的高风险活动中减少损害[13]；还有督促一些警务部门在出警时使用执法记录仪。然而同样是这项研究，也对采取这些措施是否真能减少警察的不当行为表示了怀疑，而该研究并没有对这个问题进行实证讨论。这说明，仅是采用了一个政策，可能不会直接转化为行为的改变。

因此，总的来说，对于许多类型的侵权责任，包括医疗事故、交通事故、环境危害、产品安全和工人安全，没有确凿的证据表明，侵权责任可以用作抑制因素，阻止人实施有损害或有风险的行为。虽然有一些证据表明，组织可能会从侵权诉讼中吸取教训，侵权责任保险公司也可能努力激励其客户减少风险性行为，但没有明确的数据表明这些做法确实减少了损害。看似是显而易见的抑制因素，实则并不尽然。

侵权法在实现威慑方面可能存在与刑罚相同的问题。侵权法要想产生威慑力，必须具有不可避免性，而要实现被起诉并赔付实际损失的高度确定性，是很难的。这意味着，对于每一种形式的损害，都必须有原告愿意且能够成功地起诉侵权；而与车祸、医疗事故、环境污染、不安全产品、危险作业条件的受害者相比，股东们都更有条件做到这一点。其他所有人都需要有自己的"彼得·蒂尔"。

侵权法要产生威慑力，还意味着，对于每一种形式的侵权行为，可能造成损害的人都应该知道自己要负的责任是什么。就比如，公司的高管们每天都得到各种法律建议，他们比大多数医生或司机更了解情况。正如我们将在本书后面讲到的，大多数人的法律知识都非常有限，无论普通人还是专家。

根本没有证据表明，侵权法这根法律"软"棒能有效地防止伤害。就像刑罚一样，这意味着，我们不能假定仅仅依靠制定更严厉的侵权法就能减少损害行为。在侵权法改革这场利益攸关的政治斗争中，科学研究对人类行为的洞见，可以提供一份现实的检验。斗争一方是公司及其律师和游说团，他们以太多无意义的诉讼损害商业为由，要求减少侵权责任并提高侵权诉讼的门槛；斗争另一方是抵制这种改革的原告律师，他们认为侵权法对于防止和降低企业造成损害是必要的。双方都以政治游说和资金为武器，公司通常资助保守派，而原告律师则资助改革派。

由于针对侵权法的辩论已经变得如此政治化，又牵涉如此庞大的资金，双方就都可以轻而易举地找到有利于己方的科学发现并加以利用。公司可以利用那些发现侵权法并无威慑作用的研究，从而呼吁更多改革。但这是对科学的一种错误解读。经验数据并没有确凿地表明侵权法能还是不能威慑有害行为。目前的科学状况还不能对更严格的侵权法是否有威慑作用下定论。就像我们在上一章看到的刑罚那样，这里的关键是，结合了科学研究，我们就开始换一种方式来思考侵权法。我们不应该再假设更严格的侵权法本身就能威慑损害行为。相反，我们每一次考虑制定新的或改变已有的侵权责任时，都必须考虑侵权法可能如何影响人的行为。对侵权法而言，很可能赔偿的确定性比严厉性更重要，就像刑罚一样。因此，侵权制度应该更多地确保损害赔偿的不可避免，而非专注于赔偿金额的大小。这意味着我们有必要调整现行制度的重点，使原告更容易为实际发生的损害提起诉讼，同时弱化惩罚性赔偿。

## 奖励良好行为

当大棒失效时，也许就是时候拿出胡萝卜了。这个想法非常吸引人：如果能凭积极的激励措施改善人的行为，我们就可以减少对惩罚的固有伤害性的依赖，甚至也减少对侵权责任的代价的依赖。我们可以单靠奖励就让人守规矩吗？

说到用胡萝卜代替大棒的社会实验，就不得不提加州的里士满市。[14] 这座位于旧金山地区东湾的小城市，凶杀率位列全美榜首，每10万居民中每年发生46起谋杀案*，是芝加哥的3倍。严峻的形势下，该市社区安全办公室在2010年邀请了25名年轻人齐聚市政厅。这25个人都是被精心挑选的，因为他们合起来要对该市的所有枪支犯罪负70%的责任。[15]

这些年轻人被邀请来参会时，内心是忐忑的。他们以前与公职人员的接触可绝不包括坐在会议室里被招待午餐，更不要说每个人的席位处还都摆着名牌，自己的名字就刻在上面。[16] 社区安全办公室

---

* 应为2009年数据，见 https://www.macrotrends.net/cities/us/ca/richmond/murder-homicide-rate-statistics。——编注

主任迪翁·博根（DeVone Boggan）向这些青年深深致歉，表示市政府早该联系他们。他告诉这些年轻人，这座城市的和平仰仗他们，如果他们能为这座城市带来和平，城市不会亏待他们。[17] 当这些年轻人准备离开时，博根给了每人一个信封，里面装着 1000 美元现金。

很快，全世界都知道了这项"和平使者行动奖金"。借由该项目，市政府开始为高危险、有暴力倾向的青年罪犯提供每月 1000 美元的现金补贴，以帮助他们向着"人生目标"迈进。如果这些有前科的青年能够找到更好的住房、停止滥用药物、通过驾照考试、支付拖欠的罚单，他们就有可能赚到更多的钱。

这个处理不良行为的思路截然不同：里士满市没有靠刑事司法系统祭出惩罚来威胁他们就范，而是对良好表现给予奖赏。这个做法奏效了。在该计划实施后的 7 年里，该市的凶杀率下降超过 50%；相比奥克兰等邻市同期凶杀率的略微下降，里士满市凶杀率的下降程度远不是该地区的总体社会经济变化所能解释的。[18]

该项目的成功并非全靠现金奖励，也得益于它为许多参与者提供了他们从未得到过的关怀和关注，借此向这些青年展示了，在他们那暴力充斥的成长环境之外，还有何种积极的可能性。表现出色的参与者甚至被带去华盛顿特区、迪士尼乐园、南非这些他们梦寐以求的地方旅行。奖励并倡导良好行为，是该项目用以减少暴力的核心方法。它是激励人们做正确的事，而不是用棍棒的威胁或警察的参与——最后一点很是关键。正如一位参与者向《纽约时报》记者所说的："在我知道他们不是警察的时候，他们就获得了我的信任。如果你是警察，我不可能和你聊我做过的事情，告诉你我做过这个、那个。那不可能的。"[19]

和平使者行动奖金所展示的仅靠胡萝卜来扬善抑恶的案例虽然

极端，但积极的激励措施是可以适用于许多情境和不同规模的。可以想一想教师们如何使用小奖励来让孩子们守秩序。在美国，成千上万的学校使用一种"积极行为激励制度"（positive behavior incentive system）。这种做法归根到底就是用奖励诱导孩子们趋善避恶。孩子们交了作业，就会得到一颗小星星（贴纸），帮助了同学，也会得到一颗小星星；但如果在课堂上违反了纪律，就会失去一颗星。就是这样简单的行为编码。

这些行为激励制度确实有两个明显的优势。首先，它们可以减少不良行为。研究表明，儿童，尤其是幼儿，在激励措施下会表现得更好。[20] 其次，激励制度通常花费很少：给孩子一张贴纸才要多久时间？一包 500 张的贴纸又能用好久好久。

奖励在校良好表现尽管有诸多优点，但研究也开始显示它的弊端。像金钱和奖品这样的外在奖励，会降低儿童的内在动机，阻碍他们发展自主性和独立性，也弱化了他们的自我管控责任。[21] 问题在于，儿童可能会学得只是去满足有权给他们奖励的人：我不是为了对同学好才这样做，我是想要那张贴纸。

如果使用得当，外在激励可以促进人的自我管控和内在动机。[22] 关键是，关注点要放在行为而非激励上。单是给孩子贴纸并说"干得好"是一回事，解释奖励贴纸的原因则会事半功倍。[23] 我们如果将激励措施与目标设定结合起来，并帮助儿童更深刻地理解受奖励行为的重要性，就可能使儿童产生内在的动机和更好的行为。重要的是，这可能对成年人也有效。

关于奖励如何影响成人行为，相关实证研究有好几派。许多研究都关于奖励能否激发更多的亲社会行为（如合作、投票）和亲环境行为（如参与回收、减少非必要出行）。[24] 而关于奖励如何促进守法行为，相关的实证性研究则少得多，其中最好、最全面的研究是关于纳税的。[25]

税务机关和研究人员合作研究了使用积极的激励措施是否能促使人们更诚实地报税。税务机关已经用过两种激励措施：给自报了较高收入的人更高的福利（如社会保障金），并给确系诚实报税的人以奖励。大多数研究用社会科学的实验室实验来观察奖励对纳税的影响。这些实验让参与者玩一个能挣得现金奖励的游戏，然后要求他们报告自己的收入，形同参与者必须依据收入来纳税。其中，大多数研究设置了随机审计。参与者如果被发现在自报收入时做了假，就会被罚款。这样做，是为了尽可能地逼真。

这些研究发现，无论是对个人还是团体，积极的激励措施确实在整体上提高了人对税法的遵守程度。[26]然而，奖励对遵守税法的这种积极作用，情况并不简单。例如，在一篇题为"快乐纳税"的论文中，实验室实验发现了一个重大的性别差异：女性在有机会获得奖励时会更遵守规则，而男性则不会。[27]瑞士的一项实验发现，承诺按时缴税的人在被许诺奖励时会变得更按时缴税，但前提是奖励不是金钱形式，比如有机会赢得免费的周末温泉旅行。[28]

也有研究试图回答向人们提供奖励是否有助于减少公共交通中的逃票行为。[29]在意大利亚得里亚海滨的度假胜地里米尼，乘客经常不付钱就乘坐当地的公共汽车。他们理应在上车前买票，或者上车后从公交车上的自动售票机买票。公交公司试图依靠查票员随机检查，被发现的逃票者会被处以65欧元的罚款，但这无济于事。不服从和逃票猖獗到公交公司只得求助于研究人员。

研究者设计了如下实验：他们在当地公交公司运营的299辆公交车中的54辆上张贴海报，告知乘客，从公交车上的自动售票机买票有机会中奖，奖金为 500 欧元，然后比较"有奖巴士"是否比普通巴士卖出了更多的票。结果显示，这种奖励的效果好得令人难以置信："有奖巴士"上的售票增加了 30%，说明逃票的情况肯定大大减少了。这样做值得吗？算是值得吧。一方面，公交公司支付中奖奖金的成本大于增加的车票收入——但他们最终还是赚了钱，因为大量的中奖者没有来领取奖金。

积极的激励措施也可以在遵守环境法规方面发挥作用。还记得华雷斯的砖窑主吗？一系列的研究分析了丙烷补贴对于促使砖窑主遵守禁燃废品燃料的禁令有何作用。如我们所见，补贴提高了砖窑主的守法意愿。[30] 但补贴一结束，效果就消失了，砖窑主们立刻转头使用被禁的高污染燃料。这表明，即使奖励有效，效果也不持久，因为谁都很难负担源源不断的奖励。

然而，关于补贴的证据也并不都一致。以美国卡车运输业中，补贴对减少柴油车污染物排放的作用为例。法律没有强制卡车公司更换掉旧的高污染卡车，而是试图激励卡车公司自愿超越现有法定标准，并去帮助他们购买更环保的新卡车。根据一项研究的计算，更换卡车所需的总投入远超预算的补贴。例如，得克萨斯州曾预算5700 万美元用于此类补贴，而为了使补贴产生效果，需要花费大约17 亿美元来替换掉现有的 3.8 万辆旧卡车。[31] 由此，这项研究揭示了用奖励诱导良好行为的主要弊端：奖励必须足够大才会有效，而足够大的奖励并不总是可行的。

总之，关于积极的激励措施在提高人的守法意愿、减少损害行为上效果如何，现有的实证证据并不一致。我们看到了积极的奖励措施有效的证据，但也看到了奖励措施可能适得其反——有时是不符合成本收益原则，有时是不可持续或负担不起。

积极的激励措施还有一个潜在的弊端。奖励良好行为，可能会破坏人的内在动机，而内在动机本来通常已经能使大多数人举止得体。增加了奖励，人们遵守规则的内在动机可能会被外部激励所"排挤"，甚至可能出现"过度理由效应"（over-justification effect），即有些人本来已经决意从事某些行为，奖励反而画蛇添足。其实，一些普通心理学研究表明，外部激励，包括奖励，可能会破坏内在动机。[32]针对一般类型行为，如合作、采取健康的生活方式及以亲社会的方式行事等，研究都表明了外部激励的排挤效应。然而，最近一份对此类研究的综述发现，尽管外部激励会排挤内在动机，但总体证据并不足以下定论——在实验室环境之外的研究发现还很有限，而且并不一致。[33]

当大棒失效时，胡萝卜可能会改善人的行为，但这种方法也带有自身的局限和风险。总的来说，我们看到的是，无论是以刑罚、侵权责任还是奖励的形式，我们的法律用来改善人的行为的激励措施并不总能如愿以偿，有时甚至弄巧成拙。可惜，预测激励措施的效果很难。要厘清侵权责任和奖励对改善行为的作用，需要实证分析。但问题是，许多制定法律规则的人并不进行甚至阅读这类分析，而是依靠自己对激励作用的想当然。而他们的假设很可能就是错的。

## 认知和理性选择

丽莎·舒（Lisa Shu）在伦敦商学院任教，她给学生们出了一些简单的谜题。当学生自报解对谜题时，丽莎就给他们钱。这里的关键是，学生们知道没人会检查他们的答案，所以他们很清楚撒谎可以使自己从实验中获利更多。不出所料，这些商学院学生中有很多人作弊。

　　然后，舒让另一组学生在做题之前签署一份诚实保证书。学生只需承诺会诚实，其他方面都没有差别。作弊的风险没有改变，被发现的可能性也没有改变，学生们也依然会赚取真金白银。然而她发现，签署了诚实保证书的学生，作弊少得多。仅仅是签署承诺书，就使他们更诚实了。

　　这可是了不起的发现。一个简单的承诺可以使我们更加诚实，这一见解意义深远。因此，舒及其同事试图将这一见解应用于实际生活中的守法问题。他们发现，有多种形式和场合要我们签字保证准确且诚实地填了表格，比如税表或保险表格。唯一的问题是，在这些实际生活的表格中，人们是在填完表之后才签字。这么做是因为我们需要证明所填内容是事实，全部的事实，并且只有事实。

　　让我们想一想这个问题。如果表格已然填好，那么在表格底部签字并不能影响我们之前填表时的行为。于是，舒及其同事想了一个简单而巧妙的主意：让人在表格的顶部而非底部签字，怎么样？

　　他们想用我们都签过的普通表格来测试这一想法，所以就想到了保险表格。他们原以为，说服保险公司，让他们测试改变表格的签名位置能否降低不实报险和相应的保险欺诈，会很容易。他们对保险公司所求甚少，挪一下签名位置不费吹灰之力。如果干预奏效，保险公司将在他们要承保的风险方面得到更诚实的信息，从而减少保险欺诈，将己方风险降到最低。这似乎完全是一个双赢的局面。

　　但令他们吃惊的是，保险公司并不热心。公司律师一开始表示，底部的签名至关重要，不能移到顶部：保险公司需要这个签名来证明被保险人如实提供了信息。于是，舒及其同事换了个方法。根据他们从保险公司收到的反馈，他们提议在表格上设两个签名位置，一个在顶部，一个在底部：研究人员想要的签名在表格的顶部，而保险公司原本的签名依然在底部。双方各取所需。

　　可保险公司的律师还是不同意。他们认为两个签名的方案很荒唐，表示这会加重客户的负担，惹恼客户。经过漫长而艰难的寻找，舒及同事才终于说服一家保险公司允许他们对一个小型保险产品进行实验。[34]

　　随后的实地研究涉及一种常见的汽车保险，这种保险要求公司让员工在每年年底上报各自的总里程。随着签名位置的改变，研究人员发现了一些显著的变化。平均而言，在表格顶部签名的人报告的里程数大大高于在底部签名的人——差异超过10%。在表格顶部签名的人明显比在底部签名的人更诚实。[35]

　　这次实地研究相当清楚地表明，仅是改变签名的位置，就可以大大减少虚报——没有额外成本，无须加强监控，也不需要更严格的执法。

　　舒的发现意义重大。让我们想象一个有50名员工的组织，以每英里0.57美元的价格提供公出报销。事实上，有许多大学就是这样为其师生报销会议旅行费用的。假设舒及其同事在实验中发现的虚报程度也适用于这里，那么，让人在里程报告的顶部而非底部签字，将为一个50人的部门每年节省约6900美元。当然，这个研究的应用范围远远超出汽车保险，想一想我们目前的报税方式就知道了。

　　为什么"顶部签名"有效？改变签字位置这样的简单操作怎么就会让人更诚实呢？舒及其同事认为，这中间发生的事情相当微妙。填表前先签名，我们就不经意地将注意力集中到了自身；将注意力集中到自身以后，再做事就会变得更真诚。一旦签下自己的名字，我们提供的信息就成了对我们是谁又如何看待自己的反映。

　　这项研究的核心见解是，人们并不只会对激励做出反应。在保险申请表上先签字后填表的人，和先填表后签字的人面对的激励措施完全相同，而行为却非常不同。该研究清楚地表明，人的决策并不总遵循激励机制。人的行为并不总是有意识的、理性选择的结果。

这里的关键是人的认知。人脑处理信息的方式会使我们以意想不到的方式做出反应，这会违背根据成本收益的理性算计而制定的激励机制。为了理解人脑的运作机制，我们来尝试解一道简单的数学问题。阅读下面三条陈述，并立即说出你想到的答案。

（1）一条裤子和一双袜子一共售价 110 美元。

（2）裤子的价格比袜子的价格高 100 美元。

（3）袜子的价格是多少？

许多人的第一反应会是，袜子售价 10 美元。但我们如果认真计算，就会发现这个答案是错的。裤子必须比袜子贵 100 美元。因此，如果袜子售价 10 美元，裤子的售价就是 110 美元。这样总金额将是 120 美元。这显然错了。

正确的答案是，袜子售价 5 美元，裤子 105 美元。这样我们把两个值相加时，得到的总数才是 110 美元。这个例子改编自诺贝尔奖得主丹尼尔·卡尼曼（Daniel Kahneman）的《思考，快与慢》，该书讲述了大脑可能如何欺骗我们。[36] 在总结了认知科学的最新进展后，卡尼曼分析道，人的思维并不像我们所希望的那样系统化、合理化。他告诉我们，人脑使用两套系统。[37] 快速的"系统 1"凭直觉自主运行，为我们迅速地做出各种日常决定，但它很容易忙中出错。相比之下，"系统 2"则慢得多，它更慎重，也需要耗费更多脑力。

立即回答袜子要 10 美元的人，就是在使用系统 1，在凭直觉快速思考：这答案听起来不错，感觉也对，所以就它吧。相比之下，得出 5 美元答案的人，大概就在使用系统 2。后者花了更多脑力，缓慢而审慎地计算出了正确答案。

系统 1 基本上是无意识运行的。使用系统 1 时，我们常会草率定论，而且往往没有意识到系统 1 已经接管了我们的决策，抑制了从容谨慎的系统 2 对我们行为的协助引导。

如果你还没有被说服，那我们就再来玩个游戏。下面是一些文字片段。你的任务是数一数在以下文段中有几个字母 F。

FINISHED FILES ARE THE RE-
SULT OF YEARS OF SCIENTI-
FIC STUDY COMBINED WITH
THE EXPERIENCE OF YEARS.

你数到了多少个？ 3 个？再数一次，这次要更仔细一点。

还是 3 个？别担心，多数人都只找到 3 个，能找到 4 个的很少。但 4 个依然不是正确答案。实际上这里有 6 个 F。再数一遍，看看这次你是否能找到全部。[38]

如果你感到恼火，可别怪我们，要怪就怪你的系统 1。大多数人之所以不能找到所有的 F，是因为我们的大脑自动跳过了 OF，因此也没有算这三个 F。我们读到 OF 太频繁了，到了即使刻意放慢速度并使用系统 2，可能也注意不到它的地步。

心理学家乔纳森·海特（Jonathan Haidt）用骑象人这一比喻来形象地描绘人的思维方式。[39]系统 1 是一头大象，它遵从自己的本能，即遵从直觉性的、自主运行的无意识认知。另一方面，系统 2 则是骑象人，它使用有意识的认知来引导大象。但问题是，我们的诸多行为和决策都受控于我们自主运行的直觉性认知，即大象。[40]

要理解人的决策进而行为，我们必须解说一下这两种认知过程的运行。作为人类，我们可能非常聪明，而且一般来说相当理性，但在许多决策和行为中，我们更多的是依靠直觉做出反应，常常从未达到有意识地分析面前数据的深度。人脑是很懒惰的，只把费力的认知保留给复杂的情况，而在其他时间则开启自动的大象模式。我们就喜欢方便快捷。

人脑以这种方式运作，事出有因。如果所有决定都要谨慎、理性、缓慢，如果总是依赖系统2，我们将寸步难行。想一想开车的情况。学习开车时，我们使用的显然是系统2。我们要找准刹车、油门踏板、后视镜、转向灯，如果是辆手动档车，还要找准离合器和换档杆。在换档时，我们要慢慢踩下油门，小心翼翼、全神贯注地检查周围车辆、交通标志和自己的车速。才上完第一节课，多数人就已经筋疲力尽。光阴似箭，一年过去了，这时，大多数人在驾驶时都不再会意识到自己在做什么——他们可以聊着天，听着音乐，连续开上几个小时。这时，他们已经能够切换到轻松地执行复杂任务、无需太多有意识思考的系统1。

对法律和行为而言，这个认识意义深远。当法律试图借激励来影响人们的行为时，它是在假定人们会理性地权衡这些激励措施。它假定我们的行为都经过深思熟虑，是有的放矢、有理有据的。法律假定人们在决定是否违法时，会权衡外界提供的利与弊。法律主要针对的是骑象人，而不是大象。

但认知科学告诉我们，人在大多数时候跟从的是自己那自主运行、易于出错的直觉。法律如果想改善人的行为，就必须学会与这头自主运行、易于出错的大象对话，因为正是这头盘踞在脑内的大象指导着我们的诸多行为。最近，学者们已经在试图了解认知会如何影响人对法律激励措施的反应。[41]这类研究大部分集中在自主运行的认知中，偏见和捷径会如何影响人对负面激励的反应，其中最瞩目的研究是认知如何影响威慑作用。

正如我们在上一章所见，刑法的威慑力是基于人们对被抓和被罚的概率以及刑罚的严厉性的感知。早先的经济模型认为，威慑力基于对概率理性、审慎的计算。然而，丹尼尔·卡尼曼和他的长期合作者阿莫斯·特沃斯基（Amos Tversky）的工作从根本上改变了我们对人在决策过程中的认知的理解。他们向我们展示了，人对统计数字进而概率的直觉，是很容易出错的。通过一系列的研究，他们展示了有几种核心的认知加工过程会影响人们对概率做出高估或低估。他们把此类过程称为"捷思法"（或"启发式"，heuristic），表示人脑为处理复杂信息所创造的心理捷径。

"可得性捷思法"（availability heuristic）就是一个很好的例子。[42]在一篇题为"风险评级"的论文中，俄勒冈大学的心理学家保罗·斯洛维奇（Paul Slovic）及其同事试图理解人们如何预测不确定事件。他们的关注点是人的认知会如何影响预测。例如，他们问受访者，以下哪类事件在美国造成的死亡人数最多：龙卷风、中风、意外、闪电、肉毒杆菌中毒和糖尿病。你也可以试着把它们按造成死亡的数量从多到少排一排。你觉得意外造成的死亡比中风多吗？如果你认为是，那么对不起，答案错误。但犯错的不止你一个。大约80%的人都犯了和你一样的错误。实际上，死于中风的人数是所有意外死亡总人数的两倍。那么意外死亡的人数与死于糖尿病的人数相比呢？人们普遍认为，意外死亡的可能性比死于糖尿病高300倍；但实际上，死于糖尿病的人数是意外死亡人数的4倍。[43]最后，死于龙卷风的人数与死于哮喘的人数相比呢？多数人认为死于哮喘并不常见；但其实，死于哮喘的人数是死于龙卷风人数的 20 倍。

这项研究中的受访者之所以犯错，是因为他们走了一条心理捷径，即可得性捷思法。在估计这些概率时，人会依赖不假思索就涌上心头的例子。这些例子来自各种渠道，媒体就是其中之一。比起常见事件，如死于中风、糖尿病和哮喘，晚间新闻基本只会报道不常见的事件，比如意外死亡和龙卷风。这些报道使我们更经常地接触到不常见的死亡案例。因此，在试图迅速想出哪些事件更常见时，我们会依赖可得性捷思法——大象前来接管，带我们得出错误结论。

最近，犯罪学家也评估了这种可得性捷思法在犯罪决策中是否起作用。[44] 他们尤其关注这种捷思法是否会影响人有多相信自己会因违法而被抓并受罚。为测试这一点，他们做了一项实验，问其中一半的参与者是否认识因违法而受罚的人，问另一半是否认识违法但没有被抓的人。研究人员预期，那些想到自己认识受罚的人的参与者，会更相信自己可能因违法而受罚。如果可得性捷思法成立，这就是他们理应得到的结果。

然而，研究并没有在两组人之间发现预期的差异。这并不是说可得性捷思法在犯罪决策中没有作用。如果刑罚比较引人注目，例如一个名人刚刚因犯罪而受罚，它就可能影响人们对刑罚总体概率的估计，尽管这样的单一案例并不影响被抓、被罚的总体概率。这里的难点是进行正确的研究设计。人们是否认识受了刑罚或逃过刑罚的人，这样的简单问题很可能不是可得性捷思法的有效测量工具。

另一个方向研究的捷思法，卡尼曼称之为"情感捷思法"（the affect heuristic）[45]，意思是人们在遇到困难的认知问题时，会代之以相对容易的情感问题。因此，人在本来应该权衡复杂的概率问题时，可能会代之以问自己对选项 A 和选项 B 的感觉，或者说自己更喜欢哪个选项这样的情感问题。当这种情况发生时，经系统 1 而生的情绪和喜好就会影响甚至阻碍人的理性的、推理性的认知。这种情绪可能会影响人们对制裁风险的感知，从而影响制裁对行为的作用。[46]

在一项研究中，荷兰心理学家让·路易·范·赫尔德（Jean Louis van Gelder）和雷诺·德·弗里斯（Reinout de Vries）向参与者简短描述了许多人可能都犯过的轻微罪行。想想下载盗版软件，或者实际上并没有物品被盗但骗取保险赔偿的例子。研究人员让参与者想象自己正处于有机会做这些事的情境下，问他们是否会这样做，以及如果真的这样做了，他们被抓并受罚的可能性又有多大。研究人员让一部分参与者做与感受有关的文字游戏，以此来启动他们的情绪，再比较情绪被启动了的参与者与没有被启动的参与者之间在做犯罪决策时有何不同。

他们发现，相比于对照组，对情绪被启动的参与者来说，畏惧惩罚对决定是否犯罪所起的作用要小得多。对于是否从事犯罪，情绪被启动的参与者在决策时更看重自己对犯罪的感觉。[47]这项研究表明，仅仅刺激人去更多地想到情绪，甚至都不需要使其更情绪化，就会减少他们对惩罚的潜在威慑作用的直接反应。

在另一项研究中，犯罪学家格雷格·波加斯基及其同事试图从另一个方面来理解情绪如何影响人对制裁的感知。他们研究的是人们对边开车边发短信的感觉如何影响其对被抓和受罚的可能性的估计。参与者被分为三组，一组阅读一段负面的文字（"一项新的研究表明，边开车边发短信是青少年的主要死因之一"），另一组阅读一段正面的文字（"经常互发短信的情侣会长久"），第三组阅读一段中性的、与开车发短信无关的文字。然后，该研究比较参与者如何估计边开车边发短信被警察拦下的可能性。研究发现，阅读过带负面情绪文字的参与者，会感知到更高的受罚风险。[48]

将心理学对认知的见解应用于理解人们对刑罚作何反应，还是一件很新的事。由于这类研究还在不断涌现，对于具体什么类型的偏见和捷思法会影响人看待受罚的可能性进而如何做出决定，目前还没有一个稳健的，甚至仅是逻辑一贯的理解。但现有的研究确实已经表明，人在面对法律激励措施时，并不会完全抱以理性、审慎的态度。所以非常有可能，同样是这些捷思法和偏见，也在人面对侵权责任和奖励时起作用。

因此，坏消息是，法律激励措施是为系统 2 这个骑象人的审慎且理性的认知设计的；而现实中，系统 1 这头大象也在我们的脑内发挥作用，这决定了法律激励措施不会效果太好。好消息是，总有方法可以设计出对系统 1 同样有效的激励措施。一个绝好的例子是税务机关如何利用特沃斯基和卡尼曼提出的另一个观念：前景理论（prospect theory）。

想象一下，如果有两个选择，你更愿意得到哪一个：是 80 美元，还是一张有 80% 的机会赢到 100 美元，但另有 20% 机会只赢 10 美元的彩票？[49] 大部分人更愿意直接拿 80 美元。

现在考虑以下关于损失的问题：你愿意损失 80 美元，还是有 80% 的可能损失 100 美元？在这两个选项中，大多数人更愿意承担损失 100 美元的 80% 的风险。他们寄希望于那 20% 毫无损失的机会。这个例子告诉我们，在面对得钱还是失钱的不同前景时，人的偏好是不同的。

卡尼曼和特沃斯基就是用类似的例子来解释他们所谓的前景理论的。[50] 他们的实验性研究使他们质疑传统经济学的价值客观信念。

那部新的苹果手机价格为 1000 美元，1000 美元就是 1000 美元。而卡尼曼和特沃斯基则向人们表明，事实恰恰相反，价值是主观的，它因人而异，因情况而异。1000 美元的价值对一个亿万富翁和一个普通人来并不相同。而对普通人来说，100 美元和 200 美元的差别感觉也比 900 美元和 1000 美元的差别大得多，尽管两种情况下的差别在面额上都是 100 美元。

　　而至关重要的是这一点：正如我们从对上述问题的不同回答中所见，损失和收益对人的价值是不同的。我们有所谓的"损失厌恶"（loss aversion）。这个概念是指人对损失的恐惧超过对收益的渴望。损失 100 元的痛苦比赢得 100 元对我们的影响更大。在这种损失厌恶下，我们更有可能为避免损失而承担更大的风险。

　　卡尼曼和特沃斯基指责我们的系统 1 思维。我们的大象用主观的、非理性的分析接管了我们，而不是让骑象人一五一十地计算每一个选项，从中找到给我们最大经济收益的选择。

　　前景理论对法律和人的行为有重要的意义。以税法为例。如果你发现国税局欠你钱，你会有什么感觉？我们猜你会感到高兴，而且会很快完成报税，继续你的生活。但如果你发现你欠国税局的钱，我们猜你会一而再再而三地检查，看有什么办法可以降低你所欠的金额。损失金钱的前景，哪怕只是一点点，也可能导致人弄虚作假。

　　根据前景理论，如果税务部门特意在我们收到薪水之前直接从中自动扣除高于实际应付额的税款，即所谓的预扣税，我们就更有可能遵守税法。在我们已经预付税款的情况下，报税就变成了为了拿回退税，于是就变成了一种收益：报得越好，拿回的退款就越多。在没有预付很多税款的情况下，我们报税的目的则是防止补交税款，于是报得越好，损失就越小。根据前景理论，人的预期是有所获得时，他愿冒的风险会比面临损失时更低，也更不可能作假。[51]

　　行为经济学家和心理学家确实发现，运用前景理论有助于减少逃税。[52] 例如，一项研究表明，面临损失钱款的纳税人（因为仍有欠税）更有可能在报税时冒险少报应付税款。差异非常显著：预计会有损失的人中有 65% 愿意冒险，而相应数字在预计有收益的人中仅为 25%。[53] 在比利时、英国、荷兰、西班牙、瑞典和美国进行的一项研究中，结果很明确："人面临补缴税款的前景时，更有可能偷税漏税，偷税漏税的环节和金额也都更多。"[54] 最近的一项研究通过 360 万瑞典纳税人的实际缴税数据证实，预期会（因欠税而）有损失的纳税人，申报纳税减除的可能性比其他纳税人高 50%，申报减除的数额也更大。该文章的结论是："如果预扣税额调整为使大部分纳税人都需要退税，那么人们就更愿意依法纳税，税收审计成本也会降低。"[55]

　　学会与大象对话，我们就有可能创造出更有效的法律激励措施。

　　英国一所大学的食堂在被一个问题困扰着：学生们进餐后不愿意收拾餐具，饭后的午餐托盘在食堂摆得到处都是。对此，一群研究人员想出了一个巧妙的对策。他们先在食堂墙壁上张贴画了两朵鲜花的海报，然后再用画了一双眼睛的海报取代鲜花海报。研究人员发现，当食堂里的海报画的是眼睛而不是鲜花时，学生们饭后自己收拾餐具的可能性会提升一倍。

　　简单的干预就改变了人的行为。研究人员无须威胁学生，也不需要张贴标语吁请学生们遵守规则。其实他们也曾在海报上加了一行字，直接要求学生把托盘放到架子上，但这行字并没有增强海报的作用。[56] 起作用的是海报上的那双眼睛，而非文字。

　　研究人员表示，这些眼睛让学生感觉到了别人在注视着自己的一举一动。当然，这些眼睛不是真正的食堂管理员，会站在食堂里严格执法。相反，它们只是在无意识的层面上给就餐学生制造了被注视的错觉。

这就是所谓的"启动效应"（priming）。启动是影响人类行为的强大力量，它借系统 1 运作，且通常是在人毫无察觉的情况下。我们在本章前面已经看到，在保险表顶部签名的人比在底部签名的人报告得更诚实。签字之后，人会诚实地填写表格，因为他已经被启动了诚实。

还有许多其他例子可以说明启动是如何减少不当行为、提高守法意愿的。例如，哈佛商学院教授弗朗西斯卡·吉诺（Francesca Gino）和迈克尔·诺顿（Michael Norton）与杜克大学商学院教授丹·艾瑞里（Dan Ariely）一起，研究了启动如何影响作弊行为。在一项实验中，他们把参与者随机分成两组，两组人都需要戴上太阳眼镜：一组参与者的眼镜取自明确标有"蔻依（Chloé）正品太阳镜"的眼镜盒，另一组的则取自明确标着"冒牌太阳镜"的镜盒。其实所有的太阳镜都是价值 300 美元的正品，但一半参与者被误导相信自己戴的是冒牌货。

随后，吉诺及其同事让这些学生参与者们做一套数学测验，并告诉他们会按他们自报答对的题数来付酬。这里的关键是，学生们被告知，他们是匿名自报分数，并被引导相信没有人会检查他们的答案。如果没人会检查你的答案，而多答对一题就能多领一些报酬，你会一五一十地报告自己真正答对的题数吗？还是作为一个穷学生，你会撒个小谎，从那些连你的正确答题数都懒得知道的象牙塔里的教授那儿贪一点小便宜？

吉诺及其同事发现，认为自己戴的是正品名牌太阳镜的参与者，约有 30% 作了弊。而令人震惊的是，认为自己戴的是假货的学生，作弊的比例是另一组的两倍还多——约71%。由于两组学生的唯一区别是太阳镜，研究人员于是解释，造成两组作弊行为巨大差异的就是太阳镜本身。认为自己戴的是假货的人被启动了作弊的概念，进而被引向了作弊行为。[57]看来，启动不当行为会导致更多不当行为。

同理，良好行为也可以被启动。心理学家范·赫尔德及其同事就把"未来的自己"用作启动。他们请参与者给自己写一封信，并参照如下提示词："想想20年后的你，给他写一写现在的你，写一写哪些方面对现在的你来说是重要的，你又如何看待自己的生活。"那些给未来的自己写了这封信的人，轻微犯罪的可能性更小。在另一项实验中，他们让参与者看各自的写实头像，一组人看到的是当下的样子，而另一组人则看到自己变老一些后的样子。参与者随后要完成一项很容易作弊的小测试，因为研究人员"不小心"把答案放在了试卷背面（马虎的学者！）。他们发现，看到当下自己的头像的人有23.5%作弊，而看到未来自己头像的只有6.1%作弊。[58]仅仅向人展示未来自己的形象，就能减少74%的作弊行为。

在启动效应方面，有些研究结果已经应用于实践当中，以改善人的行为及对规则的遵守情况。和许多国家一样，荷兰的火车上设有静音车厢。乘客在静音车厢里不可以说话或公放音乐。这些静音车厢让人们可以工作、小憩，或只是凝望风景、静思人生。

问题是，不是每个人都尊重静音规则。一些人会与朋友"安静"地交谈，而完全不顾他人感受的人则用手机大声公放音乐。为解决这一问题，接受过行为改变项目培训的顾问们开始了一个实验。他们在静音车厢内壁贴满了图书馆书籍的照片，车厢四壁从上到下看起来就像图书馆的书架。

顾问们用了几周时间来观察静音车厢里的乘客。他们发现，在布置成图书馆的静音车厢里，说话的人和所说的话都变少了。[59]

　　显然，启动效应很有效。启动是我们利用对认知过程的理解来影响行为的一种蓄意、细微、常常也很简单的方式。借助眼睛，食堂的规则得到了遵守；通过让人在填表前签署诚信保证，保险表格上的欺诈行为减少了。

　　心理学家已经能够用多种办法在无意识层面改变人的多种行为，启动就是我们将对认知的理解应用于遵守规则方面至关重要的一例。当启动效应起作用时，我们可以用非常小的代价改善人的行为，无须额外执法，也不需要依赖社会规范或程序正义。由于运行于无意识层面，启动效应甚至不需要我们了解法律本身或相应的惩罚。启动效应可能对于自控能力差的人反而更有效，因为这些人容易被自己无意识的系统 1 牵着鼻子走。

　　因此，来自认知科学的发现有助于改善人的行为。通过切入人类自主运行的决策机制，现有的激励制度可以变得更加有效。这些见解在经济学中激发出了一个全新的领域——行为经济学。这一领域的两位主要学者，芝加哥大学的诺贝尔经济学奖得主理查德·塞勒（Richard Thaler）和哈佛大学法学教授卡斯·桑斯坦（Cass Sunstein）运用认知科学和行为科学的发现，提出了改进现有激励制度的方法，引导人们更好地做出决策，更好地行事。他们把这种干预措施叫作"助推"（nudge），因为它把人温和地推向更好的决策。他们认为，对认知过程的正确理解有助于发展出一个"选择架构"（choice architecture），把人引向更好的行为。启动就是这种助推和选择架构的一个例佳证。也有其他形式的选择架构使良好行为变得更容易，从而使人（无论是否意识到）做出更明智的选择：例如在超市里将健康食品放在与顾客眼睛同高的货架层，或者把器官捐赠设计成选择退出而非选择加入。

不过，启动效应也确实有几处局限。到目前为止，我们看到的启动效应大多适用于轻微的不当行为。同样的，大部分其他助推和选择的例子都旨在激发亲社会的、健康的行为，如慈善捐赠、合作和健康饮食，或遏制轻微的违规行为，如乱扔垃圾或作弊。[60] 诚然，能启动人们餐后自己收拾，或是减少实验室测验中的作弊行为，都很不错；但对于更严重的罪行，运用启动效应的难度可能会大得多。我们能启动大型的工业污染者遵守环境法，或助推少年犯遵守缓刑要求吗？我们拭目以待。

另一个问题是，如果把启动刺激设为政策，它还会继续发挥作用吗？如果所有食堂的墙纸上都有眼睛，所有表格都要求我们在顶部签名，或者所有镜子都显示未来的自己，也许我们会司空见惯而不再受其影响。

最后，一个令人无比沮丧的不幸事实是，有些实验未能重复。2020年，丽莎·舒及其同事发表了一篇新论文。在这篇论文中，曾研究在表格顶部签名可否减少欺诈行为的几位作者报告说，他们未能复现最初的结果。[61] 换句话说，他们没有再找到在顶部签名会使人更加诚实的证据。一些启动效应研究面临的问题是，科学证据还远不够稳健。[62] 这是一条若隐若现的小径，但尚未铺砌完好。

法律是规则和规则制定者的领域。立法者利用一个由制裁、侵权责任、奖励和补贴组成的复杂系统，试图通过激励措施来改变人的行为。这些规则制定者以为，只要正确使用激励及惩罚措施——胡萝卜和大棒——他们就能扭转不当行为。

可惜，人们对法律规则的反应可不像计算机对编程代码那样好。

看似就是按对按钮或将大棒和胡萝卜调配为恰当比例这样的简单任务，也被证明困难重重。我们已经看到，我们使用的大棒无论是刑事处罚还是侵权责任，往往还达不到预期效果。胡萝卜看似有效，但效果也不确定。建立长期的奖励措施来改进人的行为常常很难，而且有可能并不划算。最坏的情况是，我们的法律激励措施因为侵蚀了内在动机而适得其反，使行为从长期看变得更糟。

人类行为这个领域，依然等待着探索和探索者。人类行为和认知的复杂性，迫使我们放下仅靠大棒和胡萝卜就能解决现实问题的简单假设，而要继续更深入地去理解人类的决策。我们处于行为和认知科学的边界，特别是试图将其应用于损害行为和违法行为时。我们可能了解某些认知偏差和捷思法，但并不确切地知道如何应对它们。我们可能知道如何布置某些行为线索来启动亲社会行为，但这并不意味着在最紧迫的规则遵守问题上我们也完全掌握了它们的应用方法。

这些复杂之处迫使我们反思激励措施在法律中的意味。某种意义上说，它们要求规则制定者虚怀若谷，承认自己无法预测——遑论绝对肯定——特定的法律激励措施会产生怎样的效果。关于"好的"法律法规究竟是什么，我们有着经久的假设；而上述认识意味着，我们必须重新评估这一假设。我们需要离开法律规则把人看作理性的计算机这个唯一的视角，去寻找一个新视角，好能够充分地深入行为暗码领域，仔细探究真正塑造人类日常行为的因素。

一旦这样做，我们就会发现，要真正改善法律塑造人类行为的方式，我们必须把目光投向激励措施之外。行为暗码远比大棒和胡萝卜还有大象要丰富得多。

第四章

# 道德维度

　　一名年轻的学生来到比利时布鲁塞尔的驾驶中心上驾驶课。教练用法语解释说，驾照考试出了新要求："要拿到驾照，必须参加手机考……必须一边发短信一边绕开道路上的障碍物。"

　　这名学生很震惊："见鬼了！"教练指着文件，平静地说道："看这儿。这可不是我编的。"学生系上安全带，摇摇头，不以为然地笑着说："我敢说，很多人会撞车。"

　　于是，教练带着这名学生去驾驶中心的封闭道路上上课，让学生拿出手机，并开始指示学生短信内容是"我要去买薯条"。学生一手握着方向盘，一手拿着手机，专心地盯着手机屏幕打字。教练立即抓住方向盘，大声惊呼："看好前方啊——天哪！"

　　考试继续进行，学生被告知要发短信"我们今晚会晚一些"。就在学生努力输完这行字时，教练告诉他："仔细点，我会纠正你的拼写。"检查了学生的手机后，教练批评道："看，你把'学校'拼错了。"学生很窝火："这不是强人所难吗！"

　　很快，该来的还是来了。教练大喊："停——！"忙着发短信的学生开偏离了道路，撞倒了橙色的交通锥，然后猛地刹车，没有系安全带的教练猛地冲向挡风玻璃，撞到了头。教练缓过来后，看起来很震惊，还有点想吐。他指着被撞倒的交通锥，对学生说："想想如果这是个孩子怎么办。"

"做不到，我做不到！"学生说，"说实话，我觉得自己像个不会开车的白痴。"学生一边甩着手机，一边发泄着自己的懊恼。"我甚至都不知道自己在打什么字！"教练告诉学生，正因为如此，他无法通过驾驶考试。"但你让我做的事很危险，"学生反驳道，"会死人的。如果这也能成为法律，那我就不开车了。我不能一边开车一边用手机，太危险了。"

接着，画面切成了一片空白：短信铃声响起，一个绿色气球冒出来，上面写着"我们同意"，然后又一个气球出现，上写"开车时发短信太危险了"。

这些场景是反对边开车边发短信的集中社会化公益宣传的一部分。[1]大部分国家已经立法禁止边开车边发短信。在荷兰，当局已经禁止边骑自行车边发短信。[2]而一些美国城市，包括檀香山和爱达荷州的雷克斯堡，甚至已经禁止了"twalking"，即边走边发短信。[3]（对，这个词人们真的在使用。[4]）

手机，尤其是智能手机的迅速普及，已被证明对司机、骑手甚至行人都有超乎想象的分心作用。根据美国国家公路交通安全管理局（NHTSA）的数据，2018年在美国，司机的分心导致了2841人死亡及约40万人受伤。[5]NHTSA的数据显示，约14%因分心而发生的驾驶事故涉及手机。在年轻司机因分心而撞车的事故中，手机尤其扮演着重要的角色。对15—29岁的人来说，大约1/5的事故涉及使用手机。[6]

因为这种行为太过危险，大多数国家都采取了惩罚措施，以对开车时使用电话的行为形成威慑作用。在美国，各州规则不尽相同，但在大多数州，边开车边发短信是一种轻罪，处罚是罚款，初犯的罚款从 25 美元到 500 美元不等。[7]在荷兰举世闻名的自行车道上边骑自行车边使用手机的骑行者，会面临 95 欧元的罚款。正如交通部长柯拉·范·纽文胡伊岑（Cora van Nieuwenhuizen）所说："我给所有骑行者的信息很明确：口袋里只有留得住手机，才也留得住 95 欧元。"[8]顺便一提，在檀香山，边走路边发短信的罚款是 35 美元。

而比利时当局则通过前述的社会化传播视频另辟了一条蹊径。该视频没有宣传法律禁止发短信，也没有警告说违者会受处罚，而仅仅是展示了如果我们强制要求青少年在开车时发短信，将出现多么灾难性的一幕——别忘了，青少年还是最精通发短信的人群。这则搞笑视频的效果是，观众不仅看到了学生在正常驾驶时无法正确拼写的笨拙懊恼的反应，也看到了人在边开车边发短信时会真实发生的情况。他们看到了这有多危险，也听到了和手机连体的年轻人亲口说出希望这永远不会成为法律。观众最初是被喜剧表现手法所吸引，但最终有效接受了边开车边发短信很危险的信息。

这个例子向我们展示了行为暗码的另一面。与其依靠罚款或侵权责任等激励措施，不如有效地劝人去做正确的事情。这条视频就面向年轻观众发出了一项高明的道德呼吁。

这种道德呼吁并不新鲜或特别，也不只有政府会用。想想美国电信巨头美国电话电报公司（AT&T）制作的两段关于开车时发短信的视频。在一段视频中，我们见到了威尔·克雷格（Will Craig），他说他以 120 英里的时速撞上了一棵树。他所乘汽车的司机一直在发短信，结果错把油门当了刹车踩。威尔说，司机刚开始输入"Where r 六个字母"。"每次说起这个我都伤痛不已。"他确实很伤痛：大脑皮层受伤，肺萎陷，四根肋骨骨折。"我现在还能走路说话，真是要谢天谢地。"[9]

在 AT&T 的另一段视频中，我们见到了看起来 20 出头的钱德勒坐在幽暗的背景下，讲述他的故事："就是，前挡风玻璃碎了，声音刺耳。"镜头拉远，我们看到他的客厅。"我看见，嗯，一个身体从面包车上滚了下来。"钱德勒稍稍抬了下头，好像又看到了那一幕。"我就想，哦，天哪，我做了什么？我……我做了什么？"他摇了摇头。镜头切到一幅黑色画面，上面写着灰色的字："钱德勒在输入短信'我爱你'的时候，杀死了三个孩子。"钱德勒深深地叹息着。"我从来从来没有一天醒来的时候不去想它。"这两则广告都是 AT&T 的宣传活动"短信可以等一等"的一部分。[10]

见识了受害者的遭遇后，人们就能意识到自己可能造成怎样的伤害，于是必须直面开车时使用手机的道德问题。而第二则广告通过采访一名因分心驾驶造成死亡事故的司机，更是直接展示了在愧疚和羞耻中度过余生是一种什么感觉。

所有这些广告都在诉诸人的是非观，在唤起我们的道德。

## 守法的道德逻辑

1984 年春，任教于耶鲁大学法学院的心理学家汤姆·泰勒（Tom Tyler）在芝加哥组织了一项大型的开创性研究，旨在理解芝加哥人遵守法律的原因。[11] 他的研究团队对 1575 名当地居民进行了每人约半小时的访谈。一年后，他们又采访了一年前受访者中的 804 名。这样总共就是约 1200 个小时的访谈。

第一年，参与者被要求指出自己出现超速、违章停车、乱扔垃圾、酒驾、入店行窃等类非法行为的频率。泰勒还评估了是什么影响了受访者的非法行为。他发现，威慑——对惩罚的恐惧——并不会对人们遵守或不遵守法律的理由构成重大影响；相反，人们的价值观和社会规范很重要。对是否守法明显最为有力的预测，是人是否认为法律与自己的道德观一致。人越是在道德上认为乱丢垃圾有错，就越会遵守不乱丢垃圾的法规；越是在道德上反感酒驾，就越不会酒驾。

这些发现不出所料。人遵循自己的道德观，做自己认为正确和公正的事，这完全合乎逻辑。反之，人们如果在道德上不支持某项法律，就更有可能违反它，这也很合理。在剧集《广告狂人》(Mad Men)所展示的 20 世纪 60 年代，禁烟令在美国肯定会遭遇惨败，因为那时很少有人认为吸烟是不道德的；而到了 20 世纪八九十年代，美国大多数州都实行了禁烟令，效果就很好，因为道德和社会情势已经完全改变：人们认为吸烟有害，因此在道德上支持禁烟的规则。[12]

如果法律与人们的道德观一致，即使执法力度有限，人们也更有可能遵守法律。我们的许多道德观是根深蒂固的，是很小的时候就从父母、学校或直接从朋友那里学到的。我们学到了偷窃、撒谎欺骗、伤人或杀人等都是不对的。我们的法律制度，一大部分就是将这些古老的价值观编入了关于财产、盗窃、欺诈、强奸、殴打和谋杀的正式法规。

但许多法律并非建立在根深蒂固或有广泛认同的道德上。有时，某项法律甚至试图改变现有的道德，或者至少是道德上完全可以接受的现有行为。想想禁止边走路边发短信的规定吧；几乎没有人会从道德上反对边走路边发短信，因此只有少数人认为这需要禁止或管制。或者想想那些在组织机构中潜滋暗长的繁文缛节；都没有人真正知道它们为什么存在，遑论其存在的道德基础了。当然，对于许多法律的道德性质，也存在着政治意味浓厚的分歧：想想美国人在关于大麻、堕胎、枪支乃至疫情期间戴口罩的法规上多么缺乏共识就知道了。

道德在行为暗码中起着重大作用。法律要想改进人的行为，就必须或是与现有的道德保持一致，或是承担起塑造未来道德的任务，使未来的道德与法律一致。要理解法律为什么可以利用人的道德感但又常以失败告终，我们必须深入研究社会科学中的道德伦理学。

欧洲有位妇女得了一种罕见的癌症，生命垂危。医生认为只有本城一位药剂师新研制的镭锭药物能治好她。这种药的制造成本很高，而药剂师还以 10 倍于成本的高价出售：药剂师花 200 美元买镭，并将一小剂药卖到 2000 美元。女患者的丈夫海因茨借遍所有他认识的人，只凑到了大约 1000 美元。他告诉药剂师，他的妻子奄奄一息，求他便宜点卖，或者允许他赊账。但药剂师说："不行，我研制这种药就是为了赚钱。"在绝望中，海因茨闯入药店，为他妻子偷到了药。

问题：你认为海因茨应该闯入药店，偷取药物来救妻子吗？在继续阅读之前，请停下来想想你的决定以及如此决定的理由。

上述故事几乎是一字不差地从一项 1963 年的研究中抄录而来，研究的主持者是任教于芝加哥大学及哈佛大学的心理学家劳伦斯·科尔伯格（Lawrence Kohlberg）。该研究给芝加哥和波士顿的 6 岁、10 岁、13 岁和 16 岁儿童展示十个故事，这个故事就是其中之一。孩子们要阅读这些道德困境，指出故事主角应该怎样选择，并解释自己的观点。每次访谈都有约两小时的录音，因此这项研究留下了丰富的数据。

一个男孩（汤米，10 岁）对上述困境这样回答："他的妻子病了，如果不尽快拿到药，她可能会死。也许他妻子是个重要人物，经营一家商店，人们要从她那里买在其他地方买不到的东西。警察很可能会责难店主没有救这位妻子。这就像是用枪或刀杀人一样。"[13]

科尔伯格分析了访谈内容，以此来理解儿童的道德推理。深入挖掘受访者的丰富答案后，他发现道德发展有六个阶段。[14] 以下是他的原始论文中对这六个阶段的描述，每个阶段都引用了受访孩子的一句话，用作形象的说明：

**第一阶段：惩罚与服从取向**（如果你不被抓到就没关系）
"这取决于他 [ 海因茨 ] 在警察中认识谁。"

**第二阶段：工具性相对主义取向**（如果觉得有益，你就去做）
"如果他的妻子温柔漂亮，他就应该去做。"

**第三阶段：好孩子取向**（就当是为我做的）
"他应该这样做，因为他爱他妻子。"

**第四阶段：法律和秩序取向**（尽你的责任）
"救人性命比保护财产更重要。"

**第五阶段：社会契约取向**（这是有良知的人的共识）
"社会确保每个人都有生存的权利。如果我让她死了，我无法在公众面前抬起头来。"

**第六阶段：普遍的伦理原则**（如果每个人都这样做呢？）
"人的生命有至高无上的内在价值。如果我让她死了，我无法接受自己。"[15]

以上引文显示了相应推理类型是如何与可怜的海因茨救妻的努力联系起来的。在道德推理的第一阶段，决定只取决于海因茨会不会受到惩罚，如果不会，他就应该偷药。在第二阶段，如果海因茨觉得这对他有益，他就应该这么做。到了第三阶段，决定就关乎为别人做牺牲：因为他爱他妻子。第四阶段则关于更广泛的责任，即拯救生命的责任，哪怕这意味着偷窃。第五阶段关于与社会的关系，关于一个人以不被接受的方式行事会有何感觉；所以，如果社会告诉海因茨，他不这么做去救他妻子是可耻的，那么他就应该偷药。最后的第六阶段关于适用于全人类的普遍伦理原则；在这个层面上，出于对人类生命的普遍尊重，海因茨应该偷药救妻。

科尔伯格的研究表明，我们的道德是分阶段渐次发展的。在他的模型中，人类的道德始于个人主义，即如何避免惩罚和痛苦，或如何使自己获益。随着阶段的推进，我们开始被对自身利益和责任的看法所驱动。在最高层次上，则存在一种道德观，它根植于社会和抽象的普遍人类价值之中。

科尔伯格展示了人类道德判断的动态性质。随着儿童的成熟，其道德判断力也在不断发展。他发现，孩子们在跨入成年后，大多数人已经达到了第四阶段，而我们中的少数人更是达到了第五和第六阶段。因此，科尔伯格的工作也表明，即使是成年人，做道德决定的思路也不尽相同。由于人们对法律规则的反应深深地扎根于道德之中，要理解乃至影响这种反应，就必须弄懂人们所做的道德判断属于哪种类型。要想让分别处在道德判断的第二阶段（起作用的是诉诸个人利益）和第四阶段（一切皆出于责任）的人守法，所需的道德呼吁会大不相同。随后的研究也为人的道德决策提供了新的发现。

请考虑以下情况。有一家人的狗在自家门口被车撞死了。这家人听说狗肉很好吃，于是就把狗的尸体切割、烹饪，当晚餐吃了。[16]

你怎么看待这家吃自己狗狗的人？

是非常错，有点错，还是完全没问题？

你能解释一下为什么这么想吗？

有人因这种行为而受到伤害吗？

如果看到这种情况发生，你会感到困扰，还是不在乎？

有一项研究在美国和巴西进行，要求参与者在阅读完全相同的情节后回答这些问题。大多数人不认为这会伤害任何人，但还是有23%的参与者认为家人可能因为吃狗肉而出现健康问题，10%的人表示其他人会因此受到伤害（没有具体说明这些人的身份）。而72%的参与者表示，他们会因为目睹家人吃自家的去世宠物而感到困扰。

该研究试图理解人们如何推理自己为什么认为某种行为在道德上是错误的。它评估了道德推理是起源于人看到了伤害，还是只是被这种行为所困扰。研究发现，对于这个事例，影响人们道德评判最大的因素是他们认为目睹此事会不会给自己造成困扰，而不是他们认为食用宠物是否伤害他人。该研究对其他"无害"的冒犯也有类似的发现，比如某女子把不再需要的国旗剪破，儿子没有遵守他在母亲临终前许下的承诺去定期扫墓，兄妹在无人看到的情况下接吻，以及某男子与他在超市买的死鸡发生关系。[17]

在这项研究中，人们做道德判断，根据的是自己是否被所述内容所困扰，而非是否认为所述行为危害了他人。在一项后续研究中，研究者在考察了自由派和保守派参与者如何看待同性恋、乱伦和不常见的手淫方式后，发现参与者往往无法详尽阐述自己的道德观。[18]于是该论文总结道："他们会为自己找不到支持理由而结巴、大笑或表示惊讶，但不会改变自己最初的谴责判断。"[19]参与者患上了"道德失声"。[20]

　　所有这些都表明，人在做出道德判断之前并未进行清晰的推理。纽约大学心理学家乔纳森·海特是这些研究的主要作者，他总结说，科尔伯格和其他关注道德推理的人有一项根本的疏忽。科尔伯格要求儿童解释自己对道德困境的看法，以此来研究儿童的道德发展。正如海特所说："科尔伯格把儿童当成了成长中的道德哲学家。"但其实，科尔伯格研究的是道德判断的事后合理化，而不是造就人的道德判断的道德直觉。关键是，道德推理并不导致道德判断。相反，海特认为，道德推理是在人根据对错的直觉做出道德判断之后才出现的。因此，说道德推理能预测道德行为，是可疑的。

　　为理解这一点，我们得回顾一下脑内的大象。人脑中自主运行的系统1，以其迅速而易错的决定，不仅影响我们对成本收益的理性权衡，还塑造着我们的道德。系统1参与道德直觉，被海特描述为"快速、自主且（通常）充满情感的过程，其对（他人行为或性格）好坏或好恶的评价性感觉，无须经过有意识地搜索、权衡证据、推导结论等步骤，就会出现在意识之中"。而冷静、缓慢、深思熟虑的系统2进行道德推理，海特将其界定为一种"对他人及他人行为进行信息转化，以达成道德判断或决定的有意识心理活动"。[21]

　　这是否意味着人不做审慎的道德推理，一切都只出自直觉？非也。系统1和系统2是一套结合了快速自动反应和缓慢审慎认知的双系统。如果人们真的想，是可以只激活系统2扎扎实实地计算成本收益，同时抑制系统1的即时反应的。实际上，如果人能有意识地暂停自己的道德直觉，也是可以进行道德推理的。[22]

　　在应该对法律作何反应的问题上，人的道德观起着重要作用。我们现在知道，为了借助这种道德感，人在依靠道德直觉及道德推理处理问题时有不同的方式，尤其是在面临左右为难的道德困境之时。因此，一个成功的道德呼吁，不应该只契合人们可能经历的不同道德推理阶段，同时也该考虑到人也常常听从自己的道德直觉。关于如何利用伦理认知，已经有全新的学术领域发展出了大有希望的前沿思想。

## 为什么"好人"会做坏事

瑞典的经理们收到了他们发布的职位招聘的申请——他们不知道，这是一项精心设计的研究的一部分。对于每个空缺职位，经理们都会收到 4 个虚构申请者（两男两女）的文件，每人都有一张照片和几乎完全相同的简历及求职信。唯一不同的是，这些经过数字处理的照片使其中两位申请人看起来体重正常，另两位看起来像体重大很多。接下来，研究人员就拭目以待这些申请人中哪几位会被邀请参加工作面试。结果发现，"肥胖"申请者被邀请参加面试的可能性显著降低：男性的可能性降低 6%，女性的可能性降低 8%。[23]

几个月后，研究人员联系了做出面试决定的经理，让他们做一个在线测试，在测试中，研究人员要求经理们将体重正常人士和"大码"人士的图片与"有效""能产""勤奋""目标明确""无效""无能""缓慢""懒惰"等词语配对，并记录经理们在选择这些词语与图片是否匹配时的反应时间。

研究人员使用的测试就是所谓的"内隐联想测验"（implicit association test，IAT）。社会学家制定出 IAT，目的是测量人们可能怀有的内隐偏见（implicit bias），比如对种族或性别的偏见。[24] 内隐偏见可能使某人在无意识中就歧视了他人。上述实验就是这种情况。经理们在将大码人士与表示生产力的词语配对时，速度（在毫秒级上）

较慢，从而暴露了其内隐偏见。不仅如此，经理们也更可能已经用不邀请大码申请者参加面试的实际行动歧视了他们。这种内隐偏见是对歧视性招聘决策的核心解释。

这项研究中最重要的发现是，经理们并没有意识到自己对大码身材怀有偏见。后续研究中有一项是填写问卷，经理们要回答在做招聘决定时是否偏好比较苗条的人。数据的统计分析显示，经理们如何回答他们在招聘中对体型的外显偏好，与其不邀请大码申请者参加面试的实际决定之间没有相关性。可能他们在心中觉得自己的行为符合伦理道德，没有任何明显的歧视，但事实上，他们显然已经进行了体重歧视。因此，好人，或至少自认为德行无亏的人，也可能无意间做出坏事。

这对法律如何塑造人的行为有重大影响。它表明，即使有些法律广获道德支持，比如禁止基于种族、性别或长相进行歧视的法律大概就是这样的，但它们依然无法避免被结构性、系统性地违反。这表明，人们可以无意间就做出不道德的糟糕行为。

行为伦理学就是这样一个新领域，它致力于理解是什么促使好人实施连自己都认为不道德的行为。它借鉴了心理学的发现，即我们的道德判断在一套直觉与推理相结合的双系统中运行。在《盲点》（Blind Spots）一书中，哈佛商学院的马克斯·巴泽曼（Max Bazerman）和圣母大学的安·腾布伦塞尔（Ann Tenbrunsel）这两位作者，用"有限道德性"（bounded ethicality）一词来解释这一概念，他们说："[此概念] 聚焦于这样的心理过程：它们导致连好人也会做出与自己的伦理观相悖的道德可疑行为。"[25]

在最极端的情况下，人可能完全意识不到自己的行为不道德，因为人的不道德行为主要是经自主的系统 1 实施的。我们的潜意识认知是一柄双刃剑。一方面，人的基本道德观是通过直觉运作的，因此直觉可以指引我们如何看待是非，进而采取行动。另一方面，潜意识认知又可以使行为与人对正确和公正的通常看法相悖。我们的系统1（大象）可以令我们做出让系统2（骑象人）自惭形秽的事。因此，这里我们就知道了，人脑的双系统认知不仅削弱了对成本收益的理性权衡，还能影响人的道德思考及行为。[26]

我们来看一个掷骰子游戏。[27]在以色列、西班牙、美国和韩国进行的一项研究中，参与者被要求掷骰子并自报掷出的点数，所报的每一点都会为他们赢得1美元的奖励，就是说，如果谁掷骰子的点数是4，他就会得到4美元。然而，参与者可以撒谎，因为骰子是被一个有小孔的杯子盖住的，只有参与者自己能看到自己掷出的点数。这里还有一个设计：研究人员随机让参与者用母语或外语完成整个实验。然后，他们通过评估每组参与者总体上报告的掷骰子结果在统计上是否可能，来比较两组人的诚实程度。研究发现，参与者用母语参与实验时，比用外语时更有可能撒谎。该研究对这一发现的解释是，为个人利益而撒谎，是系统1对该研究所设诱惑的一种直觉性反应；但如需用第二语言参与实验，参与者会就更慎重：第二语言更多地激活了系统2，从而控制住了直觉反应。系统2被激活后压倒了系统1，于是阻止了作弊行为。

我们从这一研究中看到，系统1可以让人更不道德，因为它让我们用直觉来应对作弊的诱惑。我们还看到，这种情况在某些情境下更可能发生。许多其他情境下的研究也发现，人在更多地依靠系统1时，更可能做出道德有亏的行为。例如，一项研究发现，一夜没睡的人道德意识较低，对自己或他人的行为在道德上是否合理的判断能力也较低。[28]另一项名为"诚实星期一"的研究发现，与每周工作日的前几天相比，人们在工作日的后几天更容易不诚实。[29] 而比起有时间思考的情况，人必须在短时间内做出决定时更可能撒谎。[30]

和前文讨论过的关于认知和激励的研究一样，这些研究要探索的是关于人脑的运作及其运作如何影响道德观念的前沿知识。我们必须意识到，要把握像自动产生的道德观念这样的复杂事物，所面临的内在挑战确实使我们很难确定这些发现的普适性和可重复性。以上论及的许多例子都是单个的研究，而不是经过系统性评议、在多种情境下获得复现的一批稳健研究。这一研究方向颇有前景，因为它表明相当简单的干预即可有助于抑制很容易产生不道德行为的情境；但我们可能还需要好一阵才能找到足以为政策提供坚实基础的科学证据。

人在做出不当行为时，也可能完全没有意识到自己的所作所为是错的。人的道德自我意识有限，很容易做出不当行为。巴泽曼和腾布伦塞尔很好地概述了人在做出不道德行为之前、期间和之后，各是出于何种机制，才对此一无所知。

第一个问题是，人们倾向于认为自己遇到可乘之机时能抵挡住诱惑。但实际上，人并不擅长预测自己的道德。一个因素是，人在预测自己未来的行为时，会有意识地权衡道德上的利弊，但到了需要行动的时候，又常常只依靠本能反应。

人也会受"道德褪色"（ethical fading）的影响。在面临道德困境或有机会做坏事时，人的道德观会退到幕后，取而代之的是自私和享乐主义的考虑（"什么对我／对企业最好"）。同样的，在回首过去时，我们心目中的自己要比实际中道德得多。[31] 一项研究很好地解释了道德褪色，该研究发现，与没有作弊的参与者相比，为得到更多钱而作弊的参与者更有可能忘记自己签过字的荣誉守则，即使额外付钱让他们准确回忆那些道德规则也无济于事。[32]

当人用语言隐喻来淡化自身所做决定的道德影响时，"委婉标签"（language euphemism）就有了用武之地。以下是心理学家安·腾布伦塞尔和大卫·梅西克（David Messick）对此的解释："我们从事的是'进取的'会计实务，不是非法的。某个策略可能会有相关的'外部性'，但不是伤害他人或环境。我们的军事行动是有'附带损害'，但不是平民死亡。"[33]

渐进的过程也很有影响。人就像放在一锅冷水中的活青蛙；水会被火慢慢地烧热，慢到等水沸腾时青蛙还没注意到。不道德的行为往往也是如此；一个突发的严重不道德行为会很显眼，但向着更严重的不道德行为渐进转变，却往往为人忽视。[34]这样一来，人就可能"滑坡"，到后面不仅对不道德的行为安之若素，甚至自己都开始做从未想过自己会做的事。

犯罪学家还研究了人在违法后如何带着内疚和羞愧生活。他们发现，人会使用"中和"（neutralization）技巧帮自己克服心中的道德感，以便从事犯罪活动。[35]

中和技巧主要有以下几种。[36]最基本的一种是犯罪者会干脆推卸责任："这只是个意外"或"人人都会如此，不只是我"。犯罪者还会使自己相信，自己的行为没有造成任何实际伤害，以此将非法行为中和：破坏公物只是"恶作剧"，偷汽车只是"借"。[37]犯罪者还会重新界定"受害者"：只要把自己所伤害的人想成是罪有应得，犯罪本身就从劣迹变成了义举，从罪行变成了"正当报复"。人人都知道便利店主标价过高，占我们便宜，所以我在店铺窗户上喷"小偷"字样是正义的。这可以被看作一种罗宾汉式的中和技巧，它调换了受害者和犯罪者的身份。犯罪者还可能说，忠诚比遵守法律规范或更宽泛的社会规范更重要。例如，帮派成员会告诉自己，放弃忠诚、背叛帮派，比犯罪更可耻。还有，违反公司法的人也可能给自己找理由说，利润高于一切。[38] 人也会将责任归咎于法律制度或指责自己的人，以此来将羞耻和内疚中和："这是套种族主义制度，从没给过我机会。"还有所谓的账本隐喻："我已经做了这么多好事，有资格做这一件坏事。"[39] 这也被称为"道德许可"（moral licensing），即人许可自己做坏事，是因为自己做过的好事足以抵偿。[40]

任教于斯坦福大学的心理学家阿尔伯特·班杜拉（Albert Bandura）提出了一个相关的观点，他称之为"道德推脱"（moral disengagement）。[41] 借着道德推脱，人在做坏事时可以压抑自己的羞愧和内疚。例如，人可以为自己的不道德、不人道行为进行道德辩护：恐怖分子诉诸宗教，帮派成员诉诸组织的荣誉。可以将自己的错误行为与他人更恶劣的行为进行比较：在高速公路上超速行驶的人可能认为肇事逃逸者才是真正不道德的司机。人也可以否认自己的行为有伤害性后果：非法传播电视剧并没有真的伤害谁，反正那些公司和演员都赚得盆满钵满。再举最后一个例子，人也会将受害者"非人化"：如果认为瘾君子已经不能算人了，那卖毒品给他们就没有道德问题。

班杜拉认为，与其关注基于价值的判断（某些行为在道德上是错的），不如关注使这些判断得以形成的认知过程。一个人运用这些机制越多，就越会推脱与自我认可相关的威胁（如羞愧、内疚、压力等），从而使自己能够无所顾忌地实施犯罪。

对罪犯的实证研究展示了这些中和技巧及道德推脱技巧是怎样在犯罪行为中发挥作用的。对罪犯的访谈显示，中和技巧广泛应用于各种犯罪之中，既包括偷窃办公用品这样的轻罪，也包括更严重的犯罪，甚至是种族灭绝。[42] 最近一份综述在比较了 53 项研究的结果后发现，人越是使用中和技巧及道德推脱技巧，就越有可能行为不端、攻击性强甚至犯罪。[43]

有一些办法能够克服中和及道德推脱的技巧。实际上，我们可以尝试"中和中和"。[44]通过这种方法，人就必须直面自己的行为造成的损害，直面有真实的受害者存在、自己必须为此负责的事实。回想一下AT&T反对开车时发短信的两则广告，它们向我们展示了一个真实的受害人确确实实受到了伤害，展示了一名追悔莫及的司机袒露因分心驾驶而背负上三条人命是怎样的感觉。

另一个重要方法是让罪犯直面受害者，这就是"恢复性司法"。刑法历来试图惩罚犯罪者，或监禁或制裁。恢复性司法则是对司法和犯罪的一种全新思路，它要求罪犯为自己的行为和所造成的伤害承担责任。这种方式异常困难，因为它逼迫犯罪者深挖自己行为的原因和后果，并去践行一套行动计划来修复自己造成的伤害。

恢复性司法鼓励受害者和社区成为伸张正义、修复伤害的过程的一部分。这种方法有意让犯罪者看到自己的行为是如何造成伤害的，并要求他们为自己的行为负责。两者都是抵消中和技巧及道德推脱的重要因素。[45]事实上，对多种恢复性司法项目的研究——哪怕针对的是青少年罪犯——都显示，这些项目对于修复伤害、减少再犯效果显著。[46]

所有这些都表明，道德性对于犯罪参与，无论是开始还是结束犯罪，都有至关重要的影响。只要能够利用一些人的道德，特别是他们与社区共享的道德，我们或许就能够减少犯罪和累犯。但并非所有行为不端和违反规则的人都有相同的道德准则。

## 有些人就是不道德吗？

华金·古斯曼（Joaquín Guzmán），以绰号"矮子"（El Chapo）为世人所知，是墨西哥锡那罗亚（Sinaloa）贩毒集团的领导人，在美国经营着可能是有史以来最大的毒品交易。从墨西哥监狱越狱后，他最终被引渡到美国。在布鲁克林法庭的审判中，全世界都听到了他被指控参与许多暴行的证词。[47] 他被指控给年仅 13 岁的女孩吸食毒品并强奸女孩。他指使一名保镖把两个人打得"像布娃娃一样"，然后枪杀了他们并烧尸。他因为自己的表弟撒谎而杀了他。一位证人看到"矮子"至少杀死三人。总之，在"矮子"最活跃的 2007—2014 年期间，他的贩毒集团对造成 16.4 万人被杀的血腥的墨西哥毒品战争负有直接责任。[48] 在对他的审判中，联邦法官布莱恩·科根（Brian Cogan）说，古斯曼"罪大恶极"。[49]

我们的新闻中充斥着罪大恶极的人。伯尼·麦道夫操纵过一个 648 亿美元的庞氏骗局，这个有史以来最大的骗局，欺骗了 4800 名客户。[50] 拉里·纳萨尔（Larry Nassar）作为美国体操国家队队医和密歇根州立大学的医生，性侵受他诊治的未成年人。他被指控性侵了 250 名女孩，他也承认了其中的 10 项指控。[51] 伊丽莎白·霍尔姆斯（Elizabeth Holmes）谎称她的公司 Theranos 能用极少量的血液做血检，并恐吓那些怀疑该公司技术声明的前雇员和记者，从而为她的公司融资超过 7 亿美元。[52] 哈维·韦恩斯坦（Harvey Weinstein）滥用其好莱坞制片人的权力，性侵、强奸女演员及电影业员工，同时利用保密协议和恐吓确保其丑闻不被曝光。[53] 还有各种耸人听闻的连环杀手、职业刺客、施刑者、恐怖分子和暴力独裁者。显然，那些社会上几乎所有其他人都认为非常不道德的行为，对有些人来说却是家常便饭，对于他们，起作用的不仅仅是某些形式的道德褪色、中和技巧或内隐偏见。

有些人认为，好人和坏人有着根本的区别。古希腊思想家亚里士多德这样总结这一观点："好人会听从理性，因为他们的生活朝向高尚；而坏人总是追求快乐，必须用痛苦来惩戒，就像要给牲畜加上重负。"[54] 按这个说法，坏人只会追求自己的快乐，因此只能被威胁和痛苦制止。

真是这样吗？有些人就是不一样，就是道德水平较低，甚至干脆没有道德吗？

让我们回忆一下科尔伯格对儿童发展道德推理的研究。原先，科尔伯格认为许多刑事罪犯道德发育不良，由此激发了大量关于罪犯道德的研究。[55] 例如，在 2006 年，一项研究比较了罪犯与同龄、同性别的无犯罪记录组在道德推理上的差别，结果显示，罪犯的道德推理成熟度显著低于无犯罪记录者，男女皆是如此。[56] 对此类研究的一份综述总结道，罪犯往往"表现出不成熟的道德推理水平"。[57]

然而，在深入分析特定类型的道德推理和犯罪后，我们发现，两者的关系并不很清晰。一项针对性犯罪者的研究比较了强奸犯、乱伦犯和猥亵儿童犯的道德推理水平。该研究发现，三类罪犯的道德发展并不相似，乱伦犯的道德推理处于第一和第二阶段，与一般罪犯在各项研究中的表现相似，但强奸犯和猥亵儿童犯的道德推理发展处于第三和第四阶段。[58] 使情况更加复杂的是，即使罪犯道德发育不良，也并不意味着是道德发育不良导致了他们犯罪。一项针对年轻男性罪犯的研究发现，虽然这些罪犯的道德推理水平确实很低，但这与他们的犯罪行为完全无关。[59] 因此，该研究不能确切地展示出较低的道德推理如何与犯罪相关，于是认为也许这种关系是间接的，因为道德推理的类型影响了人格的其他方面，从而使人更可能犯罪。

整个犯罪学领域都致力于研究人格和犯罪的关系。有一种特别有趣的人格测验，测量所谓的诚实／谦退程度。这被定义为"一个人在道德倾向上表现为在人际关系方面真诚，不愿意占别人便宜，避免欺诈和腐败，不热衷于地位和财富，为人谦逊、低调"。[60]一系列研究发现，在这个诚实／谦退量表上得分较低的人，更有可能实施性侵、在工作中行为不端、实施职业犯罪，或犯下常见的轻罪。[61]

当然，其他人格特质也与有害的、破坏规则的行为有关。有三个特征值得一提：自恋、精神病态和马基雅维利主义。三者合称为"黑暗三人格"（Dark Triad）。[62]自恋者有一种夸大的自我价值感、强烈的权利应得感，以及对优越感和被崇拜的需求。[63]具有精神病态特征的人往往更为冲动、自私，少有共情和悔恨。[64]最后，马基雅维利主义是基于意大利思想家尼科洛·马基雅维利的著作发展而来，指的是那些冷酷无情、精打细算的人，他们操纵他人，使用欺骗手段，并不择手段地实现有利于自己的目标。[65]

关于黑暗三人格的主要研究这样总结道："'黑暗三人格'有一些共同的特点。三种人格在不同程度上都有在社交中表现恶意的特点，行为倾向于自我夸耀、情感冷漠、两面三刀和攻击性强。"[66]研究确实表明，具有这三种人格特质中至少一种的人，更可能有不良行为，如霸凌、欺骗、异常性行为、报复、白领犯罪（如欺诈）、学术不诚信和暴力犯罪。[67]

人格障碍患者也可能更容易从事破坏性的非法行为。这里我们说的是严重影响日常生活、临床诊断意义上的精神障碍。美国精神医学学会在其主要的诊断手册《精神障碍诊断与统计手册（第五版）》（DSM-5）中，将这种障碍定义为："严重干扰个人在生活各方面功能的各种对自己和他人的思考和感受方式。"[68]美国精神医学学会列出了十种人格障碍类型，如偏执型、分裂样、反社会型、边缘型等。

　　显然，并不是所有临床诊断为精神病性障碍的人都会犯罪，也不是所有罪犯都患有精神障碍。然而一项文献综述发现，患有某些障碍的人实施暴力的可能性比普通人大三倍，而且累犯的可能性比普通人大两到三倍。[69]这项综述并未发现所有障碍和所有患者都与更多暴力行为有关。该综述写道：这些障碍和暴力行为之间的关系差异极大。[70]例如，强迫性人格障碍和回避型人格障碍与不良行为的相关性不强。最近一项研究发现，有这类障碍的人实施暴力的可能性反而更小。[71]

　　同样，发展心理学家也研究了儿童和青少年的某些人格特质是否会使他们更倾向于犯罪和暴力。他们基于量表，研究了所谓的冷酷无情特质。展现出更多冷酷无情特质的儿童和青少年，其人际交往风格会表现出薄情寡义、缺乏同理心、做错事后没有愧疚和悔恨的特点。有证据表明，具有更多冷酷无情特质的人，在寻求与他人建立感情联结，甚至只是从与他人的感情联结中感受快乐方面，都表现出缺陷，且不太会屈服于威胁。因此，研究发现具有更多冷酷无情特质的孩子从事非法行为的风险更高，也就不足为奇了。

　　但这些信息对我们有什么用处呢？我们真能把人分成好人和坏人，或者用更中性的说法，分成容易犯错和不容易犯错的人吗？研究表明，具有某些特质和障碍的人更可能实施有损害的、暴力的或破坏规则的行为。但我们不能忘记这些数据的复杂性。数据很可能向有人格障碍的人偏斜了，因为他们更有可能被抓，因此在犯罪统计中出现的概率更高。更麻烦的是，科学无法可靠地——遑论确定地——预测某些人实施犯罪的概率。

　　以詹姆斯·法隆（James Fallon）博士为例。加州大学尔湾分校的神经科学家法隆通过观察人脑的内部特征来研究精神病。他发现，精神病患者的前额叶中与共情和道德有关的区域往往活跃度不高。事实上，他对此熟悉到只需扫一上眼，就能把精神病患者的脑扫描图挑出来。

但是有一天，法隆正在做另一个关于阿尔茨海默病的研究项目，桌子上堆放着来源各异的脑扫描图，这些图有些扫描的是被诊断患有精神病、精神分裂症和抑郁症的人，也有的来自他自己的家族成员，用作正常的或说"典型"的脑扫描图样本。在注意到一名家族成员的脑扫描图时，他震惊地看到了精神病态者的大脑的明显迹象。他检查了脑扫描仪，发现它运行良好。也就是说，他的家族成员中必然有人是精神病患者。法隆也未能免俗地查看了这到底是谁的脑扫描图，令他惊讶的是，这就是他自己的。

后来，他在一次采访中回忆道："我从来没有做过杀人或强奸的事。所以我的第一反应是，也许我的假设是错的，这些脑区并不反映精神病态或谋杀行为。"[72]

法隆的故事表明，我们必须谨慎对待用心理测试来预测谁将成为终身暴力罪犯的方法。事实上，专家们正在敲响警钟，质疑基于最常用的精神病检查表来评估死刑判决案件中的罪犯再犯风险。在最近发表的文章中，一个由著名科学家组成的团队总结道，精神病检查表"没有任何合理的准确性和精确度，不该用来预测一个人是否会实施制度所界定的严重暴力，尤其是在对死刑判决这样的法律问题做重大决策时"。[73] 而另一个问题是，我们对大多数人人格的了解根本不足以去评判他们。目前，就人格和犯罪的关系而言，还没有普遍接受的方法来利用相关的发现，更别说强迫每个人做人格问卷，接受精神病测试，或者向他们收取数百美元来扫描他们的脑子。

这并不是唯一的顾虑。人们谈起人格特质和人格障碍时，常是用来排斥他人的，比如给他人打上"不知悔改、不可救药、本性难移的汉尼拔·莱克特"的标签。但有越来越多的证据表明，这些特质，包括冷酷无情，是可以在干预下改变的。例如有一项针对 551 个家庭的研究，将行为不良严重的青少年的父母随机分配进多种干预方案中，结果确凿地显示，一套全面提升父母有效教养技能的 12 周课程方案，对青少年的冷酷无情特质产生了实质性的影响。[74] 另有一项针对约 100 名意大利儿童的研究，以同时关注儿童和家长的双轨制为特色。儿童部分侧重于目标设定、学习技能、识别不同情绪、应对愤怒、提高换位思考能力以及应对同辈压力；家长部分侧重于增加积极的关注、奖励儿童的良好行为、建立并执行适当的规则和期望、改善家庭内部沟通，乃至减少家长自己的压力水平。研究结果明确显示，治疗式的干预减少了儿童的冷酷无情特质及其攻击性行为。不仅如此，这些家庭在随后的一年里也减少了对心理健康服务的使用——用作者的话说，该项目实际上具有积极的经济意义。[75] 事实上，其他各种研究也发现，有前景的干预项目可以减少冷酷无情特质和攻击暴力行为，而我们从前认为注定会让某人走上犯罪道路的不可改易的那些性格特质，在合适的情况下竟也是可以改变的。[76]（在后面的章节中，我们会更深入地讨论不同形式的干预是如何在处理儿童和成人的犯罪及损害行为方面取得显著成效的，届时我们会再讨论这个问题。）

对于法律和道德，社会科学提供了几项关键启示。首先，法律对人类行为的影响不是简单的无涉道德的理性选择，甚至也不是无涉道德的非理性选择，而是深深植根于人们对道德的慎重思考、直觉性应对甚或压抑之中。显然，人自己的道德、价值观和性格特质会直接影响他如何对法律做出反应。正如以色列巴伊兰大学法学教授尤瓦尔·费尔德曼（Yuval Feldman）在其著作《好人的法律》（The Law of Good People）中所述，法律要想改进人的行为，就必须符合道德，而要做到这一点，法律就要让人在违法时绝不能还认为自己是道德的。[77]

第二个核心见解是，法律在与现有道德一致，或者能够使人们相信它提供了唯一的道德出路时，效果是最好的。反之，法律规则如果试图阻止人去做那些普遍认为符合道德的行为时，就几乎注定会失败。

同时，法律必须认识到，人的道德推理能力是有限的，可能无法权衡违反规则的道德性，无论是事前还是事后。要克服这一问题，当局必须利用行为伦理学的发现，助推人们做出更慎重的道德决策。

最后一项启示，针对的是那些表现出严重的临床意义上的精神病性障碍，或是具有高度冷酷无情或心理病态特质的人。总有一小部分人的道德和性格特质顽固到我们回天乏术，但这只是微不足道的一小撮人。干预研究非常清楚地表明，即使在那些具有极高冷酷无情特质的人中，治疗及干预也有可能发挥作用，而且也确实发挥了作用。尽管用法律来处理人的道德观和人格特质很难，但这依然是完全有可能的。

# 第五章

# 公民服从

1930 年 4 月 6 日，圣雄甘地制盐。在印度西部阿拉伯海岸边的丹迪（Dandi）村，他趟入海水取出一坨泥巴，再用海水煮沸。[1]

甘地是长途跋涉来到海边的。3 月 12 日，他带领 72 名追随者，从他的萨巴尔马蒂修行处（Sabarmati Ashram）村舍出发，走过一个又一个村庄，一个又一个镇甸，走了 240 英里才到了海边。甘地的行进队伍每到一处，就会吸引更多的人加入，等他到达海边时，身后跟着的人已经排了两英里。成千上万的人目睹了甘地非法制盐。

这一年的早些时候，甘地发表了他的"印度独立宣言"。他知道，要实现宣言，他必须煽动大规模的集体行动。他试图找到一个凝聚点，使印度人一起反对英国殖民统治者。他在"1882 年印度盐法"中找到了这个凝聚点。这项法律强令盐的开采和制作皆由英国政府垄断。这意味着印度的盐业生产者只能通过政府的盐库来售盐，且必须支付重税。此前一百年，先是英国东印度公司，然后是自 1858 年接管殖民统治并建立英属印度的英国政府，都对印度当地制盐业施行高额殖民税收和限制，其结果便是这部法律。

百余年来，印度人民一直在抵制殖民者对盐的限制。对许多沿海地区居民来说，盐这种矿产是现成的收入来源；而对所有其他人来说，盐不仅是重要的调味品，更是在印度炎热潮湿的气候下，千百万重体力劳动者的饮食中必需的矿物质。盐的非法生产与走私比比皆是，最终，英殖民当局沿产盐的孟加拉省西部边境建了一道2500英里的围栏。围栏由荆棘树木组成，并由1.2万多人把守。对盐的限制和征税也广受批评。当时，印度殖民时期议会的代表们认为，这一制度太不正义，应当废除或彻底变革。

于是，甘地领导的1930年"食盐进军"运动，成了他的"非暴力不合作运动"的高潮。盐税是他所抗争的殖民统治压迫的缩影。在他的抗争方法中，一项关键因素就是"公民不服从"（civil disobe-dience）。他通过拒绝遵守压迫者的不正义规则来反抗压迫，创造了一个在后来的斗争中不断被效仿的范型。这一点在20世纪五六十年代的美国民权斗争中表现得最为明显：像甘地一样，罗莎·帕克斯女士和马丁·路德·金博士也是通过违法来彰显法律及相关支持制度更广泛意义上的不公。

而本书所写的内容恰好与压迫性法律相反。我们写的是为正当利益服务的法律，如致力于减少污染、不安全作业条件、性骚扰、交通事故和暴力犯罪等的法律。然而，即使法律服务于正当利益，人们感受到的守法义务也不尽相同。有些人可能认为，无论是否有执法或是否认同法律，人都至少应该去努力遵守法律。而另一些人则可能较少感到总体上的守法责任或说义务，例如他们可能认为，如果大多数人都这样做，如果没有真正的制裁，如果没有人知道，或是如果不造成伤害，那么违反法律也无伤大雅。

对于法律如何影响人的行为，公民服从可以发挥重要作用。应该说，具有较高公民服从意识的人会更倾向于遵守法律规则，这是符合逻辑的。人在有较高的公民服从意识时，即便执法有限，即便服从需要付出巨大代价，即便大多数人都违反法律，即便他们自己也不一定同意该法律，他们也会遵守法律。他们遵守法律，是因为他们有义务感。这是法律啊！因为是法律，所以必须遵守。

公民服从是行为暗码至关重要的一部分，当我们此前讨论的所有其他机制都失效时，公民服从就是法律可以依靠的某种防故障装置。反之，公民不服从就像边哨烽火，可能显示着法律已经偏离了正确方向，不再为正当利益服务。

## 人们如何养成公民服从

在过去的 8 年里，我们研究了人为什么会自感有义务遵守法律。起初，我们认为这可以由国家背景来解释。我们进行了覆盖美国、以色列、荷兰等国的跨国研究，本以为会发现各种国家层面的差异，尤其是在没有建立起民主法治的国家，我们假设那里的人遵守法律的责任感普遍更低。

我们错了。我们的研究显示，非民主国家居民的守法义务感，与美国人、以色列人和荷兰人没有区别。是某些个人特征，而非国家背景，解释了为什么人会感到有义务遵守法律。例如，我们发现人的个性很有影响：比较诚实和谦逊的人会自报更强的守法责任感。我们也看到，对道德问题更感兴趣的人，政治倾向更保守的人，也有更强的守法责任感。[2] 也许最具启发性的是，在对青少年及其父母的研究中，我们发现，当父母有更强的守法责任感时，他们的孩子也会如此。[3] 从前面这些发现中，我们开始看到，人们的公民服从性、守法责任感，可能是其在社会化过程中习得的。为了理解这些发现，我们从档案中挖掘出了一些令人难以置信的研究，这些研究几乎不为人知地存在了将近半个世纪。

在20世纪70年代，研究人员询问从小学到大学所有年龄段的孩子对法律和规则的看法。他们这么做，是为了弄清楚我们对规则的看法会如何随年龄的增长而变化。因此，研究人员提出了一系列笼统的问题，如"什么是规则""如果没有法律会发生什么"等。

一个有意思的规律从材料中显现了出来。研究人员发现，年幼的孩子倾向于将规则视为禁止某些行为的具体禁忌。幼童遵守规则是因为他们遵从权威，也因为他们只是不想受到惩罚。他们对规则有一种研究人员所谓的"服从与惩罚"取向。而且，由于幼童非常害怕受惩罚，激励和惩罚对于改变他们的不良行为就至关重要。如果你想防止幼童违反规则，激励和惩罚肯定有用。

但人从童年进入青春期后，这种取向也随之改变。随着认知和社会技能的发展以及经验的积累，我们会越来越少地因惧怕惩罚而遵守规则，而会把思维从"服从与惩罚"的角度转到"法律与秩序"角度。尤其是，青少年会开始认为，规则为的是引导"良好"的行为、防止混乱，而不是单纯禁止某些行为。对青少年来说，遵守规则已经成为"维护社会"这一民众共同追求的根本；大多数青少年认为，如果没有规则，社会就会陷入混乱。关键还有，我们在步入成年后，绝大多数人会更少地因惧怕惩罚才遵守规则。到了大学，只有25%的人只是为了避免负面后果才遵守规则。随着人的成熟，我们大多会失去这种惩罚取向，而代之以更高尚、更复杂的守法义务感。

这些发现既告诉了我们，对守法责任的感受会随成长而改变，同时也告诉了我们，这种责任感在成年人中依然存在个体差异。但这些发现并没有真正告诉我们，人的此种责任感是否可能提高。我们不能坐等人们长大后再感受到更多的守法责任。我们的法律也不能仅仅依靠具有高度责任感的成年人，或者只关注具有诚实和谦逊性格的人。

耶鲁大学法学院的心理学家汤姆·泰勒或许能在这一点上提供帮助。泰勒首先评估了与惩罚的威慑、同伴的认可（指令性社会规范）等其他因素相比，人的责任感与守法有多强的相关性。我们直觉上可能认为威慑和社会规范会是最强大的力量，然而泰勒发现，一个人的责任感才最有影响力。换句话说，人对法律的遵守，更多地取决于他们是否感受到了守法责任，而不取决于惩罚。

泰勒还分析了人的守法责任感与其对司法系统的看法间的关联。他发现，人对司法系统的公平性、正义性的看法，会影响人的守法义务感，进而影响其对法律的遵守。人越是觉得司法系统公平公正，就越会觉得法律是正当的，也就越会觉得有义务遵守法律。

泰勒认为，人们对法律制度的公平性和公正性的看法，与其说是取决于其结果，不如说是取决于其过程，即取决于立法者、法院和执法部门是如何得出这些结果的。因此，人即使输了官司，如果他认为这个过程是公平公正的，就依然可能接受并遵守判决和法律进程。他的核心观点是，程序正义，即过程的公平公正，对于增强人的守法责任感进而守法行为，都至关重要。[4]事实证明，过程比得到一个有利的结果重要得多。[5]

泰勒分析了究竟是什么塑造了程序正义。他的第一个结论是，当局要允许公民在诉讼程序和决策中拥有发言权。即使我们的意见并没有改变法律诉讼的结果，参与其中也会增加我们对程序正义的感知。第二，当局必须诚实地对待人民，不辜负其信任。第三，当局可以通过尊重公民来提升程序正义。最后，当局必须保持中立，这要求立法者、执法者和法官不受个人意见的影响，平等而无偏向地对待公民。[6]

泰勒在其著作《人们为什么遵守法律》中报告了他的初步发现，由此开创了一个全新的研究领域。该领域专注于理解程序正义和守法义务感对于确保人守法起怎样的作用，其中大部分研究都集中在刑事司法制度上。例如，在一项针对男性青少年罪犯、名为"十字路口研究"的大规模研究中，加州、路易斯安那州和宾夕法尼亚州的研究团队选取了超过 1200 名首次被捕的男性，对他们这第一次被捕起就立即进行追踪，然后对他们就生活中的方方面面进行多年期的例行访谈。研究人员发现，在影响这些年轻人的犯罪行为的因素中，正当性往往比自控力、种族、社区、家庭和社会经济环境更为重要。

这些并不是孤立的研究。来自宾州库兹敦大学刑事司法系的格伦·沃尔特斯（Glenn Walters）和科林·博尔格（Colin Bolger）对这一领域的研究做了最新的系统性综述。[7]他们回顾了 1990—2018 年间发表的涉及美国、英国、荷兰、澳大利亚、以色列、加拿大、匈牙利、希腊及尼日利亚的 64 项研究，总体结论是，数据在所有这些研究中都压倒性地表明，人越是认为本国的刑事司法机构公正、公平，就越会认为这些机构有正当性，越会将守法视为义务，违法的可能性也越小。

众多领域的学者都有非常相似的发现。一项针对驻伊拉克美军士兵及在大都市履职的警察的研究发现，这些士兵和警察越是认为他们的组织在程序上公平的，就越会视其组织为正当，越会觉得有义务遵守组织的规则，也更有可能真的遵守这些规则。[8]另一项针对丹麦农民的研究发现，与惩罚形成的威胁、对法律规则的意识、守法能力及守法成本等因素相比，农民的守法责任感是他们是否遵守环境法规的最强预测因素之一。[9]

跨学科的学者研究了福利欺诈、逃税乃至澳大利亚养老院等不同对象，得出同样的结论：守法责任感是提高社会守法程度的强大力量。[10]事实上，加州大学伯克利分校的公共政策及法律教授罗伯特·麦库恩（Robert MacCoun）在回顾了700多项关于该主题的研究后发现，程序正义始终影响着人们在各种行为上的守法性及与当局合作的意愿。[11]

通过所有这些研究，我们看到，公民服从和守法明显相关。唯一的问题是，几乎所有上述研究都只显示了相关性，而众所周知，相关不等于因果。[12]所幸，一些实验性研究提供了因果证据。例如，亚利桑那州立大学的犯罪学家埃德·马奎尔（Ed Maguire）及其同事录制了一些模拟交警叫停的视频。他们随机分配266位参与者观看三版视频中的一个，三版的唯一差别就是警察如何与司机沟通：正向（程序公正）、负向（程序不公正）或中立（不涉公正与否）。随后，他们问参与者愿意配合这位警察的程度，觉得有多大义务服从这位警察，以及他们对这位警察的信任程度。

马奎尔及其同事的研究明确地显示了，警察待人接物的方式，对其从民众那里收获的配合愿意、服从义务感及信任感这三方面的结果都有影响。人们如果观看的是程序上公正的警民互动，就更有可能信任警察，愿意配合并服从警察。这一发现表明，即使是间接经历，例如观看警察叫停别人后与之进行公正公平的互动，也会对人产生影响。

在另一项实验中，三位爱尔兰的税务学者伊莱恩·道尔（Elaine Doyle）、基兰·加勒里（Kieran Gallery）和玛丽·科伊尔（Mary Coyle）向逾期未报税的爱尔兰纳税人发提醒信，想知道会有什么效果。[13]他们比较了三版不同提醒信的效果。第一个是标准版，其中包括告知纳税人他们逾期未报税，他们需要做什么，以及若不依法报税将面临起诉。第二版与第一版类似，只是语言更正式，更强调惩罚。而最后一版信件强调程序正义，特别是税务机构尊重纳税人（表达了税务机构相信纳税人的诚实，知道纳税人可能还不了解自己必须报税），并向纳税人提供更多关于税务机构如何做决定的信息。三位学者发现，与没有收到提醒信的逾期未报税者对照组相比，这版提醒信都促进了报税行为。但在三版提醒信中，与标准版（25%）和威慑版（21%）相比，表达了程序正义信息的版本对报税率提升最多（30%）。

谜底揭晓。人如果有强烈的公民服从意识和强烈的守法责任感，就更有可能遵从法律规则；即使执法有限，即使其他人违法，即使自己不一定认同的法律条款，他们也会遵守。程序公平是公民服从的重要先决条件。

但是当法律机构没有以程序公平的方式行事时，我们该怎么办？

德里克·塞勒斯（Derrick Sellers）是一名美国海军陆战队退伍军人。他被关押在路易斯安那州伊比利亚堂区监狱期间，一天晚上，狱警强迫他穿过一条荒废的走廊，进入一间探视室，一群狱警毫无理由地把他按在地上，用胡椒喷雾喷他的脸，用手、脚、膝盖和金属物品揍他。[14] 这场殴打十分残暴，他的左颧骨都被打进了眼窝，至今他仍无法正常视物，并被与脑损伤有关的头痛和定向障碍所折磨。

几年后，塞勒斯与伊比利亚堂区警长办公室达成 250 万美元的和解，这是该办公室迄今为止最大的一笔此类赔偿。该办公室已被起诉过几十次，索赔金额超过 600 万美元（这仅仅包括公开披露的金额；由于一些诉讼以"不公开"的金额和解，所以实际金额会更大）。

伊比利亚堂区警长办公室已成为一个臭名昭著的腐败部门，那里的警察目无法纪，虐待和违法十分猖獗。例如，某晚，包括缉毒探员韦德·伯格伦（Wade Bergeron）在内的三名警员在参加下班派对，喝得醉醺醺时，他们决定离开派对，去找几个人揍一揍。他们碰到了两名黑人男子，一个 16 岁，另一个 21 岁，于是就殴打了他们，理由呢，据伯格伦所言，就是"因为这是我们最先遇到的人"。他们事后向警长路易斯·阿卡尔（Louis Ackal）汇报，警长满不在乎地说这"听起来只是个'敲打黑鬼'的事"。据称，警长和其他上司让他们撒谎，用一个编造的故事把自己择出殴打事件。[15]

阿卡尔警长手下共有 10 名警官在联邦法院认罪，指控包括违反联邦民权，用虚假陈述帮助他人掩盖侵害行径，以及长期篡改事件报告以合理化过度使用武力。这些事件影响巨大。为了对这些警员进行调查，100 多起刑事案件不得不被撤销，还有 700 多起其他案件可能受到影响。[16]

种种这些，暴露出的是一套失灵的系统：警察可以长年施暴而不受惩罚。在这套系统中，执法人员、监狱看守、检察官和法官都不能提供程序正义或公平。这些本该是正义砥柱的人，作用已经完全相反。每周，甚至每天，美国民众都能看到警察杀人和施暴的新视频。已故受害者的名字已经刻进了公众的心灵。而在几乎所有案件中，施暴的警察都没有严重的后果，因为几乎没有人因此被起诉，遑论定罪或入狱了。

这些事件破坏了公众对执法部门和整个司法系统的信任。研究人员在 2019 年发现了一项残酷的现实："估计每 1000 名黑人男性中就有 1 人被警察杀害。"[17]具体而言，黑人男性被警察杀害的可能性是白人男性的 2.5 倍，黑人女性被警察杀害的可能性是白人女性的 1.4 倍，美国印第安人和阿拉斯加原住民被警察杀害的可能性是白人的

1.2—1.7 倍（男性）和 1.1—2.1 倍（女性）。

公众对执法部门持怀疑态度已经算是好的了，感到恐惧也不足为怪。不幸的是，哪怕在年轻人中，这个问题也变得越发严重。在一项研究中，本书作者之一亚当利用了"监测未来"研究的数据，该研究每年调查约 5 万名高中生。这些数据的独特之处在于，相关调查覆盖了全美 48 个本土州的学校；或许更重要的是，调查是完全匿名的，所以青少年们可以放心地说出他们对执法的感受。[18]

亚当及其同事利用十多年的数据，研究了青少年对执法部门的看法是否在近年有所变化。我们的发现令人沮丧又在意料之中：近年来，执法部门在年轻人眼中的形象在迅速下降，已经降到了几十年来的最低点。[19] 最大的降幅发生在 2014—2015 年，这正是在 9 个月里，公众反复地感到震惊与骇然，因为在警察的手里死去了 5 名年轻的黑人男性：埃里克·加纳（Eric Garner）、迈克尔·布朗（Michael Brown）、埃泽尔·福特（Ezell Ford）、沃尔特·斯科特（Walter Scott）和塔米尔·赖斯（Tamir Rice）。这些数据揭示出，这些警察杀人事件点燃了针对执法部门的广泛批评，也几乎一定破坏了公众对执法部门的信任，进而是对美国程序正义的总体看法。

现实情况是，社区之内几十年的程序不公平深刻而持久地影响了人们对法律机构和法律制度的看法。研究发现，拉美裔青少年对执法部门的信任从 9 岁开始下降，而在黑人青少年那里，这一下降发生得更早——7 岁。[20] 我们知道，人们的看法具有连续性，即如果你在年轻时对执法部门就产生负面看法，那么随着年龄增长，你更可能保持这些看法。

这些不仅仅是警察的问题。在法律的施用方面，美国的法律系统中充斥着程序上不公平的做法。纽约的一位移民法官只批准了 6%

的申请，而他的同事却批准了 91%。[21] 在裁决社会保障的涉残纠纷时也存在同样的问题：一些法官推翻了 10% 的行政决定，而同期的另一些法官则推翻了 90%。[22] 对此类研究的一份综述发现，类似的不一致也出现在美国当局决定专利申请、执行养老院医疗补助标准、决定取消虐待和疏于照顾儿童的父母的监护权以及核安全检查等方面。[23] 相关罗列还可以不断增加。这些重要法律裁决中的不一致，很容易破坏人们对法律制度的程序正义、公平和平等的看法。

　　我们还可以找到加深程序性不公的最高法院案件。一个明显的例子是 1987 年的"麦克莱斯基诉肯普案"（McCleskey v. Kemp）。一名黑人沃伦·麦克莱斯基（Warren McCleskey）因谋杀罪被判处死刑，他的律师们指出，法官在施用死刑时存在系统性的种族主义。[24] 律师们展示了令人信服的统计证据：杀害白人的被告获死刑的可能性是杀害黑人的被告的 4.3 倍。[25] 法院不仅拒绝接受这些统计数据作为推翻判决的实质性证据，甚至还认为即便接受了这一证据，依然是不够的，因为它不能证明在麦克莱斯基一案中，法律存在故意和有意识的偏见。普利策奖得主、《纽约时报》专栏作家安东尼·刘易斯（Anthony Lewis）说，法院"实际上纵容了我们在法律的某个深层面向上展现种族主义"。[26] 而且因为如此行事，最高法院没有利用这个明显的机会来纠正施用死刑这种最重刑罚时存在的持续偏见和程序性不公。

　　系统性的程序不正义严重破坏了公众守法并滋生了犯罪。那么，我们该何去何从？

### 更好的执法？

2015 年，奥巴马总统组建了一支 21 世纪警务特别工作组。工作组由时任费城警察局局长的查尔斯·拉姆齐（Charles Ramsey）和乔治梅森大学的犯罪学教授劳里·罗宾逊（Laurie Robinson）共同主持，其目的是加强社区治安，以及加强执法人员与社区间的信任。工作组咨询了执法人员、学者、技术顾问、青年、社区领袖及非政府组织的领导人。在 90 天时间里，工作组确定了"最佳警务实践规范，并就这些规范 [ 能 ] 如何有效减少犯罪并同时建立公众信任提出了建议"。[27]

特别工作组就如何改进警务实践提供了明确的指导，这种改进是在社区建立信任的一个重要前提。工作组的结论是，警察应该树立一种"守卫"而非"斗士"的心态。这意味着他们要把自己看作通过与社区合作来保护公民的人，而不是与邪恶作战的斗士。[28]

凯尔·麦克林（Kyle McLean）及其同事调查了两所处在非常不同的司法辖区的警局，一所在美国西南部，另一所在东南部，以评估警察在多大程度上将自己视为斗士或守卫。[29] 为测量警察的自我认知，研究者要求警察给 9 条陈述进行同意度评分，其中有两条是："作为一名警察，我的首要责任是保护居民的宪法权利"（守卫心态），以及"作为一名警察，我的首要责任是打击犯罪"（斗士心态）。

麦克林及其同事的发现很精彩。首先，警察完全可能既是斗士又是守卫。然而，警察在多大程度上认同守卫心态，却至关重要。他们越觉得自己是守卫，就越不支持不当警务行为，也越会在与公民的交往中优先考虑程序正义，包括"解释 [ 为什么 ] 与当事人接触""礼貌地对待当事人并顾及其尊严""允许当事人解释""向当事人解释 [ 警察的 ] 决定"等。麦克林等人的结论是："守卫心态使警察更有可能以一种更符合程序公平的方式对待当事人。"[30]

我们有理由期待，在招募和培训警员时，关注其守卫心态，有助于改善程序正义和警民关系。我们还没有实验证据来确凿地表明，招募更倾向于守卫心态的警察学员能减少不当的警务实践，也没有证据表明，让警察文化向守卫心态转变能减少不当的武力使用事件。然而，这些发现给了我们希望。

华兹（Watts）是洛杉矶的一个街区，其居民深受帮派活动之苦，这里也被民权律师称为"最难对付、暴力最为顽固的社区之一"。[31] 在2010—2011年，运营华兹公共住房发展的洛杉矶市住房管理局（HACLA）开展了"城市和平促进项目"，让该社区的900多位居民参与访谈、调查和焦点小组，以此来了解他们对帮派暴力和当局的看法，以及他们在自己家中的安全感。调查结果之糟糕，让洛杉矶房管局意识到，必须立即采取措施来加强居民和社区的安全、安保和福利。

洛杉矶警察局局长查理·贝克（Charlie Beck）、经常起诉该警局的民权律师康尼·赖斯（Connie Rice）、市长詹姆斯·哈恩（James Hahn）、联邦地区法院法官加里·A. 费斯（Gary A. Feess）和一群改革者，一起想出了一套解决方案。[32] 他们试图发展出一套"基于关系"的警务模式，尽管用一位民权律师的话说，华兹"历来就是个警民关系很紧张的地方，这种势态已经持续了几十年"。[33] 说得更直白点，华兹有过一段系统性种族主义猖獗、充满偏见和不公的执法历史。

上述人员形成的小组，在洛杉矶警局创建了"社区安全合作科"。意识到他们将"请求悲伤的父母……同意加入那些在打击毒品和帮派的战争中监禁或杀害过他们孩子的警察"，这个新科室的成员以为警察过去的违法行为公开道歉作为他们的工作的开始。然后，华兹的社区领导人开始与他们在当地的试点项目中合作。正如贝克局长和康尼·赖斯在2016年写的回忆：

无论是被称为守卫型警务、信任型警务、解决问题的警务、基于关系的警务、社区型警务还是合作关系警务，不同的名字都有一个共同的愿景：人道的、有同情心的、文化上沟通流畅的警察。他们心怀尊敬，不惧怕黑人，工作时间长到叫得出居民的名字，和居民用同样的语言，帮助居民改善社区。我们相信这种方法可以减少不良警务，加强执法，提高公共安全。我们用实际行动证明这一点，15年后，我们自认为做到了。[34]

该科室独树一帜，多年来一直致力于借广泛参与社区活动来与居民建立信任和关系，包括开办农民市集，为一个公共住房发展项目成立第一支女童军*，并为孩子们创建体育联盟，比如自4个住房发展项目中为9—11岁儿童成立多支足球队。后来，警察可以徒步巡逻，并招呼居民的名字——几乎没有其他大城市能做到这一点。在新科室成立之前，一名警察不是靠逮捕配额达标，而是通过帮助孩子们免于入狱及提高公众信任来展示"影响力"从而获得晋升，可是闻所未闻。这里的核心方法就是"避免破坏信任的传统镇压策略"。[35]

该项目成效显著。它不仅创造了更好的警民关系，而且也减少了犯罪。在第一年，社区安全合作科就收获了警局内的犯罪率最大降幅，且此后再也没有反弹，非常了不起。在该项目开始后的两年里，那些连年谋杀频出的公共住房再未发生一起谋杀案。而在华兹，五年多来没有发生过一起警察参与的枪击事件。这对于一个历史上因种族主义政策和做法而臭名昭著的警局来说，真可谓成绩斐然。

曾多次起诉该局的民权律师写道："这种成功堪称脱胎换骨。不

---

\* 女童军（Girl Scout troop），结合女童培养和公益的国际组织。——编注

仅暴力犯罪急剧下降，连逮捕人数也下降了50%，普通市民告诉来
访者，他们切实地提升了安全感，认识并信任了已成为社区日常风
景线的警察。"³⁶虽然还没有研究准确地量化该地区带偏见或不公正
的警务活动减少了多少，但对该地区居民和利益相关者的大量定性
访谈表明，接受过该项目培训的洛杉矶警局的警察，已经大大改善
了他们与少数族裔社区的关系。正如民权律师赖斯所说："居民们喜
欢这个项目，他们希望这个项目能再度开展，能更上一层楼。"³⁷城
市研究所和加州大学洛杉矶分校的研究人员分别独立研究发现，该
项目减少了犯罪，改善了警务工作。³⁸

　　总的说，尽管我们还没有完全明白如何在系统层面上减少带偏
见和不公正的警务工作，但曙光已经出现。加州大学尔湾分校犯罪
学教授艾米莉·欧文斯（Emily Owens）及其同事发现，对西雅图警察
进行的程序正义培训具有良好的效果。针对一项旨在帮助警察在与
市民接触时"放慢"其思维过程的项目，他们的随机对照研究发现，
警察在培训后用逮捕来解决事件的可能性降低了12%，表明不必要
的逮捕在总体上有所减少。此外，与对照组的警察相比，接受培训
的警察参与使用武力的事件的可能性也降低了16%—50%。³⁹

　　类似的证据也出现在其他国家。澳大利亚昆士兰大学的洛琳·马
泽罗里（Lorraine Mazerolle）进行了该领域的第一次大规模随机对照试验：
60个路障被随机分配给遵循程序正义的执法组或者"常规"执法
组。⁴⁰总体而言，警察在每个地点拦截了三四百辆车。试验组的交警
使用的是侧重程序正义的脚本，包括鼓励市民参与和发声，并给予
市民尊严与尊重。研究者发现，侧重程序正义的方法比"常规"做
法效果好得多，包括市民对警察的看法有所提升，对警察的总体满
意度也更高。

到目前为止，我们已经有了几个关于如何有效改善警民互动方式的高质量研究。但问题也很明显：一座城市的某些地区可能显露了成效，而该市其他地区（或农村）的不良警务仍然在拖后腿。同样，一些警察可能改善了他们的执法，而其他警察的行为则让同事的努力付之东流。回到洛杉矶警局的社区安全合作科，我们会发现明显的证据。根据实验设计，只有在社区安全合作科的这部分警察接受过这种以社区为导向的警务策略培训。社区成员包括居民，甚至该科室的一些警察自己都报告说，洛杉矶警局其他科室强硬的警务风格会危及社区安全合作项目已经取得的进展。[41] 这对于最有希望的执法改革努力，都是一个主要问题。几乎所有的努力在范围和规模上都太小了，而任何地方的不公正事件都会威胁到所有地方的程序正义和正当性。尽管做出了许多努力，也取得了一些阶段性成果，但对于解决这个深层的系统性问题，我们还只涉及了冰山一角。

至于如何在警权问题之外的其他法律领域的执法中提高程序正义，相关的想法也在出现。任教于斯坦福大学法学院的丹尼尔·何（Daniel Ho）研究了华盛顿州金县餐馆的食品安全执法措施。那里的食品安全检查存在很大的随意性，一些检查员会试图采用更宽松的风格，像是用说服和教育来让餐馆遵守规定，而另一些检查员则更像严厉的警察。[42] 为了减少检查的随意性，何教授开展了一项实验。在实验中，他将检查员随机分成两组：第一组是对照组，检查风格照常；第二组启用"同行评议"的形式，即每个检查员由另一个检查员陪同，两人将独立出具检查报告。同行评议组的检查员每周都要填写一份匿名调查，解释自己与陪同检查员报告的分歧，并表明自己学到了什么；他们每周还组织交流会，讨论在检查评分和风险评估方面的分歧。实验的效果很好：在为期15周的实验中，同行评议组的一致性水平明显提高，几乎有 50%。

　　促进法律体系中的程序正义，是确保我们的法律能够产生公民服从的第一步，也是迄今为止最难的一步。很多时候，这意味着既要处理坏苹果（罔顾程序公正的执法人员个体），又要处理装苹果的桶（维持、保护和姑息这种不良执法行为的部门和大环境）。[43] 在本书中，我们迄今为止所讨论的内容也都适用于这一复杂问题，因为改善潜在违法者行为的各种机制，也都能用来改善执法人员的行为。

　　但即使执法者停止了粗暴、随意且歧视性的执法方式，也不意味着公民就会认为法律体系在以公平、公正的方式运作。因此，一旦法律机构提高了实际的程序性正义，就可以开展第二步了：建立公民对法律机构的信任。

　　在几十年的滥用职权之后建立信任并不容易。对于一些社区，这个过程可能和重建被战争摧毁的国家一样困难。多年来，制度化种族主义、暴力压迫和斗争给南非留下了无法愈合的创伤，即便纳尔逊·曼德拉获释，并在随后的 1994 年登上总统宝座，也无法将创伤抹平。为了治愈这些创伤，为了在被种族隔离破坏得千疮百孔的国土上建立一个新的社会，南非开展了所谓的"真相与和解之路"。它成立了真相与和解委员会，组织公开听证会，让受害者们讲述自己所遭受的痛苦；犯罪者如果愿意承认自己的所作所为，可以申请特赦[44]：7111 名犯罪者申请了此种特赦，849 人获得了赦免。[45]

　　虽然真相与和解之路在南非并不完美，部分原因是该政策没有有效地惩罚最严重的犯罪者，但它还是创造了一个许多国家试图效仿的范型。[46] 该范型表明，人们看重的是国家建立一套能清晰指认暴行的程序，允许受害者表达冤屈，犯罪者也承认自己在这些暴行中的角色。这套程序能确保各种不公及其深层原因能得到清晰而公开的传达，以便借改革解决这些问题；而最严重的犯罪行为，可以用起诉来解决。而当局要重获社区的信任感，这套程序也至关重要。

在这样一套程序中，道歉这一环非常关键。当局只要发现了严重错误的证据，就必须公开道歉，并进行开诚布公的沟通。机构首脑如果试图通过公开道歉与社区和解，就也必须在道歉的同时承诺负责。[47]要重建信任和信心，机构不得否认问题或回避起诉罪犯，否则会进一步拉开社区与当局的距离，也很可能削弱公众的守法义务，助长公民不服从。

公民服从是行为暗码的一根关键支柱。人在感到自己有守法的责任时是会守法的，即使执法有限，即使守法需要自己付出代价，即使他们看到别人违法。我们现在知道，这种服从与人们认为法律的运作方式是否公平直接相关。法律制度越公平，人们不仅越会感到有义务遵守法律，而且实际上也更守法。

这提供了一个明显的双赢局面。我们能拥有更有效的法律来保护我们免受伤害，同时也能拥有更公平、公正的法律。在美国，由于程序性不公正的普遍存在，无论是在警务实践中，还是在法律的日常及庭上运用中，促进程序性正义都是国家实现其承诺的法治和保护公民权利的基本需要。

这个想法看似无可反驳，但事实上却反对者众多。有时，如果某警局满是带着斗士心态的警察，那么依守卫模式行事的警察可能会被警局批评甚至做出正式的纪律处分——西弗吉尼亚州韦尔顿市警察局的斯蒂芬·马德（Stephen Mader）就是这样，他决定不向一个蓄意让警察杀死自己的醉汉开枪。[48]而当像凤凰城警局的杰里·威廉斯

（Jeri Williams）这样有胆魄的警察局长在开除滥用职权、行事暴力及公然进行种族歧视的警察时，却可能面对来自警队和警察工会的抵制。[49]这一切的背后，都是一个错误的假设：严厉的执法会减少犯罪。但正如我们现在了解到的，滥用职权会破坏公民服从性，并削弱人的守法意愿。

显然，程序上的公平和有效执法之间并不存在矛盾。"黑人命也是命"运动的关注点应该与社区对犯罪的关注点完全重合。所以，这不是一个零和游戏，即我们必须牺牲社区中一部分人，特别是有色人种青年的权利和安全，来对其他人的权利和安全进行所谓的保护。事实上，情况恰恰相反：这类案件最终使纳税人损失数百万美元，减少了可用于加强公共安全的资金总额。例如，有 300 名受到带偏见和不公的警务工作伤害的人起诉了费城市政府，而该市迄今已同意支付超过 200 万美元的和解金。[50]在宾州的另一起案件中，由于一名法官剥夺了青少年在法庭听证时可以有律师在场的权利，给 2400 多名青少年错误定罪，并将他们送往营利性的拘留中心以收受回扣，该州不得不向这些青少年被告支付 475 万美元的赔偿。[51]

法律要想有机会改变根深蒂固的系统性错误行为，就必须学会关注公民服从和正当性。要做到这一点，在法律的设计和运作中，我们必须将程序上的公平作为核心。

第六章

# 社会规范

以色列港口城市海法的日托班有些麻烦：每个日托班总有十来个家长很晚才来接孩子。这对日托工作者来说很不方便：他们已经和幼童们斗智斗勇了长长的一天，临末了还要滞留下来哄十几个孩子，直到他们的父母姗姗来迟。这问题严重到全城的日托班去找尤里·格尼茨（Uri Gneezy）和阿尔多·鲁斯蒂钦尼（Aldo Rustichini）这两位行为经济学家合作，看他们有什么妙招来减少晚接孩子的情况。[1] 研究人员做了一个实验：他们给半数日托班引入了一项新政——迟到十分钟以上的父母必须支付罚款，然后静等罚款是否奏效。

令他们惊讶的是，结果事与愿违：在日托班增加了对晚接孩子的罚款后，迟来的家长人数翻了一番。

每当我们面对不良行为时，通常的反应就是制定惩罚。通过罚款来减少不当行为，这完全符合我们的惩罚直觉，但在日托班却适得其反。

格尼茨和鲁斯蒂钦尼对此很困惑。家长们的做法不符合传统的经济学观点。迟到的成本增加了，但这并未促成家长们按时到达。他们意识到，要理解家长们的反应，必须将眼光投向经济激励以外。

这种激励措施的成本收益分析忽略了一个重要方面：社会情境。在引进罚款之前，家长被期望按时接孩子。家长们会觉得，日托班、其他家长甚至自己的孩子都希望自己别迟到，准时接孩子是常态。每天，家长们都会了解到其他大多数家长准时到达，迟到的家长也自知自己是例外。因此，在引进罚款之前，社会惯例会促使家长按时接孩子。但罚款一来，这一切就都变了。罚款的引入削弱了社会层面的考虑，将社会义务转化成了市场契约。家长们没有把罚款看作对自己晚接孩子的惩罚和威胁，而是很快就看作了为额外服务付费。他们会开始想："我可以迟接孩子，因为我会为你的时间付费。"格尼茨和鲁斯蒂钦尼恰切地总结了这一现象：罚款变成了价格。

更令人惊讶的是，在日托班取消罚款后，迟来的家长人数仍然是实验前的两倍。罚款虽然取消，但木已成舟，破坏难以恢复。日托班在社会层面上打破过去家长准时接孩子的积极做法，并无意中让一种新的消极做法取而代之，即晚接孩子是正常的、可以接受的。

人是社会性动物，遵循着不成文的行为规则，这些规则规定了社会接受什么、不接受什么。这些社会层面的做法和惯例就是心理学家所说的"社会规范"。理解社会规范，是理解人类行为、理解人为什么违反规则的关键。社会规范构成了行为暗码的核心组成部分；法律要想更有效地改善人的行为，就必须将其纳入其中。

亚利桑那州立大学的著名心理学家及世界知名的行为影响力研究权威罗伯特·恰尔迪尼（Robert Cialdini）着手研究美国的一项重大环境问题：如何减少美国家庭的能源消耗。他的研究团队走出实验室，前往郊区，在近300所房屋的大门上挂了宣传节能的传单。每所房子会随机收到四条非常不同的节能信息中的一条。这四条信息可以概括为：（1）节能对环境有益；（2）节能有利于社会；（3）节能可以省钱；（4）节能很常见。[2]

请你重读这些信息，判断一下每条信息的效果如何。环保的呼吁是否有效？我们都喜欢省钱，那么那条强调个人收益，即减少能耗会为你省钱的信息是否有效？节能很常见，这样一条简单声明的效果又怎么样？

在分发传单后不久，恰尔迪尼及其团队采访了居民，询问他们对收到的信息有何看法。收到第四条，即节能很常见这一信息的人，最不相信这能减少他们对能源的消耗，大多数人认为这会完全无效。

恰尔迪尼的研究团队随后测量了每个家庭在随后两周内的能源使用数据，发现收到第四条信息的家庭大大减少了能耗，即使最浪费的用户也是如此。这组家庭平均每天少用了 1.22 千瓦时，这个数字不小的——大致相当于拔了冰箱的插头。[3]

第四条信息触发了一种社会规范，即"描述性（descriptive）社会规范"，它告诉我们别人都怎么做。只要简单地传达了被期望的行为很常见这一信息，就能触发更多的良好行为。在听说别人以某种方式行事后，我们都会在这种简单却有力的信息的影响下，有意或无意地以同样的方式行事。

恰尔迪尼及其同事没有止步于此。在一项后续研究中，他们向住户提供了该街区的户均能耗信息，初衷是向每个人传达周围的大多数人都在节约能源这个信息。

不出研究人员所料，告诉人们周围的邻居节约了多少能源，确实促使许多人降低了能耗。但很遗憾，他们发现这些描述性社会规范信息仅对特定的一群人有效：只有那些意识到自己比邻居耗能高的人，才会减少自己的用量。对于已经比邻居用量低的节能人士，这只是让他们知道，自己已经是众人当中的先进分子了，进而他们开始使用更多的能源，户均每天增加了 0.89 千瓦时——大约相当于每天多洗 5 公斤衣服。

研究人员意识到，仅仅告诉人们他们与邻居的相对排名，反而是给了先进分子一个提高能耗的许可。为解决这一问题，恰尔迪尼在分享给实验参与者的能源使用信息表里加了点新东西：表情符号。

对于能源使用低于平均水平的人，恰尔迪尼给他们笑脸表情；而使用能源过多的人，则会收到不赞成的、伤心的表情。这种特别简单和低成本的办法效果极好。当人们收到的消息结合了周围平均能耗水平和一个表示社会不赞成其做法的表情符号时，消耗高于平均的家庭就会大大减少能源使用。表示社会赞成还是不赞成的表情符号，对人的行为有显著的影响。

心理学家把这种效果强大的驱动因素称为"指令性（injunctive）社会规范"。描述性社会规范包含的是我们对别人实际行为的观察，而指令性社会规范则包含着我们对别人认为我们应该或不应该做什么的感知。[4] 在上述案例中，指令性社会规范告诉节能者别人赞许他们的行为，同时告诉浪费者别人不认可他们的不良行为。

总之，在改变人的行为方面，社会规范是非常强大的力量。我们看到别人做正确的事情时，自己也会这样做。但社会规范的作用还有我们看不到的。一旦认为他人不赞成我们的不良行为，我们就会开始改进自己的行为，去靠近他人的期望值。

法律规则如果能够利用社会规范的力量，是可以大大提高其减少有害、非法行为的效率的。可以看一看蒙大拿州如何尝试利用社会规范的力量来减少年轻人的醉驾。[5] 州政府在全州范围内开展了一场针对 21—34 岁人群的媒体宣传。一则电视广告展示了"一个典型的蒙大拿牧场家庭在马厩里准备骑马"，观众会听到："在蒙大拿州，我们对酒驾最好的防御就是彼此。我们大多数人避免酒驾。我们关心我们的朋友、家人，还有我们自己。5个蒙大拿州的年轻人中，有4个不会酒驾。感谢你承担了自己的责任。"这条广告利用了描述性社会规范，试图让观众相信开车不喝酒是社会规范。

　　另一则广告则着重表达，请人代驾确保喝酒的人安全回家是常态。这里的背景是蒙大拿州的另一个主要场景：窗外雪花飘飘的滑雪木屋。画外音响起："在蒙大拿州，关于雪，你需要知道两件事：如何在雪上开车，以及如何滑雪。我和朋友们会在坡道上玩一天，再在木屋里待一段时间——我们之中会有人按照排班负责开车。"在这条信息之后，镜头拉近，显示出写在车窗上的信息："我们大多数人（4/5）不酒驾。"一个声音接着问道："你打算怎么回家？"[6]这个宣传主要采用了两种方法：显示清醒驾驶是多么正常，并将其与蒙大拿人自豪感的核心价值及共同来源联系起来。

　　这一经过深思熟虑的媒体宣传结果喜人。自报喝了两杯或更多酒之后开车的人减少了13.7%，自报会请代驾的人增加了15%。[7]

　　另一个例子是约会暴力。社会规范研究表明，大多数男性对针对女性的暴力行为，以及物化和伤害女性的语言及行为会感到不适，在亲密关系中会征得女方同意。然而，他们错误地假定，其他男性并不总是征得女方同意，还会觉得针对女性的负面行为理所当然。因此，男人（以及男孩）们会掩藏自己真实的感受，充当其他男性有问题行为的看客。而那些确实对女性实施了语言和身体暴力的男性，则错误地将其他男性的这种普遍沉默解释成了认可。因此，这种沉默使男性更有胆量对女性实施暴力和性骚扰，哪怕是在今天这样的反性骚扰觉醒时代。

　　然而，研究确实表明，这种对于社会规范的错误构想是可以改变的。例如，詹姆斯麦迪逊大学（JMU）的研究人员设计了一张海报，上面有以下三条信息：

　　**（1）男性应总是避免操纵他人。**3/4 的 JMU 男性认为，不可以为了增加和约会对象发生性关系的机会而强行劝酒。

　　**（2）男性在进入浪漫关系应前先征得同意。**大多数 JMU 的男性认为，明白地谈论性，并不会破坏当时的浪漫。

　　**（3）男性应尊重女性。**JMU 的男性中，十之有九会在他们的约会对象第一次说"不"时停止性行为。

　　研究人员对学生调查后发现，从贴海报之前到之后，表示会在约会对象第一次说"不"时就停止的男性人数有了显著的增加。[8] 事实上，各种研究都发现，关于约会暴力，这样的宣传不仅改变了对相关社会规范的认知，也改变了相应的现实。[9]

　　关于社会规范的力量如何使人更加守法，另一个典型例子在税收方面。长期以来，税务机关一直熟谙行为暗码。他们很早就知道，他们越是了解人们缴税的原因，就越能使人依法纳税，并最终为政府创收。对于税务机关而言，花费在理解行为暗码上的资源是有直接回报的。而且，科学家在与税务机关合作研究纳税人的实际行为过程时，目光也直接投向了社会规范的力量。

　　任教于澳大利亚弗林德斯大学的税务学者迈克尔·温泽尔（Michael Wenzel），就研究了人们对缴税的态度。他在一项研究中发现，关于税收的社会规范，人们普遍存在误解。人们会报告说，在他们眼中，别人大多都不会诚实报税；而在同一调查中，同样一批人报告说，他们自己是诚实报税的。你能看出这里的问题吗？这就像一个克里特人说"所有克里特人都是骗子"，而这是不可能的。

温泽尔的这个发现与其他研究是一致的，这些研究表明，许多人对起作用的社会规范要么浑然不觉，要么理解有误。这让我们回想起在节能研究中，收到"节能很常见"信息的人并不认为该信息会影响他们的行为，但实际上，这条社会规范信息影响了他们的能源使用。还有一个更沉重的例子：研究表明，中学生错误地认为，在学校里看到有人带武器时保持沉默而不报告，是一条同辈规范；尽管大多数学生私下认为他们应该报告校方校内有人携带武器，但37%—52% 的学生也错误地认为其他学生大多不支持检举。[10]

在温泽尔的案例中，他利用人们对社会规范的错误观念来促进人们诚实纳税。他设计了一项巧妙的实验。在与澳大利亚税务局的合作中，他首先随机选择了 1500 名澳大利亚纳税人：这些纳税人在前一年都是自行报税的，且申报的收入没有被审计。然后，他将这些人分为两组：一组需要填写调查表，另一组是不会被联系的对照组。调查首先询问受访者对"个人在报税时应该诚实"的看法，同时也问了受访者认为其他人对诚实报税有何看法。调查结果证实了"人我差异"的存在，即人往往对自己抱有积极看法，而对他人抱消极看法。我诚实纳税，但大多数人没有。他的发现与中学生对检举武器的看法非常相似。

至此，研究还并无新意。但是，在调查的三周后，温泽尔向填写了问卷的那一半人寄了一封反馈信，信中解释了人们的看法在分别涉及自己和他人的报税行为时有何差异。以下是反馈信文本的关键部分："这些结果揭示了一个有趣的悖论。我们收到的所有个人观点的平均值就是大多数人的实际想法，而这与人们所认为的大多数人的想法大相径庭。实际上，大多数人都赞同，诚实、负责在报税时很重要。调查结果表示的是，我们倾向于认为大多数人接受偷税漏税、夸大免税项等做法。然而事实是，大多数人认为我们应该诚实报税，只申报合法的免税项。"[11]

温泽尔试图借这封反馈信纠正人们的一个错误构想，表明大多数人都认为偷税漏税是错误的。他这样做，是想建立"纳税是人们想要的行为"这样一个指令性社会规范，并且希望这个新的社会规范能促进人们诚实纳税。

为检验干预措施是否有效，温泽尔和税务部门比较了每组人实际申报的免税额，发现收到反馈信的那组人申报的非工作相关费用的免税明显减少。实验成功了，它表明我们可以利用对社会规范的误解来改进实际行为——即使是让我们花钱的行为。

要利用社会规范的力量来减少违规，我们就必须强调许多人在遵守规则，必须表明大多数人赞同那些被期望的行为，且此类行为比违规行为更为普遍。法律具体能如何最有效地实现这一点？关于社会规范的心理学研究提供了一些经验。

第一条经验是，要谨慎对待现有的社会规范。当社会规范支持良好行为时，我们必须小心地维护这些规范。以色列的日托班就错在将罚款制度化，这种惩罚侵蚀了现有的社会规范。同样，在为人们已经在做的良好行为引入奖励时，我们也必须小心。这种做法可能会造成"过度理由效应"，即人们本来在没有任何激励的情况下已经很乐意做某事，现在反而变得依赖奖励了。[12]

只有当人们相信信息和信息发布人时，社会规范才会发挥作用。社会规范学者杰西卡·诺兰（Jessica Nolan）和肯尼斯·沃伦（Kenneth

Wallen）总结道："像大多数说服性信息一样，在信息的来源及信息本身被认为可信时，社会规范的传达会最为有效。被认为受既得利益影响或是传达了虚假信息的信源，可能会引起目标受众的疑虑、猜忌甚至抵制。"[13]

受众也很重要。研究表明，社会规范大多在人们自己的社会群体中发挥作用。诺兰和沃伦写道："行为干预利用了这样一种现象：人们更有可能遵守与自己相似的人的期望。"[14]学者们将其联系到社会认同的影响，即定义我们一部分身份的特定社会群体的影响。正如英国心理学家乔安妮·史密斯（Joanne Smith）和澳大利亚心理学家温妮弗雷德·路易斯（Winnifred Louis）所解释的："如果一个人认为自己属于某个群体，并感到作为该群体的成员对自己很重要，他就会使自己的行为符合该群体的规范和标准。"[15]正因为如此，人更有可能遵守他强烈认同的群体或社区的社会规范，而不太愿意遵守其所属社群没有的社会规范。[16]这样的群体可以系于国籍、种族、运动队、街区、大学、特殊爱好甚至某种语言。想想蒙大拿州的反酒驾宣传吧。

最后，向人们传达社会规范时，具体措辞也很重要。研究表明，比起肯定性措辞（把垃圾扔进垃圾箱、把灯关掉），人们对否定性措辞（不要乱扔垃圾、不要开灯）的反应更强烈。研究还表明，将描述性信息（大多数人不乱丢垃圾）和引起指令性社会规范的规范性呼吁（人们认为乱丢垃圾是不好的）相组合，效果好于只呈现其中一种信息。[17]你还记得在能源消耗一例中，在给人们的信息中添加了笑脸时，发生了什么吗？通过精心设计的信息表达，我们可以将重点转移到支持我们想要的行为的社会规范上。

## 坏榜样的力量

每年有 50 多万人到亚利桑那州石化林国家公园参观石化木。[18]
两亿多年前，倒下的树木被一层又一层的火山灰及其他沉积物覆盖。
这些矿物层减缓了腐烂过程，经过了这许多世纪，它们渗进了树木
的枝干，使木材石化成了紫水晶、黄水晶和烟水晶等宝石。

从各方面来看，这个公园都很美，石化木也无可代替。几十年
来，公园管理部门一直试图阻止游客偷窃这些化石。他们尝试过罚款，
也尝试过在公园出口处检查。他们甚至竖起过大型警告牌，绝望地
呼吁："你们的遗产每天都在毁于偷窃，每年损失的石化木有 14 吨，
大部分是一小块一小块被偷走的。"[19] 但这些都没有任何效果。

园方随后又做了新的尝试。他们建了所谓的"良心堆"，其实就
是悔过的小偷们归还的石化木堆成的一个个大堆，一直堆到皮卡车
那么大。园方还在石化木堆的周围张贴了小偷的悔过书。有些人只
是为拿走石化木而道歉，另一些人则谈及了诅咒。某人写道："把这
些招祸的石头拿回彩虹森林去吧，因为它们给我和谢丽儿的爱情生
活带来的纯是灾害。"另有人这样解释他归还所偷石化木的原因："最
后一根稻草是我踩破了我们新房子的天花板。那时我就告诉妻子，
我已经受够了，我要把它们还回去。"[20] 有些人更夸张："相信我，如
果早知道这里的石头全都带着诅咒，我绝不会拿它们。自从我们度
假回来后，我的生活就全毁了。请收回这些石头，让我的生活恢复
正常。让我重新开始。请原谅我曾带走它们。"[21]

至此，公园尝试过了立警告牌、良心堆和展示悔过书，希望这
些措施能在持续执法的基础上改变人的行为。[22] 但是偷盗依然猖獗。

社会心理学家罗伯特·恰尔迪尼提出帮助公园减少盗窃。他制

作了两种标牌，二者在一个关键因素上有所不同：一块标牌上张贴
着三个人偷石化木的照片，另一块标牌则只呈现了一个人偷石化木。
恰尔迪尼竖起标牌，然后等着看有多少石化木被盗。[23]

　　两种标牌的效果差异巨大。如果标牌上显示的是一个小偷，人
们就会只偷一点点石化木；但是当标牌上显示有三个小偷时，人们
偷的石化木几乎多了五倍。仅仅改变标牌上的人数，就极大地改变
了遭窃石化木的数量。

　　亚利桑那州的这件事，揭示了沟通中的细微变化会如何助长不
当行为。画了三个小偷的标牌对公园游客产生的影响，是传达了偷
石化木现象的司空见惯，于是触发了负面的社会规范，导致了更多
的偷盗行为。而仅仅展示一个小偷就没有这种负面效果：人们会觉
得也许只有这么一个坏苹果。

　　有很多做法会无意中触发类似的负面社会规范。亚利桑那州的
公园管理员可以证明这很容易做到。在他们请来这位行为研究专家
之前，管理员竖起的劝游客不要偷窃的标牌告诉大家的是，每年有
超过14吨的石化木被盗。虽然出发点是好的，但该标牌包含了一条
重要的附带信息：这种盗窃行为一直在发生。诚然，良心堆和张贴
在周围的悔过书表明，有些人对偷窃石化木感到懊悔，但这些也表
明，人们仍然在偷窃。管理员告诉了游客，每年有十数吨石化木被
盗，甚至归还的石化木都堆到了皮卡车那么大。良心堆和标牌是清
楚地表明了有些人在偷窃后会感到内疚，但也表明了石化木可以被
偷、经常被偷，而且被偷的量很大。

　　法律要想成功地改变常见的不当行为，就必须避免意外地传达
出某些信息，结果反而强化了该不当行为是正常的、获普遍接受的
观点。研究告诉我们，如果有负面社会规范支持违法行为，我们必

须尽力避免人们去注意它们。但很多时候，执法信息都在帮倒忙。

当大多数人都遵守法律时，我们的法律体系可以利用这些社会良俗，只需要注意不要破坏它们。但法律要真正改善人的行为，往往必须处理一些常见的、至少是被一部分人认为可以接受的行为。有时，这些行为涉及一些根深蒂固的习惯，比如超速驾驶。当大多数司机超速时，许多不超速的司机也会自动开始加速。他们可能是有意识地这样做，因为他们或许认为，如果别人都在超速，那么自己被单独抓出来吃罚单的风险肯定很低。但正如我们所见，社会规范的力量也会在人无意识时发挥作用，因此，仅仅是跟着车流、跟着其他车，跟着跟着，我们自己也就超速了。

使情况更加复杂的是，此类社会规范往往深深植根于文化和社会价值观中，例如关于荣誉和尊重的观念，或关于性与婚姻的宗教信仰。[24] 当法律规范与这种深度的文化及社会规范对立时，改变就会特别困难，立法者和执法者必须对其试图变革的社会规范及社会实践有深刻的文化理解。

每天，有超过 570 万人挤进纽约市的地铁车厢，紧紧抓住金属手扶杆。为保护地铁手扶杆和其他乘客，纽约大都会运输署（MTA）设立了标牌，上面写道："手扶杆服务于你的安全，而不是你的最新编舞。你要抓的是手扶杆，不是他人的眼球。地铁车厢不是秀场。"

这只是 MTA 制作的规范乘客行为的许多新标牌之一。另一种标牌是针对"男人岔腿坐"，这会侵占邻座本就狭小的空间。标牌写道："哥们儿，别岔腿。"MTA 的标牌依靠简短有趣的只言片语以及图示：被鼓励的行为用绿色小人表示，被禁止的行为用红色小人表示。这些标牌的设计通俗易懂。

　　然而，在引入这些标牌后，不受欢迎的行为在这座城市的地铁上依然猖獗。在一年中，有记录的地铁违规行为有近 8 万起。《纽约时报》写道："地铁上的违规者多如老鼠。"[25] 不知何故，这种呼吁人们"做正确的事"的方法在这里没有用。这是为什么呢？

　　最直接的答案是，这些标牌之所以没有影响行为，是因为它们与强大的负面社会规范对立。如果只有少数几个坏苹果违反规则，引入标牌可能有用。但如果大多数人都经常性地违反规则，增设标牌就对改变行为没什么作用。在地铁车厢里，男人岔腿坐和跳钢管舞早已司空见惯，于是产生了强大的负面社会规范，使人们更有可能继续这些做法。如果车厢里坐满了大剌剌岔着腿的男人，这时人们看到反对这一现象的标牌，会怎么样？下一个男人是否会想："嗯，我最好把膝盖并拢？"还是会想："如果其他男人都岔腿坐，为什么我要做唯一一个坐得不舒服的人？"显然，如果有关部门想要改变的行为很是普遍且高度可见（同时对于那些继续岔腿坐的人来说也更舒适），那么，要求乘客改进举止的呼吁就很可能落空。

　　在看到违规行为的地方放置标牌，这很符合直觉。但这些地方的违规行为必须先被杜绝。否则，标牌只是提醒了人们规则正在被破坏，结果反倒可能削弱规则的力量。它或许能提醒我们规则是什么；但目睹规则被广泛破坏，可能会让我们觉得社会规范支持违反这些规则，甚至说当局并不那么关心我们做什么。在法律公然、持续被违反的环境中强调法律的内容，可能会无意中削弱法律及执法的力量，甚至是更广泛的法律制度的正当性。[26]

　　所有这些都表明，要改善人的行为，对社会规范的传达至关重要。要有效地传达社会规范，就需要了解不同的受众、所涉行为、起作用的社会规范以及这些规范的社会意义。一旦了解了这些，我们就可以精心设计信息，强调所期望的行为，引导潜在的违规者避免不当行为，同时不激活会破坏法律功效的负面社会规范。

影响当下法律制度的，主要是个人理性选择模型，而理解社会规范和人对他人的反应，是对这一模型的一个关键背离。它告诉我们，人的行为不仅仅是权衡成本收益的个人事务。要真正地应用行为科学，激活行为暗码，我们需要对法律有一个全新的视角。我们的法律制度目前针对的主要是个人，以及较小的有限范围内的组织，其设置并不是为了处理日常人际交往中存在的更广泛的规范，不管那是人们的街头相互暗示，还是复杂而根深蒂固的文化价值。[27]然而，要真正利用社会规范的潜力来改善人的行为，需要从人类学的角度理解人们如何交往，如何共享或传递习惯、价值观和规范。在制定、传达和执行法律规则时，我们必须仔细考虑这些规则是支持现有规范还是必须颠覆这些规范。如果规则的制定者对人类行为的社会情境缺乏足够的了解，我们的法律就很容易适得其反，不是助长了坏习惯就是破坏了好习惯。

# 第七章

# 善用改变

"大家好！谢谢你们，嗯，能来这里……在接到通知后这么快就来了。"五次网球大满贯冠军玛丽亚·莎拉波娃（Maria Sharapova）在洛杉矶向聚集过来的媒体人发言道。[1]这是 2016 年 3 月 7 日。莎拉波娃的嗓音明显情绪不稳。她说她来这里是为了坦白："我想让你们知道，几天前，我收到了国际网球联合会（ITF）的信，说我在澳大利亚网球公开赛上的药物测试没有通过。"

2016 年 1 月 26 日，她的药检中发现了米屈肼（meldonium）的痕迹。这种药物能够扩张动脉，从而促进血流，增加体内的氧气流量[2]，可用于治疗心脏病和缺血（因氧气流向全身器官受阻而成的病情），也能提高比赛成绩。即便不是科学家，你也能看出这种药物能如何给运动员带来各种潜在优势。美国反兴奋剂局（USADA）解释说，禁止运动员使用这种药物，因为它可能"增加耐力，改善运动后的修复，并增强中枢神经系统的活化"。该局的网站说："米屈肼还可能提供认知方面的优势。"[3]

就在莎拉波娃新闻发布会的几周前，世界反兴奋剂机构已将米屈肼列入其禁用药物清单，因为他们发现 2015 年欧洲奥林匹克协会在阿塞拜疆共和国首都巴库举办的首届欧洲奥林匹克运动会上，有13名奖牌获得者体内含有米屈肼。在奖牌获得者之外，米屈肼的使用也很普遍，在运动会的21个项目中，有15项的参赛者检出阳性。

莎拉波娃的新闻发布会非常特别。她的认错极其坦诚："我确实没有通过测试，对此我承担全部责任。"她没有试图文过饰非："我让我的球迷们失望了，也让这项我深爱的运动失望了，我从4岁起就一直在打网球。我知道事已至此……我必须面对后果。"

莎拉波娃承认了自己的所作所为，于是就有别于那一长串使用兴奋剂的运动员：后者尽一切可能确保自己不被检出药物，就算被检出也会否认一切过错。仅是被检出一次，莎拉波娃就毫不含糊地承认错误，并承担了责任。她只想要第二次机会。

在请求第二次机会时，莎拉波娃只提出了一个论点：她表示她当时不知道米屈肼已被禁用。莎拉波娃解释说，在她使用该药物的10年里，它并不是违禁药，她只是没有意识到规则最近有了变化。当然，不懂法并不能成为不守法的借口。但是，如果莎拉波娃真的不知道规则在1月份刚刚改过呢？

我们到目前为止读过的一切——惩罚、激励、社会规范、道德及责任感——都以不同的方式影响着人们遵守或违反规则的动机。然而莎拉波娃的故事告诉我们，人首先必须有可能去按法律的要求行事。因此，我们必须首先知道人们是否了解法律，是否能真正遵守法律。

## 了解法律

"有谁知道第三修正案是什么吗？"单口喜剧演员奥尼·亚当斯

（Orny Adams）问观众。

　　　有人回答说：“集会自由。”

　　　“不，那是第一修正案，言论自由和集会自由。”亚当斯反驳。

　　　有观众继续回答，但喊出的答案都不正确。

　　　当亚当斯听到有人说出正确答案时，他大声说：“看，总有一个浑蛋知道！是什么？是什么？大声说出来！”

　　　“和平时期，军队不得强行在民房驻扎！”那人回答。

　　　“你是怎么知道的？”亚当斯问道。

　　　“我看过你以前的表演。”这回答引起了一片笑声。[4]

　　尽管美国人对宪法满怀自豪，而且在从枪支到投票权的一切公开辩题中，宪法也被频繁引用，但很少有人知道宪法到底规定了哪些权利和义务。当然，我们不知道那些与自己日常生活没有直接关系的权利的细节，像第三修正案规定的权利，这很正常。但是，人对法律知识的匮乏其实非常普遍，哪怕是许多支配自己日常生活和行为的最基本规则。我们如果不知道自己的权利和义务，又怎么能有效地应对法律？

　　美国大多数州都默认采用“自由雇佣原则”。根据“自由雇佣”原则，只要不违反特定的联邦法定例外（如基于种族、肤色、宗教、性别或原籍国的解雇），雇主对解雇员工享有广泛的自由裁量权。[5]只要解雇不是基于以上原因之一，许多州的雇主都可以用几乎任何理由，或根本无理由地解雇任何人。

　　令人惊讶的是，这些州的大多数雇员不知道自己几乎不受法律的保护。圣路易斯华盛顿大学的法学教授宝琳·金（Pauline Kim）的一项研究发现，雇员对法律怎样保护自己不受解雇有很大的误解。[6] 在密苏里州，82% 的人错误地认为，雇主如果只是打算以更低的工资雇用别人的话，是不能解雇自己的。同样有 79% 的人错误地认为，法律会保护举报其他雇员或主管盗窃公司财产的人不被因此解雇。89% 的人错误地认为，法律会保护自己不会仅仅因为不受雇主的喜欢而被解雇。此外，研究发现，即使公司告知员工公司"保留随时以任何理由，甚至无理由解雇员工的权利"，超过 60% 的人依然相信法律会保护他们。金教授的这一发现是突破性的，它表明，在美国，雇员从根本上误解了劳动法。这些法律并非无关紧要，而是对个人的生计和就业保障至关重要。

人们对法律的无知遍及法律的各个方面。在美国，租客不知道自己的基本权利，也不知道在面对房东时能从法律上得到何种保护，又得不到何种保护；消费者不知道购物时的权利，也不知道在面对商家时法律会给予自己何种保护。[7]

人们对刑法的各种基本方面同样无知。美国公民对犯罪嫌疑人在刑事司法程序中享有哪些法律保护知之甚少。一项研究发现，42% 的美国成年人认为可以强迫嫌疑人当庭回答关于自己被控罪行的问题。[8] 还记得《权利法案》吗？第五修正案直接保护了嫌疑人不必如此。另一项研究发现，60% 的成年人错误地认为，"无罪推定"意味着被告必须自证清白。[9]

如果你因为知道最后一项是什么而自鸣得意，那么请试试回答以下问题。在美国，如果警察认为你的孩子犯了罪并将他扣押，他们是否必须在讯问你的孩子之前联系你？如果孩子要求找自己的父母或监护人呢？如果你听说自己的孩子被扣押后要求探视，执法者是否必须让你进去？这三个问题的答案都是否定的。没有任何联邦法律要求警方在讯问儿童前与其父母联系，无论儿童是否有此要求，且在警方讯问儿童时，宪法并未赋予儿童的父母在场的权利。具体规定可能因司法辖区而异，但没有联邦层面的保护措施。

人们也不知道具体怎样才算犯罪。对于一个人在什么情况下需要承担刑事责任，美国人的看法大体上是错误的。例如，假设某人正计划抢劫一家商店。大多数人认为，随着实际准备和参与犯罪程度的加深，法律责任也逐渐增加。然而，根据许多州采用的《模范刑法典》（MPC），这种责任从第一个"实质性步骤"开始就立即变得非常之高。仅仅是为准备抢劫而踩点，某人就已经有了遭受刑罚的风险。鉴于大多数美国人不知道这一点，这其实就是低估了准备（甚至谈论）犯罪的风险。[10]

即便是说起经历过被捕和整套法律程序并处于缓刑期的少年犯，他们的母亲对法律也了解不多。研究人员对几百个这样的家庭进行了法律知识测试，少年犯的母亲们只有约 66% 的平均正确率。[11]这些母亲对影响她们自己和孩子的许多法律都有误解，包括有关公设辩护人的作用的法律。

而对于像婚姻法这样与个人直接相关的基本法律，人们也很无知。在一篇题为"无知是福"的论文中，帕斯科·普利森斯（Pascoe Pleasence）和奈杰尔·巴尔默（Nigel Balmer）这两位伦敦大学学院的法学教授报告说，人们普遍不了解配偶在正常情况下可以提出哪些法律主张，涉及离婚、配偶继承权、医疗决定权等问题。[12]

不仅普通人在了解法律方面有困难。研究表明，教师和学校管理人员对和学校及教育有关的法律也没有正确的认识[13]；医生对与其职业相关的法律也不甚了解[14]，对医患保密协议的规则也不太清楚，甚至对裁定医疗事故责任的法律规则也不了解——惊不惊讶？一项研究表明，责任水平和法律知识间存在反比关系：在美国这样的国家，医生背负的责任水平较高，而对责任的认识水平却较低。[15]

随着法律的空前发展，我们真的能对存在如此多的法盲感到惊讶吗？不妨走进任一所法学院的图书馆，看看巨大的厅堂里一排排作为法律主要来源的大部头吧：这些都是我们理应知道的适用法律，这样我们才能在日常生活中不违法。法律的问题还不仅仅是数量庞大，它已经成了一套高度复杂的系统，仅仅阅读法律文本并不能确切地明白法律对我们的期望。大多数法律都需要解释，而解释包括在从地方到联邦的各级法院在数十年间制定的连篇累牍的案例法先例中。为了真正懂法，我们必须求助于昂贵的专业律师，他们不仅研究过现有的案例法，而且能够研究和解释法律的演变。我们必须聘请他们来解释法律的要求。

法律知识已经成了一种高度受保护的商品。各州都只允许通过当地律师资格考试的注册律师提供法律咨询。尽管我们所有人都应该懂法，但很少有人能够请律师就可能适用于自己的所有法条提供建议。而与律师利益冲突的伦理规则使普通人很难直接询问政府和执法人员如何解释特定的规则。在加州大学尔湾分校、美国证券交易委员会（SEC）和司法部一起为希望进入或投资美国市场的中国企业举办的活动上，我们能清楚地看到这一点。每当中国与会者提出一个具体问题时，SEC 的律师和司法部的检察官都会立刻以不能提供法律建议为由拒绝回答该问题。拒绝回答，是因为提供这方面的信息可能会使他们与中国投资者建立客户关系，这会与他们的政府工作产生违禁的根本性利益冲突。而这意味着，你如果不懂法，又试图从负责执法的政府部门那里获得信息时，他们不会告诉你法律具体如何适用于你的情况。

　　有些人和组织请得起专家——无论是律师，还是像健康和安全经理、医生、人力资源经理、会计师等其他专业人员——来帮助己方跟踪不断变化的法律。这些专家可以为客户通俗易懂地总结和传达法律规则，或者直接做出行为调整，比如为莎拉波娃这样的运动员换药以确保合规。这些"规则中介"在法律如何塑造人类行为方面发挥着重要作用，因为他们不仅传达法律，还通过选择和翻译他们认为最相关、最可操作的部分来变革法律。[16]然而就是这样的日常法律咨询，价格也已经高到令大多数人望而却步。

　　我们的生活被海量的规则所统治。想想我们签订的所有合同，每种合同在涉及我们的权利和义务时都有不同的细节。我们中鲜有人花时间仔细阅读这些合同的所有细则，尤其现在我们经常在手机上看字体比以前更小的合同。我们并没有阅读全文，也没有完全理解合同，就直接划到底部，点击"同意"（或偶尔点"取消"）。但即使花时间阅读这些合同规则，我们也很难理解它们，遑论记住了。

　　无论在职还是在校，大多数人都从属于一个有自己一套规则的更大组织。这样的组织的规则给本已臃肿的法条更添了一层复杂。想想加州大学发生的事吧。该大学在全州有10所分校（校区），在册学生超过28万。在其洛杉矶分校的一间实验室发生重大火灾后，加州大学系统达成了一项和解协议，强制要求大学系统采取措施防止类似事故发生。协议中的一项条款是，实验室人员必须充分了解危险物品。对此，该大学制定了自己的组织规则，为大约200种危险品分别制定规程，200来份规程的每一份都有约20页长。健康和安全合规经理的任务是确保进入相关实验室的所有教师、实验室助理和学生都同意约4000页的安全规程。当然，没人能记住4000页关于如何处理危险物品的信息，遑论让自身的行为符合多如牛毛的指令了。

这个例子很说明问题。这些海量的纸上规则实在不太可能对人的安全操作产生多少影响——当然制定这些规则可能也不是这个目的：大学制定这些规程，应该说并非真正为了使实验室更加安全，而是另有所图。设计该系统的律师们可能更多考虑的是未来发生事故时的对策。大学可以两手一摊说，它已经对研究人员和学生进行了如何预防此类风险的教育——都已经制定了 4000 页的安全规程！大学已经尽了自己的责任。因此，如果发生事故，操作危险品的个人很可能要承担责任。加州大学建立的绝不是一个防范危险行为的"事前"系统，而是一个可以在事故发生后处理责任的"事后"系统。

要想提高社会的守法程度，我们必须意识到，许多人是根本不懂法的。而令人震惊的是，人们很少意识到这一基本又艰巨的困难。几乎没有任何可靠的实证研究探讨人的法律知识与守法之间的关系。正如普林斯顿大学心理学教授约翰·达利（John Darley）及其同事所说的："如果研究一下知识从立法机构的大厅传递到公民脑袋里的方式，我们会陷入难堪的沉默。"[17]

人的法律知识与守法能力之间的关系，并不直接。法律上的无知并不是简单的缺乏法律信息。研究表明，情况更为复杂。学者们发现，对于法律应该怎样，我们有个人的偏好和直觉。而我们对法律的应然判断，会影响法律在我们眼中的实然。我们如果感觉或认为某件事正确，就会倾向于认为它合法；而如果认为某件事"应该"定罪，也往往会假定它们确属非法。因此，对法律的"知识"是在随我们的态度而变化的。[18]

这意味着，和威慑一样，法律知识也是主观的。如果我们没有被直接教授法律的内容，那么法律就是我们想象中的样子。更糟的是，即使我们学习了法律的实际内容，我们所"认为"的法律内容依然会构成阻碍。人会抗拒接纳与民俗不一致的法律信息。[19] 当然，所有这些都使得普法变得更加困难。如果人们就是习惯于凭直觉猜测法律是什么，仅仅提供更多的法律信息就可能并不奏效。

法律要想在未来有效地改变人的行为，必须先改变自身。我们的立法者以及许多合同和组织规则的制定者，必须从根本上改变他们的方法。他们不该继续通过制定更多的复杂规则来应对每个新的风险和不确定性，而是必须认识到这种方法的局限性。如果大多数人对大多数法律和规则既无知也无力理解，法律又怎能塑造我们的行为？我们必须换个思路；我们必须考虑哪些法律和规则是真正需要的，会被真正地了解、分享和讨论。这种方法将使用简单清晰的语言，尽可能避免复杂；它也不会仅仅注重制定规则，而同样也会甚至会更加注重传播这些规则，以及教育公众了解这些规则。正如切萨雷·贝卡里亚所写的："想预防犯罪吗？那就让法律制定得简单明了吧。"[20]

## 对付犯罪

"越轨能产生一种深深的满足感。它仿佛在我被抑郁和焦虑的低潮磨损扭曲的神经上挠痒。这种快乐不是装模作样，而是一种身体的战栗，一种难以名状的百爪挠心。"[21] 让我们来见见帕特里克·马尔伯勒（Patrick Marlborough）——至少这是他在 VICE 杂志上用来讲述自己故事的笔名。在一篇文笔优雅的自白和精神分析中，他描述了自己对小偷小摸的瘾，他的偷窃癖（kleptomania）。

帕特里克讲了他是怎么在公共场所，尤其是机场、商场、酒吧、餐馆、赌场和博物馆偷窃小物件的。在梵蒂冈博物馆，他在观看一幅古老的耶稣受难题材的绘画时，将一个价值 34 美元的纪念品偷偷放进口袋，那口袋里也放着他当天偷的其他物品。他澄清说，他这样做不是为了物品的价值。他这样描述他的赃物："对我来说，它们毫无意义。它们是我从世界各地的机场、百货商店、图书馆和礼品店顺手牵回的战利品。明知是一堆毫无用处的破烂儿，但我就是控制不住自己往口袋里装。"[22]

帕特里克被诊断为偷窃癖。他从很小就开始偷窃。他曾经为此感到内疚，但羞愧和内疚在青春期逐渐消失了。对他来说，偷窃不是为了刺激或出于心血来潮，而是强迫性的。事实上，对其他人来说，偷窃癖也有很强的强迫面向。心理健康咨询师彼得·克莱因（Peter Klein）这样解释："[偷窃癖]患者会很难抵抗冲动，并在偷窃后感到强烈的积极情绪，有时会继之以内疚。"[23]正如《精神疾病诊断与统计手册（第五版）》中所概述的，偷窃癖的诊断必须具备几个标准："反复的无法抵制偷窃物品的冲动，所偷物品并非为了个人使用或金钱价值；偷窃前紧张感增加；偷窃时感到愉快、满足或解脱；偷窃……不是为了宣泄愤怒或复仇，也不是对妄想或幻觉的反应；偷窃不能用品行障碍、躁狂发作或反社会型人格障碍来更好地解释。"[24]

偷窃癖患者难以控制偷窃的冲动，因此难以遵守禁止偷窃的基本刑事规则——即便他们的偷窃行为会招致惩罚，即便他们知道偷窃不为社会所接受，即便他们自己也认为偷窃是错的，即便偷窃有违其通常的守法责任感，这一障碍就是让他们几乎不可能不去偷。

当然，偷窃癖很罕见，大多数人都可以控制自己的偷窃冲动。但偷窃癖表明，人控制冲动的能力在违规行为中起着重要的作用。事实上，犯罪学中有一个前沿理论，就在探讨人控制冲动的能力与其实施犯罪之间的关系。这一理论经由任教于加州大学尔湾分校的迈克尔·戈特弗里德森（Michael Gottfredson）和任教于亚利桑那大学的特拉维斯·赫希（Travis Hirschi）这两位犯罪学家的推广而闻名，发表于1990年的《犯罪的一般理论》（A General Theory of Crime）一书中。[25]

戈特弗里德森和赫希采取了与前人不同的方法来理解犯罪行为。他们不再问人为什么犯罪，而是把问题反过来问，人为什么能克制住自己不去犯罪。[26] 对他们来说，犯罪不应视为与其他形式的行为截然不同的行为："与非犯罪行为一样，犯罪也是在满足普遍的人类欲望。就因果关系而言，它与所有其他形式的行为没有区别。"在他们看来，犯罪很正常，无须大惊小怪。他们写道："绝大多数犯罪行为都是微不足道、平平无奇的事件，造成的损失和收益都不大。"他们讲的是犯罪的平庸性，认为："[犯罪行为] 总体而言，往往不需要什么预见、计划或努力，在意念和行动之间几乎没有时间间隔。因此，精心策划和执行的犯罪极为罕见。"[27]

戈特弗里德森和赫希认为，犯罪为罪犯提供的是即时满足，与过度饮酒、赌博和滥交等不良行为是相似的——人们从事它们，都是为了获得快乐。因此，两位学者问道，如果犯罪如此令人满足，是什么让我们克制住不去犯罪？[28]

在他们看来，答案是自控力。自控力能使我们不吸烟、不暴饮暴食、不作弊，也能使我们不用犯罪去满足及时行乐的冲动。而自控力低的人，根本无法抵制即时满足的冲动。[29] 是自控力，挡在了潜在犯罪者和犯罪决定之间。[30]

《犯罪的一般理论》的出版，开创了犯罪学的一个新领域，并激发了一批实证研究，试图去理解犯罪是否真的与自控力弱有关。在几十年的自控力研究后，肯塔基大学教授亚历山大·瓦朔尼（Alexander Vazsonyi）及其同事做了一份全面的元分析（meta-analysis）——元分析就是学者们回顾同一主题的多项研究，再使用复杂的统计方法算出一个总体的效果大小。[31] 在这份元分析中，瓦朔尼及其同事挑选了99 项高质量研究，来考察自控力弱和行为越轨之间的关联是否会因行为类型的不同而不同。他们发现，一般性的越轨行为，与自控力的最强相关可达 0.56，这是在社会科学中罕见的相关强度。而自控力弱与犯罪、盗窃和身体暴力也有很强的相关性（依次为 0.39、0.34和 0.46）。确实，其他文献综述也纷纷得出结论，自控力是犯罪的最强相关因素之一。[32]

自控力有助于我们理解人为什么会违法。自控力低的人就是更难管控自己的行为。但这具体意味着什么？我们如何将这些见解用于解决违规和有害行为？

这里的第一个大问题是，自控力究竟是什么。对戈特弗里德森和赫希的理论的一个主要批评是，他们从未明确定义过这个概念。[33] 另有人指出，他们就算定义了这一概念，也会是同义反复的：自控力弱和行为越轨可能就是一回事。[34]

在他们 1990 年的那部著作中，戈特弗里德森和赫希是借助对弱自控力的观察来描述强自控力的。他们这样解释："缺乏自控力的人将倾向于冲动、不敏感、用武力（而非智力）、冒险、目光短浅和不善言辞。"[35] 作者并不认为这些性格特质是与生俱来、不会改变的。相反，自控力弱是儿童时期（至 10 岁）形成的，形成过程受父母教养方式的影响。他们说道，父母对不良行为的监督、识别和纠正，是加强孩子自控力的核心方法。最近，赫希补充说，父母的关怀和温暖对培养孩子的自控力也至关重要。[36]

在戈特弗里德森和赫希看来，我们必须在儿童成长到青春期之前解决自控力的问题。因此，要减少人的错误行为，所有的父母，也许还包括教师和其他成人权威人士，都应该接受关于如何促进幼儿自控力发展的培训。一系列的研究表明，有一些项目可以有效地做到这一点，不仅针对儿童，也针对青少年。最近的两份元分析（一份涵盖了 34 项研究，另一份涵盖了 41 项）发现，旨在提高自控力的项目不仅能有效提高人的自控力，还能减少违法行为。[37]

我们来看一下 SNAP（停下、转变、计划）项目。在 1985 年，加拿大将刑事责任的年龄限制从 7 岁提高到 12 岁，这意味着司法系统不再要求 12 岁以下的儿童承担刑事责任。SNAP 项目就在那时兴起，旨在帮助处理 6—11 岁儿童的越轨行为，为容易失去自控力或有暴力倾向的儿童提供应对机制。SNAP 项目的目标对象，既有孩子的家庭，也有他们的教师。[38]

SNAP 项目用注重全局的方法，不仅治疗儿童自控力不足的问题，也帮助儿童提高情绪管理和解决问题的技能。SNAP 项目的工作方法是让儿童学会看到促使自己做出错误选择的"身体暗示"和"执念"（如不现实的期望）。一旦认识到这些暗示和念头，他们就被教导要停下来，休息片刻，深呼吸。然后，他们学习进入"转变"阶段——用现实的、能帮自己应对困境的想法来取代执念。最后，他们会学习计划下一步行动，以避免伤害，并使自己获得良好的感觉。[39]

几个对 SNAP 项目的研究发现，它可以很有效。匹兹堡的研究人员对 252 名男孩进行的一项研究发现，在减少攻击性、违规和其他行为问题等方面，SNAP 项目明显比标准干预措施更有效。此外，研究还发现，该项目对自控问题最严重的儿童效果最好。而最重要的或许是，SNAP 项目的干预效果在一年后依然稳定。[40] 另一项在多伦多对 318 名儿童进行的研究也发现，SNAP 项目提高了儿童的自控力，减少了儿童的攻击性和违规行为。[41]

人在青春期早期及性发育过程中，调控冲动的能力很弱。所幸，随着人向成年初期过渡，安放人类的深思熟虑及复杂思维能力的前额叶皮层会成熟并完全活跃起来，这时，人会更有自控力。[42] 然而，有些人即使进入成年后，自控力依然较差，他们更有可能做出越轨行为、损害行为。什么能帮这些人防止不当行为呢？

一只可爱的黄色拉布拉多寻回犬萨利，穿着有总统徽章的胸背带坐在那儿，环视着表情凝重的人们聚集在美国国会大厦圆形大厅里，向美国第 41 任总统乔治·H. W. 布什致以最后的敬意。萨利是老布什的服务犬，在这位年迈的前总统生命的最后 6 个月里为他提供了帮助。

几天前，当老布什还停灵在休斯敦时，这只狗就趴在灵柩前，似乎准备继续为主人服务。老布什得到萨利的时候，曾在推特上发布了一张照片，照片呈现的是一幅温馨的居家环境，他自己坐在轮椅上，萨利就在他身前，还有比尔·克林顿微笑着陪坐在一旁。"非常高兴地欢迎我们家庭的最新成员'萨利'，一只来自'美国退伍军人狗'（AmericasVetDogs）的漂亮且训练有素的拉布拉多。"而现在疯传着的是另一幅照片：这只狗以悲伤而忠诚的神情，守卫着蒙着国旗的灵柩。老布什的一位发言人这样评论这幅照片："不辱使命。"[43]

萨利不是普通的服务犬（哪怕存在"普通"服务犬的话）。训练它的项目，目标是让犬只能够帮助退伍军人完成各种任务，包括取物品、求援等。该项目的特别之处在于，狗的训练由监狱服刑人员执行，萨利是在马里兰州黑格斯敦的一所监狱接受的训练。[44] 囚犯们会在收到 6 周大的小狗后开始训练它们，直到小狗的 1 岁生日。

训练幼犬给这些囚犯带来了极大的自豪感和快乐。小狗对他们的依赖转移了囚犯们的注意力，使他们能暂时忘记现实中严酷的监狱生活。《华盛顿邮报》采访了 44 岁的赫伯特·威尔逊-贝（Herbert Wilson-Bey）。他解释说，他从 17 岁起就因抢劫和杀人入狱。他从来没有工作过，也没有照顾过他人。他确实有一个儿子，但他入狱时，儿子才刚出生。训练这些小狗"属于他承担的首批责任"。

养育幼犬是一项重大责任。在工作日，这些小狗会 24 小时与囚犯们在一起，只有周末才会离开监狱与它们的家人团聚。现在，威尔逊-贝正在训练他的第三只服务犬，他明白了，养育小狗不仅仅是教它们服从命令，还要给它们关怀和爱："把小狗放在你胸前，让它感受你的心跳。让它舔你的脸，即使你可能不喜欢那样。"

可以想象，养育幼犬会对囚犯产生多么积极的影响。养育幼犬有助于改造囚犯，这个想法已有几十年的历史。第一个已知的项目可追溯到 1981 年华盛顿州妇女惩教中心（WCCW）。这类项目可能有多种好处，包括提高囚犯的自尊、共情、情感智力及应对技能。[45] 如今的美国监狱中有成百上千的训狗项目，全球也有许多类似项目。

训练幼犬项目还有另一个重要的潜在好处：可以增强人的自控力。这些项目只接收那些遵守规则并在一段时间内表现良好的囚犯。即使在得到幼犬之后，他们也必须不惹麻烦，否则就可能失去小狗。这个效果已经很明显。一名囚犯对研究人员这样说："我不惹麻烦的一个原因是可以养狗。"[46] 一项研究发现，训狗使囚犯更愿意并更有能力为自己的行为负责，也变得更有耐心。另一名囚犯告诉研究人员："我对 [ 我的狗 ] 很生气……但我能做的只有坐下来数到 10，因为我只想爱它。"[47] 一项研究回顾了现有的证据后得出结论：训练过幼犬的囚犯对"徒刑规定"更有耐心，也更愿意遵守监狱的规则。[48] 这个例子展示着希望，它证明治疗和训练项目能使人更有效地控制自己的冲动。这些证据表明，自控是可塑的、可改变的。

上述处理犯罪行为的方法，不同于典型的惩罚性刑事司法制度。传统方法是试图通过威慑来改变人的行为，用惩罚的负面经验吓唬人远离犯罪。但另一种方法被证明更有效。我们的刑事司法系统是能够提供治疗和支持，来帮助人学会更好地应对导致自己犯罪的问题，学会锻炼自己、提高自身能力的；刑事司法系统可以为囚犯提供练就真正技能的机会，使其出狱后能够找到工作。这才是改造的初衷。

我们很容易怀疑改造干预的效果，尤其当改造发生在不安全的监狱系统中：由于监狱的犯因效应和残暴化效应，囚犯很可能变得更极端。因此，要尝试犯罪干预疗法，在监狱中并不理想。要从根源解决问题，最好不要有监狱的强制性和负面环境；让一个人与支持他的家人、朋友在一起，有工作做或身处社区之中，要好得多。[49]

干预项目中的一个主要类型侧重于"认知技能"。这类项目为罪犯提供治疗，教他们方法来应对将自己引向犯罪的情绪和想法。最有名的例子是"说理与改造"项目。该项目的理念是，认知在犯罪行为中起着重要作用。认知技能包括自控力、批判性说理、人际关系问题解决能力和共情，人缺乏这些认知技能时才会犯罪。[50]"说理与改造"法旨在教会参与者"如何思考，而不是思考什么"。[51]该疗法由36次小组会组成，每次会两小时，6—12人参加。在会上，参与者要面对自己的"自我中心思维"，学着理解他人的视角，并用更批判、更说理的思路面对自己和自己的行为。[52]这种形式的认知疗法在减少犯罪方面有显著效果。最近一项元分析发现，在加拿大、美国、英国等不同国家中，这种方法使犯罪率下降了14%。[53]

当然，并不只有自控力和其他认知能力的缺乏才是导致犯罪的因素。药物的滥用和依赖也是犯罪的一大推手。那么，治疗项目在这些情况下是否依然有效？诚然，天下没有万灵药，人依赖药物的原因有很多；但 2013 年的一份文献综述发现，有一些成功的治疗项目会关注多种训练要素，如对社会技能、应对技能和问题解决及压力管理的训练以及社区强化[54]，这些项目就可以非常有效。一项研究发现，完成治疗的人在出狱 6 个月后的再次逮捕率为 3.1%，而没有接受治疗的对照组罪犯，再次逮捕率为 15%。[55] 另一项研究调查了罪犯出狱一年后的再定罪率，接受治疗的人中有 16% 再次被捕，而在未接受治疗的人中，这一比率是 23%。[56] 总的来说，这些项目比监禁期间的"常规疗法"效果高出 5 倍之多。

2007 年，范德比尔特大学的犯罪学家马克·李普希（Mark Lipsey）和辛辛那提大学的弗朗西斯·卡伦对现有的罪犯改造研究进行了迄今为止最全面的回顾。他们系统地审查了针对各种犯罪和罪犯（包括青少年和成人）的各种疗法的现有高质量文献综述，所查综述涵盖的研究从 13 项到 515 项不等。

在元分析回顾到的 59 种不同疗法中，只有一种被发现适得其反、导致了更多的再次犯罪，还有两种无效，而其他 56 种疗法都被证明是有效的：针对成人的教育、职业和工作培训项目被证明将犯罪率降低了 6%—20%；减少青少年及成人攻击性的训练项目，将累犯率降低了 18%；针对青少年及成人性犯罪者的项目，将犯罪率降低了 12%—46%；而据称最成功的项目——针对高危青少年和成人的行为及社会学习治疗——将累犯率降低了 60%。由此，李普希和卡伦得出了一个强有力的结论：罪犯改造治疗项目对减少累犯一直有显著的效果。[57]

早在 20 世纪 70 年代，人们就对罪犯改造的效果表示怀疑。当时一份重要文献综述的作者、纽约城市学院社会学教授罗伯特·马丁森（Robert Martinson）就困惑道："难道什么都不管用吗？"[58] 40 多年后，应该说我们有了许多确实有效的疗法，这一趋势确定无疑。罪犯改造不仅可能，而且相关项目实际上非常有效。当然，治疗并不能完全阻止累犯，也不能对所有罪犯起作用，或解决罪犯面临的结构性、系统性障碍。治疗并没有提供完美的解决方案。但显而易见，它提供了一种重要而有效的应对措施，与惩罚的威慑作用相比，这种措施的效果更为确凿和积极。

## 社会经济条件的压力

法学教授米雪·亚历山大（Michelle Alexander）在她的开创性著作《新型种族歧视》（The New Jim Crow）中，批判性地审查了刑事司法系统的种族歧视性运作，以及这种歧视如何被带到监狱之外。这造成了一种新型的种族隔离：大部分黑人青年无法摆脱法律的纠缠，在教育、住房、就业等方面失去了更多的机会。亚历山大向我们展示了，刑事司法系统的惩罚性质，会如何继续影响服刑后获释人员的生活。[59]

在讨论就业隔离时，亚历山大指出，在美国的几乎所有州，不论工作性质如何，雇主都完全可以在招聘中以犯罪记录为由进行歧视。在许多州，雇主可以因为一个人仅仅被捕过就拒绝给他工作。[60] 这严重限制了有犯罪记录者的工作机会。[61] 每次申请工作时，曾在监狱服刑的人必须勾选相应的框框，这就是所谓的"框出去"。但有犯罪记录的人也很容易"框进来"：因为大多数州以保有带薪工作为假释条件，得不到工作就意味着直接回监狱。[62]

受雇的阻碍不仅来自雇主不愿意雇用有犯罪记录的人。人们常常通过朋友和家人找工作，然而一度可能帮助释放人员找工作的社会关系，在他们服刑后往往会变弱。此外，与没有服过刑的同龄人相比，释放人员也必然缺乏工作经验及相关技能，并且有更多交通方面的困难。[63] 哈佛大学经济学教授理查德·弗里曼（Richard Freeman）这样总结道："曾经入狱是就业最重要的阻碍，没有之一。"[64]

有犯罪记录的人不仅仅在就业上困难重重。过去，房东也都可以不把房屋租给有犯罪记录的人。2016年，奥巴马政府期间的住房和城市发展部（HUD）制定了禁止房东和售房者歧视有犯罪记录者的政策。正如法定民事权利律师委员会（Lawyer's Committee for Civil Rights Under Law）主席兼执行主任克里斯汀·克拉克（Kristen Clarke）在当时所解释的："有犯罪记录的人如果连住房机会都得不到，他就已经被送上了失败之路：他连成功重新融入社区的第一步都无法迈出。"[65]

大学也会常规性地要求申请学生表明自己是否有犯罪记录。一直以来，700多所美国大学的通用申请表都有这样一个标准问题：申请者是否有任何轻重罪记录。根据一项研究，35%的大学会拒绝有犯罪记录的申请人。[66] 2016年，为改变这种歧视形式，61所大学签署了《高等教育机会公平承诺书》（Fair Chance Higher Education Pledge）。在这项由奥巴马政府发起并将于2019年生效的承诺书中，这些大学承诺对有犯罪记录的申请者采取公平的录取程序。

为有犯罪记录者消除就业、住房及教育歧视的各种举措，都基于一个重要的想法，它不仅影响到被捕率和监禁率特别高的少数族裔，也影响那些需要通过获得就业、住房和教育机会重回生活正轨、避免再次犯罪的罪犯：人需要有正常的社会和经济条件来支持自己过守法的生活。例如，贫困和犯罪之间存在明显的联系。2005年的一份综述回顾了214项关于贫困与犯罪关系的研究，发现贫困导致更高犯罪率有压倒性的证据，且贫困是犯罪最强的宏观层面预测因素

之一。[67] 2014 年的一项研究将焦点转移到了国际上贫困和凶杀间的
关系：对 63 个国家的数据分析一致表明，即使在控制了不平等、整
体发展水平、经济增长、人口密度和人口规模的情况下，贫困率依
然始终与凶杀、抢劫和入室盗窃相关。[68] 这意味着，要打击犯罪，必
须设法解决并缓解贫困这个根本原因。

也有明确的证据表明，教育与犯罪密切相关。经济学家兰斯·莫
西纳（Lance Mochner）和恩里科·莫莱蒂（Enrico Moretti）的一项研究探讨
了男性的高中毕业率对其被捕和入狱概率的影响。[69] 两位学者这样概
括他们的主要发现："平均受教育年限每增加一年，谋杀和袭击案件
就会减少近 30%，纵火案减少 13%，各种盗窃案减少约 6%，其中机
动车盗窃案减少 20%。"同样，莫西纳和莫莱蒂报告说："高中毕业
率提高 10 个百分点，将使谋杀和袭击案件的逮捕率减少约 20%，机
动车盗窃案减少约 13%，纵火案减少 8%。"[70]

当然，不是所有的学校经历都有同样的效果。另有一项研究探
讨了初中和高中的教育质量对犯罪的影响。研究人员比较了经由随
机抽签进入质量较高的公立学校的学生和没有抽上的学生，评估从
学校最初录取 7 年后各自的逮捕率和监禁率。研究人员发现，高危
（更易犯罪的）青年如果进入较高质量的学校，其被逮捕和被监禁的
概率会降低 50%。[71] 不幸的是，美国每年有超过 13 万青少年被拘留，
这严重影响了这些孩子重返学校的机会。[72] 研究表明，一旦在青少年
拘留所待过，孩子们进入或保持同龄人所在年级的可能性就会严重
降低。[73]

最后，也有人研究了获得住房与犯罪的关系。一项研究以多伦
多 390 名无家可归的青少年为样本，发现流浪生活显然催动了他们
参与犯罪。[74] 另一项研究探讨了向贫困社区居民增发公共住房券以帮

助他们搬到更富裕社区的举措对犯罪的影响。你可以想象，较富裕的郊区家庭对较贫穷的人进入他们的社区有何想法。然而结果并不似富人们的预期。用更好的住房条件来接纳穷人，对郊区社区的犯罪率完全没有影响。[75] 而且，对犯罪率高的社区增加投资，也有助于减少犯罪。除去提供了更多可负担的住房外，它还能振兴社区，减少涂鸦，减少地块及房屋的废弃。[76]

这些研究表明，除了法律知识和自控力，社会经济条件对违法和有害行为也起着重要作用。而自控力低下也与社会经济条件差有关。在极度贫困中长大，会影响人的自控力水平。[77] 童年的贫困会深深伤害个人的发展及其过守法生活的能力。

一个人仅仅是很穷、早早辍学或是没有稳定的住房，并不意味着他会从事犯罪活动。所有人都会遭遇困境。困境可以有很多来源。人们可能在找工作、维持生计、获得住房或完成学业方面遇到麻烦，可能面临家庭中的冲突和虐待，可能与老板或同事合不来，或者与邻居或社区中的其他居民有矛盾。压力是生活的一部分，而这种压力通常有外部原因。但有些人会通过破坏规则来应对这种压力。犯罪学家基于这种"压力"（strain），发展出了"一般压力理论"（general strain theory），用来解释包括社会经济压力源在内的环境因素会如何迫使人做出越轨行为。其核心思想是，不同形式的客观或主观压力可以致人犯罪或越轨。

埃默里大学的社会学家罗伯特·阿格纽（Robert Agnew）被认为是一般压力理论的提出者。在他的《被迫犯罪》（Pressured into Crime）一书中，阿格纽解释了哪些类型的压力会将人推向犯罪。[78] 第一类压力主要影响青少年：父母的拒斥，过度、严厉或不稳定的监督和管教，对儿童的虐待和忽视，学校的负面经历，以及同辈的霸凌。第二组压力主要作用于成人：婚姻问题，失业，或是不愉快、报酬低、不受尊重又不稳定的工作。第三组压力作用于所有年龄组：对刺激的渴望，未能实现目标或未能获得目标地位、金钱，受犯罪伤害或生活在贫困社区的经历，无家可归，受歧视。人们有时会通过从事越轨、犯罪的行为来应对这些类压力引发的负面情绪和愤怒。[79]

阿格纽还分析了一些人用犯罪来应对压力的原因。他解释说，压力更可能导致这样的人犯罪：他们欠缺社交技能和解决问题的技能，自控力有限，经济和教育水平低于平均，对自己取得成功的能力信心不足。阿格纽还指出了社会情境，表明当人缺乏助其成功的社会支持时，压力更可能导致犯罪。他还表明社会纽带也很关键，比如与父母的情感联结有限，或者生活在无邻里照应的"无组织"社区的人，更可能因压力而犯罪。阿格纽还认为，当同龄人从事犯罪或纵容这种行为时，当犯罪有机可乘时，压力更可能致人犯罪。

一般压力理论复杂而全面，汇集了我们本就视为重要的行为暗码的许多方面。这里，从程序正义影响犯罪的发现中，我们看到了公平待遇很重要；从社会规范、文化规范和社会学习等情况中，我们看到了社会情境很重要；我们也看到了犯罪行为是否有可乘之机很重要，还看到了自控力和社会经济机会很重要。

一般压力理论的复杂性令它难以接受实证检验。有许多不同形式的压力在起作用，它们可能引发许多负面情绪；许多个人技能、能力以及社会和社区特征，也可能影响人处理压力的方式。不过，20 世纪 90 年代起，还是涌现了大量的研究，检验一般压力理论的基本原则对越轨和犯罪行为的解释力有多强。一份对这些研究的最新文献综述证实了几项核心原则：虽然并非整个理论中的所有元素都完全得到了证实，但压力及负面情绪的生成，确实和参与犯罪之间存在着明确的联系。[80]

　　根据我们从一般压力理论中的所学，要减少不当行为，我们可以尝试改变引起紧张和压力的情境，也可以为人们提供条件去学习如何更好地应对那些可能促使其走向犯罪的压力，或者双管齐下。

　　阿格纽在他关于压力理论的著作中提出了若干政策建议。例如，他建议资助父母培训项目，使父母能与孩子建立更好的情感联结，不让孩子的成长环境是父母的拒斥或过度、不稳定的管教，更不能是虐待、忽视。这类项目教父母如何管教孩子，如何处理亲子之间或孩子彼此之间的冲突。这也会有效地提高孩子们的自控力。另一种方法是资助反校园霸凌项目，这样孩子们就不会在同辈霸凌的压力下成长，不致因此在自尊和自我效能感上受到负面影响。还有一个选项是更广泛地关注学校，就如何与学生互动重新培训教师，改变校规，给高危青少年开设课外活动，或提供更多的学习和咨询项目。这些项目有助于为高危青年缓解一些压力——这些压力来自他们与教师间的负面关系，以及在学校各方面都较为边缘化的处境。阿格纽还关注如何给予人们支持，使他们能更好地避免或应对压力。他的办法包括针对社会技能和解决问题能力的培训，愤怒管理项目，教孩子们如何设定切实可行的目标的培训，以及像"大哥哥大姐姐"或"男孩女孩俱乐部"这种加强社会支持的辅导项目。\*

　　阿格纽还在政府支持的项目中研究更广泛的政治干预。如我们所见，犯罪往往起自困难的社会经济条件及由此产生的压力。因此，通过提供奖学金、失业救济金、医疗保健服务和住房来解决犯罪问

---

\*　"大哥哥大姐姐组织"（Big Brothers Big Sisters，BBBS）和"男孩女孩俱乐部"（Boys & Girls Club）皆是美国的全国性公益组织，致力于儿童成长辅导。——编注

题就顺理成章。而扩大健康保险范围、降低学费甚至推行全民基本收入制度，可能不但回应了这些项目的首要目标，而且也会实现减少犯罪的附带作用，乃是双赢局面。

所有这些，把我们带到了本章的核心。法律对行为的影响，很大程度上取决于人们依法律所要求的方式行事的能力。而且，无论我们是否喜欢，各人的情况及其所处的更大的社会经济情境，都会削弱他的守法能力。

玛丽亚·莎拉波娃违反了兴奋剂规定，因为她不知道有这些规定。帕特里克·马尔伯勒一直在偷窃，因为他控制不了冲动。学校里的孩子开始胡作非为，违反校规，因为他在种族主义的压力下，觉得必须维护自己的尊严。而企业主开出了空头支票，因为他觉得必须挽救企业、供养家庭。

在每一个案例中，人们都是因所处环境而违反了规则。他们要么缺乏某种能力，比如法律知识或自控力，要么是疲于应付更大情境中的压力。每种说法都可以被看作是为不良行为找借口。但我们不是在为它们开脱，而是在解释为什么它们发生了，而且还会继续发生。每一个表述都显示了行为暗码是如何发挥作用的。它们表明，违法行为不只是人们权衡成本收益后或面对惩罚的威胁而做出的自主决定；不良行为的存在，也是因为人们缺乏能力或机会来更好地应对并遵守法律。

在利用行为暗码来改善人们对法律的反应方面，本章介绍的思路非常不同。我们有警察及其他人员试图把人管教得举止得当，有经济学家试图找到正确的激励措施，有人作为榜样在社会上树立模范行为的标杆，还有人试图从道德上说服人守法是正确的。但其他角色——教育者、辅导者和投资者——也不可或缺。[81] 教育者可以教人们什么是法律，如何遵守，面前又有哪些道路可选；辅导者可以帮助人加强自控力，鼓励他们以更积极的方式，而非破坏性或非法的方式，来应对生活的挑战；投资者可以关注社会经济机会，确保更多的人可以降低自己的整体压力和紧张，实现抱负。

　　这一切都是说着容易做来难。把破坏规则的人只看作会对痛苦和惩罚做出反应的坏人，可能会让我们感觉好很多。而充分利用行为暗码的这一部分，需要一种特定的积极心态，即相信大多数人和不良行为仍然是可塑的。这需要我们在人性中看到希望。

第八章

# 恐怖分子的减速带

"爆炸者当被炸，杀人者当被杀。"[1] 两名恐怖分子的录像威胁很清楚。这帮人属于东伦敦沃尔瑟姆斯托（Walthamstow）街区一个更大的男青年群体，他们已经成为激进恐怖分子。

这个恐怖组织正在策划另一起"9·11"事件；但奥萨马·本·拉登的阴谋只涉及 4 架民用客机，而报告显示，这些人的目标是创造在一次袭击中搞定 10 架飞机的纪录。根据伦敦大都会警察厅副厅长的说法，他们的阴谋是"规模大到难以想象的大屠杀"。[2]

这些男青年在研究炸飞机的新方法。他们想的是带着炸弹部件混过安检，上飞机后组装。这里的关键是使用一种新型液体炸药，它由双氧水和其他化学品混合而成。该组织的内部电子邮件显示他们已经囤积了大量化学品，并以"卡尔文·克莱恩须后水"为代号。[3]

难点在于，如何将化学品偷运上飞机。该组织想到了一个简单的解决方案：将化学品放在软饮料瓶中，将炸弹伪装成可乐——就该组织的具体情况而言，是将炸弹伪装成"葡萄适"运动饮料。

恐怖组织的装置很小，很容易夹带进民用客机狭窄的空间内并完成组装。一旦组装好，炸弹的当量就足可以在机身上炸出一个洞，使飞机坠毁。

　　这两名青年在录制威胁视频时，并不知道警察也在监视他们，监听着他们的每一句话。英国情报部门之所以对该组织的领导人阿卜杜拉·艾哈迈德·阿里（Abdulla Ahmed Ali）产生兴趣，是因为他与其他在英国鼓吹暴力的激进分子有联系。他们跟踪他有一段时间了，当他完成巴基斯坦之旅回到伦敦时，情报人员秘密搜查了他的行李。他们惊讶地发现了一瓶果珍（一种超甜的亮橙色混合饮料粉）和大量电池。在好奇心驱使下，情报人员决定继续跟踪，于是就有了英国历史上最大的监视行动之一。

　　监视工作进行了两个月，在两名青年录制录像后不到一天，苏格兰场（伦敦警察厅）就决定出手制止恐怖行动。警察逮捕了21人，并在搜查中发现了炸弹制造材料、圣战宣传品、国际汇款收据和6名恐怖分子"决死"视频。[4]

　　很快，英国的各航空公司高管就接到了电话。苏格兰场知会他们，在有进一步通知前，民用客机须禁止一切随身行李登机；即刻起，乘客只可随身携带钱包——连钢笔也不可以带，因为当局担心墨水可能含有液体爆炸物。母亲为婴儿准备的牛奶是为数不多的例外，但她们必须自己先喝一些，以证明牛奶的安全。[5]

　　英国当局的这些大动作，只是为确保万一他们在捣毁恐怖组织的过程中没有一网打尽，那些漏网的恐怖分子也没有能力实施他们的原计划或报复性袭击。

　　这些预防措施的直接结果，就是伦敦希思罗机场几乎停摆——这可是欧洲最繁忙、全球第二繁忙的国际机场。人们对不能带手机上飞机感到愤怒。就因为不想放弃手机，许多前往法国和比利时的乘客决定改乘穿越英法海底隧道的欧洲之星列车。许多交出的手机有去无回，因为航空公司没有能力处理这么多手机的物流。祸不单行，飞机的货舱也没有空间放下所有本应随身携带的行李。在一周内，英国主要的航空公司"英国航空"就不得不取消了 1500 趟航班。

毫无疑问，最初这些禁止携带几乎任何物品登机的规定并没有持续下去。但在发现炸弹阴谋之后，我们的登机方式在全球都发生了根本性的变化。该阴谋的直接结果是，乘客不可以再携带大量液态、喷雾及胶体类物品（安检人员称之为 LAGs）登机。而且在大多数机场，乘客也必须拿出液体，放在一个透明塑料袋中，与其他随身物品分开扫描。

这些新规定是我们从一次幸免的恐怖袭击中得到的教训。我们得知了一种杀伤力巨大的新方法，得知了袭击者可以如何造成这种杀伤。我们没有依靠加大惩罚力度或监禁恐怖分子来防止未来发生类似的袭击，而是采取了不同的方法。通过了解袭击会如何得逞，我们可以知道采取哪些实际步骤能使袭击变得难以实现，或者最好是根本无法实现。

以上显示了一种处理不当行为的新思路。除了尝试使用激励措施或社会规范来为人提供动机，除了支持、帮助人们过上守法生活，我们也可以从源头上直接让人难以甚至不可能做出不当行为。

### 日常活动和情境犯罪

20 世纪 60 年代的美国有一些怪现象。当时经济状况普遍很好，许多人都看到自己的生活蒸蒸日上，就业率、高中毕业率、薪酬及整体生活水平总体而言都有提高。然而，令人担忧的是，尽管 20 世纪 60 年代和 70 年代初社会经济条件普遍改善，犯罪率尤其是财产犯罪率却急剧上升；据联邦调查局的《统一犯罪报告》（UCR），1960—1975 年间，入室盗窃增加了 200%。[6]

两股对立趋势的并存使犯罪学家劳伦斯·科恩（Lawrence Cohen）和马库斯·菲尔森（Marcus Felson）感到困惑。当时的普遍看法是，当教育、住房和就业等社会经济机会较好时，犯罪率应该下降；但当时发生的情况正好相反。所以科恩和菲尔森决定深入研究数据，弄清真相。

他们首先深入分析了犯罪数据。科恩和菲尔森考察了（在年龄、性别、职业、婚姻状况方面）什么类型的人会成为受害者，犯罪发生地信息（家中还是其他地方），以及受害者是否认识罪犯。这些都是高质量的犯罪学研究中的常规做法，但使他们的研究与众不同的是，他们还决定更深入地考察这一时期的日常活动数据。例如，他们研究了女性的就业数据，女性的上班和居家时间。此外，科恩和菲尔森还仔细了解了消费者数据，特别是人们所购商品的种类——不仅有商品的价值和类型，还有它们的体积和重量。

通过深入分析，科恩和菲尔森发现了一些模式，可以解释社会经济条件改善和盗窃案增加之间看似反直觉的关联。数据显示，在 20 世纪 60 年代的经济繁荣和性别角色的文化变迁中，有越来越多的女性离家工作或上学。从 1960 年到 1970 年，女学生的人数增加了 118%。[7] 而且更多人开始独居，独居人数在同一时期增加了 34%。因此，美国人家中空无一人的情况变多了，尤其是在上午。

另外，越来越多的人外出度假和旅游，同样是从 1960 年到 1970 年，有权休假三周的工厂工人增加了 144%，海外旅行增加了 188%。在 1972 年，美国度假人数比 1967 年增加了 81%。

于是，越来越多的房子在可预见的时间段里空无一人。

数据还显示，人们购买的商品也发生了重大变化。科技进步减小了收音机、电视、音响等电子设备的尺寸和重量。为了更直观地证明这点，科恩和菲尔森比较了西尔斯百货商店*1960年和1970年的品类说明。1960年，该店在售的最轻电视机重达38磅；而1970年，最轻的电视只有15磅，大小也不到1960年电视的一半。重量减轻后，电视不仅更容易搬走，每磅也更值钱。许多产品都是如此。据科恩和菲尔森所引用的《消费者报告之1975年购买指南》，松下车载卡带机每磅价值30美元，而飞利浦箱式唱片机每磅的价值高达5000美元。[8] 随着美国人收入的增加，人们购买了更多价值不菲的电器产品。

这两种趋势共同刺激了财产盗窃案的增加。科恩和菲尔森机智地发现，窃贼们正是利用了一桩完美结合：空无一人的房子里，放满了值钱又容易搬运的战利品。[9]

科恩和菲尔森也尝试将他们分析入室盗窃案的方法运用于其他犯罪。为此，他们开发了一个涵盖五种罪行（凶杀、强奸、严重伤害、抢劫和入室盗窃）的犯罪率的综合数据库，并试图将它们与人们的日常活动联系起来。他们的分析表明，这五种罪行的犯罪率与人们在日常活动中承担的风险水平存在着稳健的关联。

科恩和菲尔森把他们的想法称为"日常活动理论"（routine activity theory）。该理论认为，人们的日常活动——住在哪里、与谁一起生活、购买什么、是否外出工作、是否休假等——会影响犯罪。两位研究者认为，论及日常活动如何引向犯罪，有三个核心要素在起作用。第一个要素是，必须有具备犯罪动机的人。显然，如果人们没有犯罪动机，犯罪就不会发生。因此，20世纪六七十年代入室盗

---

* 即西尔斯·罗巴克公司（Sears Roebuck），1884年创建，一度是全球最大的百货公司。2018年申请破产。——编注

窃案激增，一定是因为有一些人想从别人家里偷东西。第二个要素是有价值的目标，那就是装满值钱又轻巧的物品的房子，物品包括收音机、小型彩电或是唱片机上微小但昂贵的钻石唱针。第三个要素是目标未被妥善看守。而彼时，屋主大概常常独居、频繁外出，房屋内的贵重物品在可预见的时间段内无人看守。

自 1979 年科恩和菲尔森发表此篇原创文章起，日常活动理论已经在犯罪学中开辟了一个全新的领域。在此后的几十年里，科恩和菲尔森的观点被用来解释各种各样的非法行为，包括性犯罪、抢劫、医疗欺诈和碳排放交易中的欺诈。[10] 宾州州立大学人文学院和明尼苏达州惩教署的苏珊·麦克尼利（Susan McNeeley）在 2015 年发表了一篇系统性的文献综述，回顾了关于日常活动理论的 33 篇文章。[11] 麦克尼利报告说："结果明显表现出了规律性，支持所有四个关键概念的假设效果。多变量统计模型的结果为：（1）财物得到看守是保护性因素，提升保护效果逾 5 倍；（2）目标物具有吸引力是风险性因素，提升风险 3.33 倍；（3）越轨的生活方式是风险性因素，提升风险 7.4 倍；（4）暴露给潜在罪犯是风险性因素，提升风险 3.12 倍。"[12]

日常活动理论给出了一个分析犯罪风险的简单框架。我们要做的，就是找出有价值（大家都想要）的目标是否被妥善看守，而不至于让潜在（有动机）的犯罪者得逞。就像禁止携带液体上飞机的限制所显示的，日常活动理论就是旨在借消除可乘之机来减少犯罪。

借减少容易得手的机会来保护人们不受犯罪侵害，这个想法非常符合直觉。我们每天离开家时，大多数人都会锁门，一些人还会启动房屋警报器；停放汽车或自行车时，我们大多数人也都会习惯性地上锁；大多数人在夜间独自一人时，会避开黑暗、无照明的城市区域。我们都用防火墙和杀毒软件保护电脑免受黑客和恶意软件的攻击（或者相信苹果公司替我们这样做了）。

日常活动理论也适用于网络世界。显然，人们可能成为网络犯罪的受害者，只要他们成为有犯罪动机的人合适又可触及的目标，并且没有有效的保护。犯罪学家特拉维斯·普拉特（Travis Pratt）及其同事发现，网上购物群体成为网络诈骗目标的可能性，比不上网购物的人高出 290%。[13] 无数研究发现了类似的结果。一项研究发现，那些花更多时间在网络聊天室里，甚至只是与参与过网络违规行为（如数字盗版或黑客）的朋友一起玩耍的大学生，更有可能成为网络骚扰的受害者。[14] 任何记得网络文件共享软件 BitTorrent、LimeWire、Kazaa 和 Napster 鼎盛时期的人，也都可以证明另一项研究所证实的：使用盗版数字媒体内容的人更容易遭受恶意软件的感染。[15] 后一个发现似乎显而易见，但它确实表明了我们在日常生活中的行为决策可以为有犯罪动机的人制造机会来盯上我们。而一旦知道了是什么使人成为有吸引力的目标，我们就可以帮人们保护自己。

对人们进行风险教育是保护他们免受伤害的好方法。这个观点并不新鲜。长期以来，警察部门一直在建议人们使用怎样的警报器、锁、门和窗户来保护自己免遭入室盗窃。软件公司也教育我们如何使用防火墙和防病毒程序以免受侵入和网络攻击。在工作中，我们经常收到信息披露最新的"网络钓鱼"手段，警告我们不要下载附件或点击链接，除非确定其来源正当。我们应该注意这些。

做到这些并不难。但问题是，这些风险教育很容易引向"受害者有罪论"。这在性骚扰、性暴力案件中体现得最为明显。女性经常因为自身的穿着、喝了啤酒或在某些地方走路而为自己遭受的性侵受到指责。我们如果要通过关注受害者的行为来减少其受性骚扰或暴力的风险，最终很可能将其遭受的伤害归咎于她们自身。这是一

个讨论日常活动理论时常提起的棘手问题。所幸，另有一种理论更
关注非法、损害行为发生的实际情境，而非受害者。为理解这个"情
境犯罪预防"（situational crime prevention）理论，我们先看看 20 世
纪 70 年代德国发生的事情。

　　1976 年 1 月，西德出台了一项法律，要求驾驶时速超过 40 英里
的摩托车手必须戴头盔。两年后，这项法律扩展到功率较小、时速
可达 25 英里的摩托车。这些法律起初没有任何罚款或惩罚措施，直
到 1980 年，西德的立法者加入了罚款。

　　戴头盔显然是个好主意，这会使骑摩托车更安全。但该法律也
有一个意想不到的附带效果。在 1976—1979 年法律要求骑车戴头盔
的时间里，摩托车盗窃率相当稳定。但在 1980 年法律中加入罚款后，
摩托车盗窃案开始迅速下降。

　　戴头盔的强制令、对不戴头盔者罚款，以及摩托车盗窃案的下
降趋势，三者似乎存在联系。但在断定存在联系之前，我们必须排
除其他解释。一个可能起作用的因素是西德青年人口的小幅下降。
与成年人相比，青少年控制冲动的能力较差，也更易受同辈的影响。
这些成长中的影响使他们更难抵制越轨、犯罪和莽撞行为的诱惑，
就比如偷辆摩托车去兜风。因此，这个年龄段人口的减少也可能解
释了摩托车盗窃案的减少。但如果这个解释是对的，那么所有的盗
窃案都应该下降。年轻人可不只偷摩托车。考虑到所有其他形式的
盗窃案在这六年中实际上都在增加，从 186 万起增加到 226 万起，这
个解释站不住脚。[16]

　　在排除了这个和其他解释后，在英国内政部研究和规划局工作
的公务员帕特·梅休（Pat Mayhew）及其同事得出结论，头盔强制令对

减少摩托车盗窃案起了重要作用。在过去，摩托车窃贼和其他摩托车骑手看起来没有差别；但头盔强制令实施后，不戴头盔偷骑别人的摩托车会引起警察的注意。因此，偷摩托车变得更困难了，除非偷车贼自备头盔。梅休及其同事也发现了与头盔法相关的类似数据：伦敦摩托车盗窃案减少了 24%，荷兰摩托车盗窃案减少了 36%。[17]

帕特·梅休的共同作者之一是罗伯特·克拉克（Robert Clarke），他曾担任罗格斯大学刑事司法学院院长。克拉克基于头盔强制令的数据发展了一种解决犯罪问题的新理论，并将其命名为"情境犯罪预防"。他认为，解决犯罪问题不应仅仅着眼于动摇潜在犯罪者的动机。即使我们能够确定犯罪行为源于某些个人特质或更广泛的社会结构，这种知识在帮助减少犯罪方面提供的实际指导也往往非常有限。[18]

相反，克拉克关注的是在非法行为发生之前使其可能的情境。[19]违规行为的实施依赖机会。因此，克拉克将目光投向了受害者和"目标加固"（加强安保）之外，关注犯罪活动可能发生的情境和环境。例如，克拉克指出，有数据显示，在城市安装了更好的街道照明后，犯罪水平会急剧下降。最近一份综述系统地回顾了与路灯对犯罪水平的影响相关的研究（8 项研究来自美国，5 项来自英国），证实了这一点：改善路灯可使犯罪率平均降低 21%。[20]

最近，荷兰的经济学家把这些见解运用在了阿姆斯特丹王宫的一项实验中。这座建于 17 世纪的宫殿原本是市长办公室，在拿破仑占领荷兰后成为王室财产，如今则作为象征而矗立，象征着这座城市在旧时代的荣耀。不幸的是，它也成了一个随地小便很普遍的公共场所。许多当地的派对分子以及醉酒的游客，经常对着宫墙嘘嘘。

多年来，当局一直试图解决这个问题。他们先尝试了额外的监控和警告，又尝试了用物理屏障。但这些办法都不起作用。直到两位

荷兰经济学家，罗伯特·杜尔（Robert Dur）和本·沃拉德（Ben Vollaard），
开始了他们的实验：在长达 7 个月的时间里，他们分析了在公共场
所随地小便的录像片段。在这期间，他们给王宫安装了新的照明系
统，该系统就照射在聚会者经常小便的角落，而且会不定时地改变
光线强度。他们发现，打开这套灯光系统，可以减少一半的公共场
所随地小便。[21]

这听起来是一个比德国汉堡解决圣保利（该市有名的夜生活区）
的公共场所随地小便问题更容易也更好的解决方案。汉堡当地使用
了超级干防水涂料，这种涂料会弹回液体。于是，如果有人对着涂
有涂料的墙面小便，墙面就会将尿液弹回去。他们还在附近用标牌
警告想随地小便的人："我们会尿回去"（Wir pinkeln zurück）。[22]

如果物理环境很重要，像照明这样的因素会影响犯罪，那么我
们必须更广泛地查看建筑和城市规划。在这一领域最具影响的是奥
斯卡·纽曼（Oscar Newman）关于"可防御空间"（defensible space）的
研究。[23] 1972 年，建筑师和城市规划师纽曼发表了一份关于全美街
区犯罪和骚乱变化的详细研究报告，并随后认为，建筑物的高度和
结构会影响犯罪。纽曼强烈批评了新兴的高层公共住房发展项目，
认为它们的犯罪率比低层住房社区高得多。他断言，在较矮的建筑
物中，空间分界更明确，居民可以宣称某些空间属于"自己"，因而
会对其安全负责并拥有掌控力。纽曼还关注了建筑环境中能实现或
破坏监控机会的物理因素。高层建筑为监控造成更多的障碍：封闭
的大厅、电梯和楼梯，以及对街道视线的遮挡。[24]

情境犯罪预防策略所关乎的，不仅仅有改变物理环境，还有限
制人们获得助长有害行为发生的物品。克拉克指出了改变家用燃气
对自杀率的影响。在 1958—1977 年间，英格兰和威尔士 25% 的自杀

事件涉及使用燃气（煤气）。人们借助自家烤箱，用一氧化碳自杀。然而，20世纪60年代燃气生产方式的改变，降低了一氧化碳的含量，当英国改用北海天然气时，里面完全不含有毒的一氧化碳了。因此，到1977年，英国只有0.2%的自杀事件涉及家用燃气。自杀人数从1958年的5298人下降到1977年的3944人。自杀人数下降的原因肯定有很多，但克拉克的结论是，当家中方便而无痛的杀人利器被剥夺后，"许多本来会自杀的人放弃了"。[25]

我们可以通过限制人们获得有助于行为发生的物品来减少犯罪和其他损害行为，这种想法影响深远。我们可以通过限购喷漆来减少涂鸦，通过限制枪支或弹药来减少枪击事件，通过向顾客提供更厚的或防碎的啤酒杯来减少酒吧斗殴造成的伤害，因为他们不能再将酒杯碎玻璃用作武器。[26]

经过若干年，克拉克及其合作者将情境犯罪预防策略分成了25种类型。其中许多已经成为我们日常生活的一部分，环顾四周，我们就会在街道上、商店里和自己的汽车里看到。然而，这些保护我们免受伤害的暗码已经成了物理空间一部分，我们于是常常注意不到这些重要的元素。商店会给商品贴上防盗标签，如果我们不付钱就带着商品离开，这些标签就会触发警报，这样，偷窃商品就很难不被发现；更有甚者，有些标签会触发对被盗物品的染色。街上的闭路摄像头使犯罪活动更容易被发现。尼克松总统在1969年宣布取消了高面值纸币的流通，我们于是不再有千元美钞这样的高价值钞票，500欧元钞票也将很快不复存在：这两种纸币的消亡都是因为高价值纸币使犯罪分子很容易转移大量现金——价值100万欧元的500欧元纸币仅重2.2千克，可以轻松装进一个手提箱[27]；而同样价值的50欧元纸币重10倍，即22千克。[28]

这类犯罪预防并不新鲜。想一想给牛打烙印的古老做法，这就是为了使偷牛贼更难保留或出售被盗牲畜。事实上，情境犯罪预防策略有着跨越多个世纪的悠久而丰富的历史。我们在中世纪的英格兰就能找到它。英王爱德华一世在1285年颁布了《温彻斯特法令》，强令土地所有者必须清除公路旁强盗可能藏身的地方，比如沟渠和植被；土地所有者如果没有照做，依法就要对这些路段上的犯罪行为负责。

2005年，美国国会通过了一项法律，规定像速达菲（Sudafed®）这样含有鼻腔减充血剂伪麻黄碱的药品，不能继续不加限制地在柜台出售。法律规定每个病人限购7.5克，药店必须跟踪销售记录，一些州还要求提供医生处方。所有这些规定都不是出于对病人的关心，而是为了打击非法毒品的生产。

在制造某种令人上瘾的甲基苯丙胺晶体，即"冰毒"时，伪麻黄碱是关键物质。《打击甲基苯丙胺泛滥法案》（CMEA）遵循了克拉克的做法，从法律上限制了获取伪麻黄碱的途径，以此提高生产冰毒的难度。起初，为应对法律限制，冰毒生产商尽量把小孩子送到各个地方，以获得尽可能多的单包伪麻黄碱，这种做法叫"游袭"（smurfing）。然而，新法律使他们难以获得足量的原料。

由于地下作坊很难得到关键原料，美国各地的冰毒产量急剧下降，一位检察官在回顾时如是说："就像有人关了开关。"[29]然而好景不长。墨西哥贩毒集团的进入，填补了美国法律造成的真空。由于美国本土地下作坊无力竞争，墨西哥贩毒集团独占了巨大的美国市场。他们开发出了价格更低、质量更好的毒品，并将其推广到全美。2018年，还是那位曾称赞该法律的检察官，就向《纽约时报》说道：

"有空子，就有人钻。"[30]

当墨西哥试图步美国的后尘，也限制对伪麻黄碱的获取时，墨西哥生产商改用了另一种不需要伪麻黄碱的制作工艺来制冰毒：他们使用的是1-苯基-2-丙酮（P2P），它尽管也受限制，但很容易制造。这对毒品执法和与冰毒有关的死亡来说是一场灾难。2015年，近6000人死于冰毒，比2005年颁布《打击甲基苯丙胺泛滥法案》时的死亡人数翻了一番。到2016年，俄勒冈州死于冰毒的人数是死于海洛因人数的两倍。波特兰的汽车盗窃案几乎有一半由冰毒成瘾者作案。从2010年到2015年，蒙大拿州与冰毒有关的逮捕数增加了300%。南达科他州检察长宣布全州范围内冰毒泛滥到疫情级别。在一些州，冰毒已经成了毒品方面的头号杀手，即使在阿片类药物泛滥的高峰期也是如此。[31]切断冰毒生产原料的方法起初是有效的，但从长远来看是失败的。事实上，它使事情变得更糟。

减少犯罪机会的方法，有一大缺点：它会激发出发犯罪地点的转移（displacement）或犯罪手段的适应——一如在第一街和第三街增设减速带，第二街的超速行驶就可能增加。在这种方法下，犯罪者可能使用更强劲、更暴力的手段使事态升级。一项研究发现，伦敦邮局柜台增设玻璃窗后，抢劫者开始更多使用枪支。[32]汽车安全警报器的引入减少了窃贼撬开停放的汽车再驾车逃之夭夭的那种普通汽车盗窃，但也可能导致了劫车事件的增加——司机被枪指着，被迫交出座驾。[33]

减少犯罪机会这种方法的另一个问题是，它也许会在谁可能成为受害者上造成不平等。比如德国的法律要求汽车必须有转向柱锁，这减少了汽车盗窃，而在美国，汽车盗窃基本保持不变。两国的不同是，美国只强制新车安装防盗装置，于是，买不起新车的人成了偷车贼的主要目标，甚或是唯一目标。[34]

随着时间的推移，已经有许多实证研究从减少犯罪机会的干预措施中发现了潜在的犯罪转移效应。在一份系统性的综述中，犯罪学家罗伯·古雷特（Rob Guerette）和凯特·鲍尔斯（Kate Bowers）汇总了102份现有研究，发现在略高于25%的案例中存在某种类型的转移效应。然而他们也发现，总体而言，减少犯罪的效果大大超过了转移效应。总的说，切断犯罪机会所预防的犯罪，还是比转移效应所产生的犯罪多。[35]

此外，情境犯罪预防有时也会产生积极的"光环效应"，会在其原本针对的范围之外减少犯罪和不当行为。[36] 比如，没有安全设施的房屋会因附近有安全设施的房屋而受益[37]；闭路电视摄像头减少的汽车相关犯罪，不仅涉及安装了摄像头的停车场，也涉及未安装摄像头的停车场。

## 监狱能否让罪犯失去犯罪能力？

"快躲开！有人拿着刀！"[38] 2019年11月29日午后，电影制片人克雷格·希斯科特（Craig Heathcote）正在伦敦桥附近散步，忽听有人这么喊。很快，一名袭击者穿着醒目的自杀式炸弹背心，从桥对面的鱼商会馆（Fishmongers' Hall）冲出来，一路用刀砍人，周围的人都开始逃命。勇敢的路人试图阻止暴行，一人挥舞起灭火器，另一个人拿着从会馆墙上取下的鲸鱼牙饰品，冲向袭击者。终于，路人将袭击者制服，控制在地面。其中一人回忆道："我踩着他的左手腕，另一位把他另一只手摔到地上，然后踢开了他的一把刀。"幸好，炸弹背心是假的，但这场后来有恐怖组织 ISIS 宣称负责的袭击最终导致两人死亡、三人受伤。

凶手是一名来自英格兰斯塔福德的 28 岁男子。令全世界人民震惊的是，他是一个已知的、被定过罪的恐怖分子，曾因谋划将爆炸物放入伦敦证券交易所的洗手间而在监狱中服刑。他在 2013 年被判处 16 年监禁，但在服完一半刑期后获释。

英国的政治反应很激烈。首相鲍里斯·约翰逊表示，所判刑罚应"严格执行"。他补充说："我一直认为，允许严重的暴力犯罪分子提前出狱乃是错误。"英国国家反恐安全办公室前负责人表示："我们让已知的、被定过罪的激进圣战分子罪犯在我们的街道上行走，是把人民的生命视如儿戏。"

这一案例表明，人们认为监禁有一个明确的目的：让社会免受罪犯的危害。某种意义上，监禁是预防情境犯罪的最极端形式。在狱中服刑应该会使囚犯失去再犯的机会，或至少剥夺了他们影响监外社会的能力。犯罪学家称之为"失能效应"（incapacitation effect）。

按这一逻辑，刑罚可以通过使罪犯丧失犯罪能力来减少其违法的机会。在这里，惩罚不仅仅指监禁，它也可以是取消渎职律师的资格，吊销高污染公司的营业执照，禁止一些人参与工会活动——就像著名的吉米·霍法（Jimmy Hoffa），他在 1964 年因欺诈、行贿和蔑视陪审团而被定罪，尽管后来被尼克松总统赦免。

使人丧失犯罪能力听起来不错，但问题是：它有用吗？深入检视有关监禁的失能效应的数据，会发现，它与犯罪的关系并不像人们想象的那样明确。

研究监狱的失能效应，通常的做法是考察当我们将监禁率增加 1% 时，犯罪率会怎样。犯罪率会下降吗？嗯，不能这么说。这些研究的结果差异很大。有些研究估计犯罪率最多能下降 0.4%，另一些研究则认为犯罪率根本没有降低。[39] 2014 年，美国国家科学研究委员会回顾了这些文献，并得出结论："对于监禁对犯罪率的影响程度，我们无法精确估计，甚至无法估出大致的范围。"[40] 尽管有许多相关研究，可我们就是无法确定失能对犯罪的实际减少程度。然而，在过去的 40 年里，美国的监狱人口增加了 500% 以上。[41]

失能效应是假设性的。它基于这样一个隐含的——常常也是明显的——观念：监狱里都是不知悔改的罪犯，如果在监外，他们会不断地犯罪。谁知道这些罪犯要是没有被关起来，会做出什么来啊？

失能效应背后的想法是，人有稳定的犯罪倾向。因此，某人在被抓的那一天和多年以后离开监狱的那一天，犯罪的可能性是一样的。在 20 世纪 90 年代，青年罪犯被视为不可救药的"超级掠夺者"。当时，希拉里·克林顿警告美国人："他们可不只是一帮孩子。这些孩子往往是那种所谓的'超级掠夺者'——没有良心，没有共情。"[42]

在许多方面，克林顿在对一些研究者鹦鹉学舌，其中包括因其观点而声名狼藉的普林斯顿大学政治学家小约翰·J. 迪尤里奥（John J. diIulio Jr.）。迪尤里奥在各种电视采访、学术文章中，甚至在与比尔·克林顿总统的白宫晚宴上都分享他的想法。他的观点名声非常不好：犯罪的孩子是"全然漠视生命和无视未来的孩子……是铁石心肠的掠夺者"！[43]

20 世纪 90 年代的政治家及许多研究者谈论少年犯的方式，极大影响了公众对青少年犯罪进而青少年刑罚制度的看法。这个时代的想法是，我们对少年犯能做的，只有把他们关起来，钥匙扔了。如果我们把少年犯移出社会，这些"掠夺者"就不会再害人。

超级掠夺者论调有一个关键问题：它是完全被科学证据证伪了的。犯罪的青少年并不会注定成为终生的职业罪犯。犯罪倾向并不稳定，更非永久。

　　长期以来，研究者都知道犯罪会在青春期达到顶峰。自 20 世纪 30 年代以来，一项又一项的研究表明，普通的冒险行为和犯罪行为都呈"倒 U 形"曲线。[44] 犯罪明显会随着青春期的到来而上升。[45] 但重要的是，过了十几岁的年纪后，犯罪倾向会迅速下降。这就是"年龄—犯罪"曲线。

　　在一项具有里程碑意义的研究中，研究人员对 1300 多名少年犯进行了从青春期到成年长逾 7 年的跟踪调查。[46] 这些青少年都曾因严重的、通常是重罪级别的罪行而被逮捕并判决。猜猜看，这些人有多大的比例会继续犯罪？ 80%、60% 还是 40%？事实上，这些曾犯严重罪行的青少年，绝大多数后来都不再犯罪。7 年后，只有不到 9% 的人继续高频犯罪。[47]

　　有前科的青少年并不是注定终此一生都是罪犯，哪怕他曾犯重罪。犯罪在青春期达到顶峰，不是因为青少年是危险的超级掠夺者，而是因为他们控制自己的行为、考虑自身行为后果和抵制同辈压力的能力依然在发育中。[48] 青少年不仅比成年人更冲动；在有风险的情况下，他们更关注潜在回报，而非潜在的负面后果，而且他们更容易被一时的激动情绪所左右。总的说，青少年的"社会心理成熟度"不及成人，当青少年情绪激动，或与同龄人在一起，或者两者兼而有之时，他们尚在发育中的劣势方面就尤其明显。[49] 考虑到青少年的发育和不成熟，犯罪会在青春期达到峰值就很好理解了，这也适用于性、毒品和摇滚乐。

　　所以，人的犯罪倾向并不稳定。我们再回到关于监狱失能效应的"反事实"问题，即被定罪的罪犯假如不在狱中会做什么，那么，答案是会随着时间的推移而改变的。如果一名少年或青年被定罪 20

年，那么在最初的几年里，监禁可能会阻止他有限的几次再犯，但此后再过一年、三年甚或五年，大多数人就年纪大到不再那么容易犯罪了。考虑到绝大多数人都会因心智的成熟而自然地不再犯罪，监禁青少年并使其失能多年是不必要的，甚至还会适得其反——因为监狱有着"犯因效应"。[50]

因此，失能效应的回报是递减的。[51] 刑期越长，随着犯人在监狱里长大、变老，监禁防止犯罪的作用就越小。对大多数被定罪的罪犯来说，长期监禁到某个时候就不再为社会提供更多保护了。

国家增加其监狱人口，不一定是因为他们抓到了更多罪大恶极的终身罪犯，或是对重罪更"狠"。相反，他们是倾向于将更长、更多的惩罚性判决运用于更多类型的犯罪，而更多类型本身就意味着有些类型没那么严重。监狱以这种方式增长人口时，就不免会越来越少地收容真正危险的人。事实上，一项研究发现，就在美国的监狱人口膨胀时，监禁的失能效应急剧下降。该研究认为，由于监狱人口中不可救药的罪犯越来越少，监禁的回报也越来越少。"在囚犯身上，监禁的边际效益是大幅下降的，这表明，相比从前，近期监禁人数的增加，是因为收入了许多对社会威胁较小的囚犯。"[52]

监禁具有失能效应的观点还假设，一旦被关进监狱，罪犯们原本会犯的罪即可避免。然而该假设忽略了一件事：某些罪行和罪犯，可能会有别人替代，即所谓的"替代（replacement）效应"。想想哥伦比亚的其他贩毒集团，比如卡利（Cali）贩毒集团，是如何填补麦德林（Medellín）贩毒集团领导人巴勃罗·埃斯科瓦尔（Pablo Escobar）入狱留下的空白吧（巴勃罗后来脱狱流亡，并在 1993 年被杀）。正如一项犯罪学研究指出的："那些本属于正被监禁的罪犯的非法获利机会，现在空了出来，于是未入狱者每次犯罪的净收益提高了。"该研究还直截了当地指出，"某街区若入狱率较高，余下的居民感受到的犯罪吸引力可能更大。"[53]

另一个问题是，许多罪犯并不是单独作案。仅仅监禁一个罪犯，并不能使其同伙丧失作案能力。合伙作案在青少年犯罪和帮派犯罪中尤其常见。一项研究估计，如果将合伙作案考虑进去，监禁的犯罪预防效果将减少1/3。[54]

这些研究表明，通过监禁使人丧失犯罪能力似乎是防止犯罪的一种方式，不然有些人肯定会再犯；但如果只是更多人被监禁更长的时间，监禁通常就不能防止犯罪。因此，用监禁来减少罪犯在社会上再次犯罪的机会，从而防止犯罪，应该只用在最坏的情况下，而不是普遍施用。

## 别碰我们的枪

荷兰东布拉邦省警厅的厅长威尔伯特·保利森（Wilbert Paulissen）非常自豪。他的警员抓到了739名在高速公路上非法使用智能手机的司机。在接受一家知名荷兰报纸的采访时，他介绍了自己抓住那些不顾安全的司机的新方法。警员们乘坐一辆通常用于运送游客的大型客车，这样就可以隐蔽地观察在一边开车一边用手机的司机。以大型客车为制高点，他们的监视工作出奇地容易。[55]

荷兰的威慑举措是阻止人们分心驾驶的众多尝试之一。其他一些国家已经求助于监控技术。澳大利亚甚至为其交通摄像头配备了人工智能，使其能自动审查数百万小时的录像，从中找到非法使用手机的司机。[56]

针对司机驾驶时使用手机，当局抓现行的方法一直很有创意。

他们这样做，是希望通过更好的侦测来增强人们对惩罚的恐惧，以此威慑司机不要在驾驶时使用手机。

但如果还有更高明的办法，既可以威慑司机不在开车时使用手机，又不需要执法呢？如果我们能让驾驶时使用手机变得非常困难，甚至不可能呢？如果人们从一开始就别无选择呢？

如果你一直在使用广受欢迎的瑞典音乐流媒体应用程序 Spotify，你可能已经注意到，当你在移动的汽车中使用它时，它的反应是不同的。该应用会检测到你在开车，并切换到该公司所谓的汽车视角模式，在此模式下，它提供更大的控制界面，让你使用更方便。[57]

我们的智能手机足够聪明，可以检测到我们在车上，而应用程序厂商也足够聪明，可以开发出在人开车时改变其功能的应用。这项技术早就有了。2016 年，得克萨斯州有一场因司机使用手机分心而导致的车祸，受害者的家属起诉了苹果公司未能防范这一已知风险。家属指出，苹果公司在 2008 年申请了一项专利，该专利涵盖的新技术可以检测到手机在移动，然后"锁住"会使司机分心的功能，例如发短信。在申请专利时，这家科技巨头甚至解释了这项技术的重要性："边开车边发短信已变得十分普遍，执法部门去阻止这种做法也未必会有显著作用。"[58]

结合 Spotify 的功能，手机可以检测到它在车内，从而切换到不同的模式。所以手机技术已经达到了能自动防止司机分心驾驶的水平。而且这不仅仅是手机中的技术。一家名为"蜂窝控制"（Cellcontrol）的小型科技公司销售的一种价格 129 美元的设备，可使用高频声波来定位车内的手机。当检测到手机在驾驶座上时，它可以关闭使司机分心的手机服务。[59] 因此，我们有更好的办法，既不需要租用一队大型客车，也无须破费安装人工智能摄像头，就能使司机从一开始就没办法使用手机。

　　为什么我们不使用这种技术？为什么我们的法律不强制所有手机安装安全驾驶模式，所有汽车都配备蜂窝控制公司那样的装置？为什么我们的法律不更多地利用减少犯罪机会的方法来减少其他类型的不当行为？这里的问题不是受害者有罪论、犯罪的转移或替代效应，而要更为根本。为了理解这一点，让我们回到人们最初拒绝在车上系安全带的 20 世纪 70 年代。

　　1973 年，当时的美国国家公路交通管理局（NHTA）规定，所有没有安全气囊的新车都必须安装一套系统，确保车辆在副驾驶乘客未系安全带的情况下无法启动。[60] 这种点火锁实际上意味着，如果你不先系上安全带，车就不能启动。

　　这项强制令原本可以彻底改变美国人的安全带使用习惯。是否有法律去要求人们系安全带，警察是否真正执行这项法律，人们有没有看到别人系上安全带，都不再重要。如果不先系上安全带汽车就不能启动，人们从一开始就别无选择。点火锁直接剥夺人们的选择权，人于是彻底不需要去做系安全带的决定了。

　　美国民众得知这项强制令后大为愤怒。先别管安全问题了，这项规定直接限制了民众作为司机和车主的自由。强令汽车必须配安全带的联邦法律已经够糟糕了，用不用安全带总该是民众自己的事了吧！国会对公众的愤怒做出了迅速的反应，它通过了一项新法律，取缔了 NHTA 的"安全带点火锁"强制令。但国会没有止步于此。

　　我们知道，安全带如果系得不够快，烦人的报警系统就会鸣叫。国会规定，NHTA 不能要求报警鸣音超过 8 秒。讽刺的是，后来的研究发现，只有持续时间超过 8 秒的报警音才会真正提高安全带的使用率。[61]

　　安全带的例子告诉我们，使用减少犯罪机会的方法，事涉政治甚至道德。人们对政府的不信任加上对个人自由被直接侵犯的恐惧，导致了提倡系安全带的努力的失败。但这也有道理。减少犯罪机会的策略确实本质上就是在减少自由选择。我们希望政府减少我们做错事的机会吗？我们希望政府减少我们的自由吗？这里潜伏着专制主义的危险。

　　把这个问题展现得最清楚的，就是大规模枪击事件和与枪支有关的死亡。1996 年 4 月，澳大利亚的一名男子使用柯尔特 AR-15 SP1 轻型半自动步枪，在塔斯马尼亚州亚瑟港的一家咖啡馆、礼品店和停车场杀害了 35 人。澳大利亚的立法反应明确而迅速：在联邦的协调下，所有州都严格限制私人持有自动装弹的步枪和猎枪。政府还启动了一项回购计划，最终以 3.5 亿美元回购了已进入流通的约 64.3 万件武器。显然，澳大利亚发现，要减少大规模枪击事件，必须采取减少犯罪机会的方法，限制获取实现犯罪的关键要素：枪支。

　　在克林顿政府下的美国，于 1994 年通过了一项关于突击步枪的联邦禁令。美国与澳大利亚相似，禁令的颁布也是在一系列大规模枪击事件之后，包括 1989 年加州斯托克顿枪击事件，该事件造成 34 名学童与教师的死亡；1991 年得州基林枪击事件，27 人在餐厅被杀；以及 1993 年旧金山的暴行，凶手挥舞着两把 TEC-9 半自动手枪，特别加装的"地狱火"扳机给了它们全自动枪械的射速。然而，该法律于 2004 年失效。从那时起，美国目睹了一次又一次的枪击事件，一次又一次的大屠杀。一些名字被刻在了国民心头：桑迪胡克（Sandy Hook）、帕克兰、弗吉尼亚理工大学、奥兰多"脉搏"酒吧、大拉斯维加斯地区的天堂市。美国死伤最多的 10 起枪击案，没有一起发生在突击步枪被禁期间：3 起发生在 1994 年突击步枪被禁之前，其他 7

起都发生在禁令失效之后，包括死伤最大的 5 起。

每新发一次大屠杀，美国都会分裂为两极。所有美国人都认同，必须终结大屠杀。但一部分人觉得，解决办法是减少造成这些无意义杀戮的机会，他们支持枪支限制和管控，认为问题的根源在于高危险武器和大口径弹药太过易得。他们的提议包括：限枪，从全面禁枪到限制某些武器（如 1994 年对突击步枪的限制）；禁止某些使武器更危险的技术（如撞火枪托，2017 年在拉斯维加斯致至少 58 人死亡、413 人受伤的枪手就用撞火枪托使他的半自动步枪达到了全自动步枪的射速）；或限制某些人拥枪（如有犯罪记录、虐待家人记录、确诊精神健康障碍或低于一定年龄的人）。这遵循的都是减少制造大规模枪击事件机会的思路。它着眼于大规模枪击事件的发生条件，移除使犯罪者大规模杀人成为可能的关键因素。

另一部分人则有非常不同的看法。在他们眼中，问题不是武器，而是凶手。造成 14 名青少年和 3 名高中员工死亡的佛罗里达州帕克兰枪击案发生后，有人写信给当地报纸编辑说："在枪击案中指责枪支很容易。然而枪支需要人携带、操作和瞄准。"[62] 他继续写道，"我们事先就非常了解佛罗里达州的这名高中枪手。联邦调查局有关于此人的线报，当地法律机构也知道他，但他们什么也没做。"因此这些人主张，要关注的不是什么使枪击成为可能，而是如何处理枪手。这个问题的重点在于执法和及早发现。这种主张往往是出于更深层的恐惧。正如一封信所说："我们现在要让汽车厂商对驾车枪击、酒驾和肇事逃逸负责吗？"这些人的担心是，一旦我们用减少犯罪机会来应对犯罪和有害行为，人们就会失去自由。持这种观点的人问：什么自由比拥有枪支更强大？又有什么比政府要限制枪支所有权甚至夺走你的枪支更令人恐惧？这些美国人往往把这个问题放到第二修正案的框架下，其核心情绪是自由和保护人民免受暴政压迫。

　　因此，即使我们找到了有效的方法来减少犯罪和有害行为，要将此立法，还需有政治基础。而干预措施越是被认为限制了人的自由，就越不可能被法律采用。"别冲我的枪来""别冲我的车来""别管我的手机"。

　　说到减少犯罪和不当行为的机会这种方法，上述观点是片面的。这种方法当然限制了自由，但其他方法也是如此。当法律给我们留下做坏事的机会时，它就会想出其他办法来阻止我们使用这些机会；当技术允许我们在车里使用手机时，执法部门就会用侵入性监控和随之而来的制裁来阻止我们这样做；当任一公民都可以获得任何类型的枪支时，执法部门就需要额外的电子监控，以确保能阻止那些计划实施大规模枪击的人得逞，更糟糕的是，警察可能会更加担心自己的安全，在对待嫌疑人时更有可能违反其他宪法权利，包括使用致命武力。[63] 这不仅在经济上代价更大，浪费了我们的税款，而且严重限制了我们的自由，往往比减少犯罪机会的方法限制得更严重。

　　所有这些都会体现在公共领域中，最终必须由政治在不同形式的自由和防止伤害之间平衡这些利益。没有公众的支持，减少犯罪和不当行为的机会的思路，永远不会通过立法。而这正是真正的问题所在。公众如果不能充分知情，不知道各项干预政策的相对成本和收益，又怎么在它们之中取舍？

　　这个问题，部分地在于人们对减少犯罪机会的方法并不充分知情。在关于不安全使用手机的辩论中，可行的技术干预措施几乎不为公众所了解。而美国民众若想知道枪支限制是否会减少大规模枪击事件及一般性的杀人事件，会发现这类研究很是有限。害怕限制枪支的政治力量一直非常强大，以至于几十年来国会都借助经费限制来阻止疾病控制和预防中心（CDC）及其中认真的科学家研究凶杀案和拥枪之间的关系。国会这么做，就是在全美步枪协会抗议了一项由 CDC 资助并发表在《新英格兰医学杂志》上的研究之后。该研究发现，家里存放枪支时，发生凶杀的风险几乎会提高 2 倍。[64] 2015年，就在加州圣贝纳迪诺的一对夫妇枪杀了 14 人之后，国会决定继续禁止 CDC 研究拥有枪支和凶杀之间的关系。

　　涉及使用减少犯罪机会的方法时，人们有不同的偏好。在防止入室盗窃时，锁和安保系统等方法得到广泛的支持。用防火墙和防毒软件来保护电脑的做法也很正常。面对自杀式炸弹和恐怖袭击时，减少犯罪机会的思路也是我们的主要对策，不仅包括禁止大瓶液体登机，还有在公共场所安装厚重的混凝土屏障，以防止有人使用公共汽车和卡车实施袭击。但是，当提出用减少机会的思路来减少分心驾驶或与枪支有关的死亡时，分歧却非常明显。

第九章

# 把制度体系轻松搞定

2006 年 11 月，以家电著称的德国工业巨头西门子公司巨额贿赂事件曝光。[1] 为赢得一个重要的移动电话交易，西门子公司向孟加拉国总理的儿子和几名地方官员行贿 500 万美元。它还在尼日利亚行贿 1300 万美元，在中国行贿 1400 万美元，在委内瑞拉行贿 1600 万美元，在以色列行贿 2000 万美元。在阿根廷行贿 1 亿美元，为西门子公司赢得了一份价值 10 亿美元的国民身份证合同。[2] 西门子公司甚至在萨达姆·侯赛因还在伊拉克执政时贿赂过他。[3]

在七年时间里，该公司估计总共行贿 14 亿美元。[4] 该公司通过伪造咨询合同和账单，以及壳公司进行行贿。[5] 行贿涉及数百名西门子员工，从本地基层工作人员直至高管。[6] 行贿是系统性的、蓄意的，并且至少在公司的六个主要部门中广泛存在。正如德国联邦刑事犯罪调查局的一位发言人所言："行贿是西门子的商业模式。西门子已经将腐败制度化。"[7]

西门子与美国和德国当局达成和解，同意支付 16 亿美元的罚款，与此同时，三名西门子高管被判处罚款和缓刑。[8] 然而，受到最严厉刑事处罚的，并非西门子员工。中国一家国有电信公司的高管施万中，因收受 530 万美元的回扣而被中国法院判处死刑，缓期两年执行（这实际上意味着终身监禁）。[9]

2008 年，在作为与西门子公司和解协议的一部分提交给联邦地区法院的判决备忘录中，美国司法部称赞该公司及其新管理层朝闻夕改的迅速反应和亡羊补牢的防范意识。判决备忘录强调了西门子公司如何彻底整改其合规管理方案。西门子将其全球业务中的合规管理人员全职岗位增加到 500 个，还将合规的所有责任和权力赋予了一位首席合规官，他直接向公司总法律顾问和 CEO 汇报。

在这份备忘录中，美国司法部解释说，西门子公司已经制定了新的"反腐败合规政策"，并配备了新的"反腐败手册、完善的尽职调查及合规网络工具、供员工举报违规商业行为的匿名沟通渠道以及公司纪律委员会"。备忘录还详细说明了西门子公司如何与普华永道公司合作制定"新合规方案的分步指南和名为'反腐败工具包'的财务控制改进版"。[10] 为了使公司下属的 162 个实体都使用"反腐败工具包"，西门子雇用了 150 名工作人员，其中一半是来自普华永道的顾问。所有这些举措花费了西门子超过 1.5 亿美元。

西门子公司从腐败反派摇身一变成了合规英雄。司法部向联邦地区法院辩称，由于西门子对其合规管理操作进行了彻底的整改，它应该得到更轻的判决。

西门子公司的腐败事件表明，人的不当行为不仅仅是个人行为。我们的许多行为发生在组织内部。而组织可以成为结构性的规则破坏者，造成巨大的损失。这样的例子举不胜举。在天主教会、好莱坞大制片公司、大学和职业运动队中，性骚扰和虐待持续泛滥了几十年。像 BP 和大众汽车这样的大公司，也造成了环境破坏和安全隐患。在美国警察又一次枪杀有色人种之后，所有人都清楚地看到，许多警局一直无法结束在本部门存在了几十年甚至可说是几个世纪的结构性种族主义和暴力。诚然，坏苹果总会有，但创造、怂恿和保护坏苹果的组织，会毁了整桶苹果。[11]

法律若要保护我们不受伤害，就必须放眼个人层面之外，直接面对组织行为。当组织爆发出重大丑闻时，最常见的反应是去惩处直接造成损害的个人。通常情况下，执法部门和检察官会试图追责于组织的最高管理者。这可能是有道理的，因为，如果高管们滥用职权、对数百万甚至数十亿人造成了损害却无须负责，而街头犯罪者则要吃牢狱之苦，这可不公平。但同时，没有确凿的证据表明，对公司高管或整个公司进行更严厉的惩罚会减少他们的犯罪活动。[12]这是人们不愿意面对的关于惩罚的真相。

当像西门子公司这样的组织犯下如此大罪，而案件却以和解告终时，人们会觉得正义并没有得到伸张。但我们这里的核心问题不是正义是否得到了伸张，而是法律如何能够预防未来的不公正，使我们免受伤害。当然，组织中的相关人员应该被追责。但更大的问题是，要未雨绸缪地解决组织机构的不当行为，我们还应该做些什么。这迫使我们不能将眼光局限于坏苹果，而应该着眼于整个木桶，甚至整片果园。

在西门子的判决听证会上，司法部的检察官遵循的是美国联邦法律。他们根据1991年发布的《美国联邦量刑指南》"组织量刑指南"一章，请求对西门子公司宽大处理。该指南旨在激励组织采用"有效的合规与伦理方案"。在组织被起诉违反联邦法律时，指南规定，设有合规与伦理方案的组织应得到减刑。[13]

该指南解释说，合规与伦理方案"旨在预防和阻止犯罪行为"。[14]指南认识到，要预防公司做出错误行为、造成损害，所需的不仅仅是惩罚公司或其高管。组织必须有自己积极主动的方案，能够知道谁在组织内违法，从而有助于防患未然。

"组织量刑指南"笼统地指出，合规与伦理方案必须"尽职尽责，以预防和发现犯罪行为"，且必须促进激发道德操守和合规的组织文化。该指南还列出了七项要素，来进一步详述这一说法的具体意义：（1）必须有预防和发现非法行为的规则和程序；（2）高层领导必须了解和监督合规与伦理方案；（3）组织必须有一个专职的高管负责该方案；（4）必须组织培训以传播该方案的信息；（5）组织应该对该方案的有效性进行有效的监督和评估；（6）必须有举报人保护机制，使员工得以举报非法行为而不被报复；（7）必须有与该方案配套的激励措施，并在非法行为发生时调整方案。

还有其他的激励措施鼓励公司制定合规与伦理方案。例如，拥有合规管理体系的组织可能会得到更少受政府监督的好处。在美国，如职业安全健康管理局（OSHA）、环境保护局、农业部等监管机构，对采用了合规管理体系的公司减少甚至取消了检查。[15] 而有些法律要求组织必须有合规管理方案：安然和世通丑闻发生后，国会通过的《2002 年萨班斯-奥克斯利法案》( 2002 Sarbanes-Oxley Act ) 即是一例 [16]；2008 年金融危机引发大衰退后，2012 年通过的《多德-弗兰克华尔街改革和消费者保护法案》( 简称《多德-弗兰克法案》) 又是一例。[17]所有想在纽约证券交易所上市的公司都必须有合规管理方案。[18] 这一切刺激出了一个全新的行业，还有合规经理和合规咨询师这样的专业人士来帮助组织建立和运作这些方案。

但这一切是否有效？如果确实有效，那么它的成功最重要的因素和条件又是什么？

现有的实证研究得出的结论不尽相同。一方面，不少研究表明，合规管理和伦理方案在减少不道德的、非法的行为方面是有效的，但效果有限。[19] 一项研究检视了采用专门针对环境风险的 ISO 14000 环境管理体系的公司，是否更有可能合规。该研究发现，大多数采用该 ISO 体系的公司都提高了合规性，但提高得很是微小。通过 ISO 认证的公司在合规性上平均只增加了 2%。[20]

另一项研究比较了必须依照《萨班斯法案》采用合规管理体系的公司和无须如此的公司，也得出了类似的结论：拥有合规管理体系的公司在履行财务报告义务方面表现得更好，但总体差异只有 3.5%。[21] 此外，最近的两份元分析发现，有伦理守则的公司比没有的公司表现得略好。[22] 总之，合规与伦理方案有效果，但收效甚微。

合规与伦理方案的哪些方面是有效的？或许我们可以找出相应机制并加以调整，以增强那些有效的核心要素，以此加强合规方案减少不当行为的效果。一项针对澳大利亚 999 家大型公司的研究发现，合规管理体系的 21 项要素中，有 15 项对遵守竞争法和消费者保护法没有任何实质影响。[23] 这些要素包括设立合规投诉热线，使用合规手册，使用电脑合规培训项目，有保护内部举报人的书面政策，以及要求管理者经常性地报告合规情况并惩罚不合规的内部员工。[24] 这些要素实际上毫无价值，但美国司法部在西门子公司发生大规模欺诈丑闻后称赞该公司，却是因为西门子引入了许多此类要素。

对达成合规目标有效的六要素包括：有书面的合规政策和处理客户或顾客对合规问题投诉的制度。[25] 在这方面，至少在确认哪些工作能促进合规性的提高上，研究结果相当有价值。不过，应该指出的一点是，此类研究并没有评估实际的合规情况，而只是评估了公司为合规所做的努力。尽管如此，研究结果还是很能说明问题。

一些研究将公司的合规管理方案区分为注重灌输诚信和道德性

价值观的方案（我们称之为"价值观导向"），和注重规则、程序和激励的方案（称之为"激励导向"）。这些研究发现，以价值观为导向的合规管理方案，比激励导向的方案更能激励人。[26] 引入了伦理与合规程序及执行，但没有说服员工其底层价值观的方案，会适得其反。员工的意见或对员工的授权，对此类方案的采用效果也很关键。例如一项研究发现，员工参与合规相关的决策越多，他们就越有动力避免违规，这一发现与关于程序正义的研究一致。[27] 这些发现不免让我们怀疑西门子公司所采用的、美国司法部所推广的方案，是否属于有效的类型，因为价值观和对员工授权并不是这些方案的核心。

另一些学者却怀疑，合规与伦理方案就不会有效。例如一项研究发现，伦理培训的效果在两年后就会消失。[28] 培训能立竿见影地提高员工的伦理价值观，但这种效果会随时日消退。另一项研究发现，合规与伦理方案对提高合规性、减少职业安全健康方面的违规行为完全没有影响。[29] 几项针对正式伦理培训的研究发现，此类培训要么不影响组织的伦理行为，要么充其量只有暂时作用。[30] 一份关于伦理守则有效性的文献综述发现，33%的此类研究结果显示，这些守则对减少不道德行为没有影响。[31]

还有一些学者认为，合规与伦理方案有时可能使事情变得更糟。研究表明，越是将伦理合规纳入公司的运行，越有可能出现"故意和重复"的违规行为。[32] 这些文献表明，领导做出了伦理承诺，而后却失信于员工时，合规管理方案就可能适得其反，就可能向员工传递矛盾的信息：员工们一方面看到公司公开采用了道貌岸然的合规与伦理制度，另一方面又看到这套制度没有为公司的日常实践所"遵循"。任教于宾州州立大学的琳达·特雷维尼奥（Linda Treviño）和任教于特拉华大学的加里·韦弗（Gary Weaver）认为，这种言行不一，可能破坏员工对程序正义和报应正义的期望。[33]特雷维尼奥总结道："最大的伤害是……人们会把合规与伦理方案的存在只看作是对高管免受指责的保护。"[34]

合规与伦理方案沦为避免责任的粉饰，就是最糟糕的情况。[35]我们得到的只是"表面上"而非实质上的合规。[36]一项针对约1000家美国公司合规管理的研究发现："绝大多数公司只采用了低成本的、可能是象征性的伦理管理（如采用伦理守则和政策等）。"[37]为公司逃脱责任的合规管理方案成了一种反向激励，激励公司减少对预防非法行为的重视，因为公司现在担责更少了。[38]

但问题部分地在于，我们很难判断什么构成了好的、有效的合规管理方案。[39]正如杜克大学法学院教授金柏莉·克拉维茨（Kim Krawiec）所言："有效的合规制度的样子是容易模仿的，但法院和监管者却很难确定它是否真的有效。"[40]克拉维茨继续解释道，正因如此，公司合规将出现更多粉饰与美化。

这种模糊性不仅存在于怎样的合规与伦理方案有效，也存在于法律对公司的要求。加州大学伯克利分校的法律教授洛朗·埃德尔曼（Lauren Edelman）针对公司合规方案中的就业歧视的研究表明，组织机构陷入了一种两难境地：它既要表现得重视法律，又想把成本维持在最低。由于法律的具体要求常常模糊不清，组织可以单凭设立合规管理程序和"象征性结构"，比如反歧视行动特派员和反歧视守则，来克服这一困境。但这些"可见的守法努力"，并没有有效地实现法律的实质性目标，如减少就业歧视。[41]

因此，处理合规性和伦理问题所起的作用，可能仅仅是表面上遵守了模糊的法律条文，而不是实践了其原初的精神。一旦这种情况发生，在组织中实施合规方案就只是走个过场。正如合规顾问和美国司法部前合规专家陈辉（音）和哈佛商学院教授尤金·绍尔特斯（Eugene Soltes）所认为的，合规往往成为另一种负担，成为与组织的实际工作毫无关系的"一系列例行检查和粗疏的培训练习"。[42]

在最好的情况下，这些合规方案能帮助防止一些不道德的、非法的行为。但即使在这些结果最好的研究中，我们也发现了疑点。公司合规管理体系即便确实改善了公司行为，效果似乎也相当有限或短暂。

以"组织量刑指南"为代表的法律，激励公司采用了那些并没有多少证据支持其有效性的制度。很明显，仅有合规与伦理方案是不够的，它们只会在特定的条件下发挥作用：公司必须有独立的监督，公司领导层必须致力于合规和伦理，组织氛围和文化也必须符合伦理规范。[43] 我们细细想一想：设立合规与伦理方案的主要原因是公司缺少这些条件中的一部分或全部。这给我们带来了一个惊人的结论：合规与伦理方案只有在并不真正需要它们的地方才会真正发挥作用。

毕业于西点军校的约翰·科普钦斯基（John Kopchinski）经历了反败为胜。[44] 他失去了在美国制药巨头辉瑞公司年薪 12.5 万美元的舒适工作。此后的几年里，他被迫靠原本为养老准备的存款生活，而这些钱也很快用完了。但六年后，他终于拨云见日。通过做举报人（whistleblower）告发他的前雇主，他赢得了 5150 万美元的巨额奖金。

科普钦斯基在海湾战争期间担任排长，退役后直接加入了辉瑞公司，是该公司的老员工。他的岗位是销售代表，工作内容是确保医生会在处方中开具辉瑞的药物——越多越好。其中一种药物是 Bextra®（通用名伐地考昔），在 21 世纪初被批准用于关节炎和痛经的一种非甾体类抗炎药。

科普钦斯基承受着来自公司的压力，必须让医生开 Bextra 的处方，不仅用于它被批准的用途，也用于其他的疼痛。例如，每次他使得医生把 Bextra 作为病人术前术后标准止痛方案的一部分时，他就会得到 50 美元的奖金。美国食品药品监督管理局（FDA）从来没有批准过如此广泛地使用 Bextra，因为 Bextra 已经被发现会增加心血管风险。然而，辉瑞公司的销售代表却被公司大力催促着让医生开出更高剂量的处方——比被批准的每天 10 毫克的标准高出 8 倍。

辉瑞公司为其销售代表提供剧本来帮他们说服医生开 Bextra 的处方。公司将销售目标定得非常高，销售代表只有让医生将处方开得超出药物被批准的用途和剂量，才能达到这一目标。公司还在销售代表中制造强大的社会压力。据科普钦斯基回忆：“如果你不强力推销产品……就会被贴上没有团队精神的标签。”[45]

科普钦斯基起初试图提醒他的上级，他对这些做法感到担忧，但无济于事。他觉得自己的“道德底线一直在退让”。[46] 在某个时刻，他终于忍无可忍。“看着镜子里的自己时，你得让良心过得去。”他在另一次采访中解释说：“在军队里，我被期望不惜一切代价保护人民。在辉瑞公司，我被期望不惜一切代价增加利润，即使这样做有时意味着危及人的生命。”[47]

科普钦斯基决定提交一份举报人投诉。为此，他开始了所谓的“代位诉讼”（qui tam suit），依据的是《美国防制不实请求法案》（也称《林肯法案》）。该法案在美国南北战争期间通过，目的是打击向部队销售劣质战争物资（如羊毛、火药和马匹）的欺诈性公司。为确保该法真能抓到欺诈者，它规定举报人将获得政府追回金额的 50%。[48] 这一比例后来降至 15%—25% 之间。[49] 近 150 年后，这项法律使科普钦斯基成了千万富翁，因为辉瑞公司面临针对 Bextra 的营销活动提起的民事和刑事诉讼，最终以总共 23 亿美元达成和解，而科普钦斯基与其他五位举报人分享了其中应有的比例。

举报人制度是解决组织机构行为不当及违规的重要策略。某种意义上，这一制度动员了组织内部成员发挥重要的监管作用，即从组织内部发现非法行为。在针对组织机构不当行为的法律监管中，举报人可以解决两个关键问题。首先，他们能从组织内部获得外部检查人员根本无法获得的信息。其次，政府部门往往没有进行必要检查的手段或人员，而这样的举报人增强了政府部门的检查能力。正如一位金融监管者向约翰·杰伊刑事司法学院犯罪学教授亨利·彭特尔（Henry Pontell）及其同事所说："我们没有足够的 [ 执法 ] 人员和调查员来揪出每一个参与违法的人；即使能查出他们，我们也耗不起这三五年。"[50]

问题是，举报人制度是否能发现并减少非法行为。举报人的挺身而出是否减少了他们自己的组织和其他组织的非法行为？

这种制度的弊端是，挺身而出的举报人要承受巨大的代价和风险。当然，现在有一系列法律将报复行为定为刑事犯罪，以此保护举报人，然而有明确的证据表明，许多举报人还是被降职、被解雇或"被迫辞职"。[51] 例如，有一位训练有素、技术精湛的核物理学家，在举报后先是工位被安排在杂物间，随后失去了电脑，最后被安排去了收发室工作。[52] 雇主另有一个特别阴险的方法用来对付举报人：强迫他们接受"职业精神健康检查"。[53] 而举报人一旦被解雇或被迫辞职，还会被贴上"未来雇主的麻烦制造者"标签。[54] 同时，举报还面临着巨大的经济代价，包括收入损失和巨额的法律费用[55]——后者是很可能发生的，因为在约 1/4 的案件中，雇主起诉了他们。[56] 更不用说还有个人生活压力，代价往往是离婚或 / 和成瘾物滥用。[57]

　　胆小的人可做不了举报。每一个科普钦斯基背后，都有成千上万甚至数十万个科普钦斯基至死没有等到正义，遑论对其付出的弥补。然而，人们还是会挺身而出，原因有很多。一些举报人可能只是为了避免因参与的工作被起诉而站出来；有些人是因为他们刚刚被解雇，或者担心即将被解雇[58]；还有的举报案件有更多利他性和道德意义：有些人要说出来，只是为了"做对的事"。[59]

　　举报并不一定意味着被举报的非法或损害行为会在该组织中停止，更不用说未来的其他组织。在科普钦斯基举报 Bextra 的非法营销之前，另一位举报人已经对辉瑞公司的一个子公司就另一种药物"诺立汀"（Neurontin®，通用名加巴喷丁）的类似非法行为提起了代位诉讼。[60] 而这两起诉讼，都没有阻止辉瑞的竞争对手葛兰素史克公司落入一桩更大的诉讼案，这场诉讼最后以 30 亿美元的和解费和 2.5 亿美元的举报人奖励告终。有一位举报人向美国证券交易委员会举报孟山都公司（一家大型化学品和农业公司）的会计违规行为，获得了 2200 万美元奖励，他向《纽约时报》解释道，获得这些举报人奖励并不意味着事情会真的改变。他说："公司被罚款只是钱转了手，但这并不解决问题。仍然困扰着我的是，管理层没有被追责。我举报是为了解决这个问题，但这个问题并没有得到解决。"[61]

　　内部组织规则和结构可以在举报人的声音被听到前就扼杀他们。一项研究评估了《萨班斯法案》中的举报人保护措施对防止公司不当行为的效果，结论是，举报人对揭露导致 2008 年金融危机和经济大衰退的大规模公司欺诈行为没有显著的作用。[62] 由于内部伦理守则的程序，员工被大力鼓励向他们的主管报告不当行为，而主管拥有巨大的职权来"阻止和过滤这些报告"。[63] 与此相关的是，针对什么条件能帮助举报人促使组织采取真正的补救措施，存在一系列的研究，它们发现，当一个弱小的举报人向一个弱小的投诉经理投诉一个强大的违法者，而合规的内部支持和外部监督又不足时，举报就会失败。[64]

就像合规管理体系一样，我们看到有效的举报面对着令人望而生畏的障碍，而能发挥最佳效果的举报，恰恰在我们最不需要它的地方，即上级实名举报下属的不当行为（而非相反）、举报行动有足够的组织支持以及外部监督能确保问题得到有效解决，这时举报就会发挥作用。然而最糟糕也最亟须举报的情况，往往是不当行为来自上级，组织内部对采取行动的支持有限（甚至可能直接抵制），以及缺乏有效的外部监督。

总的说，合规管理体系和举报人保护措施并没有真正提供多少保护。它们在某些条件下可以发挥作用，但这些条件往往并不存在。这个矛盾很难解决，而大家对此三缄其口。各种关于合规管理和举报人保护的研究的一致结论是，只有当组织内部致力于守法时，此类体系才会发挥作用。[65] 这不是一个正确、有道德的领导就能解决的。它关系到组织整体的结构、价值观和惯例，与组织文化有关。一项研究明确地总结道："文化确实可以'把制度体系轻松搞定'。"[66]

总而言之，所有问题都指向了组织文化。我们在关于每一桩重大公司丑闻的新闻报道中都读到了文化。波音公司的"傲慢文化"被认为导致了737 Max飞机的两次坠毁，致346人死亡。[67] 据信，是宾州州立大学的"沉默文化"默许了杰里·桑达斯基（Jerry Sandusky）在13年间性侵了10名男孩，而该校有几十人知道他的罪行。[68] 也有人认为"恐惧文化"导致日本钢铁巨头神户钢铁公司非法编造其钢、铝、铜的成分数据，据称这能使其向包括丰田、日产和本田在内的主要汽车制造商出售劣质产品。[69]

## 有毒的组织文化

在 20 世纪 50 年代末，斗鸡在印度尼西亚美丽的巴厘岛非常流行。为取缔斗鸡活动，政府将其定为非法，但人们依然乐此不疲。大多数人认为斗鸡就是为了赌博，因为观众确实会赌哪只鸡能斗赢。但斗鸡的意义远远不止于此。

普林斯顿高级研究所的人类学家克利福德·格尔茨（Clifford Geertz）为了研究斗鸡，深入了巴厘岛的一个社区。在格尔茨的笔下，他最初被村民接待的情况是："我们是闯入者，还是专职的那种，巴厘岛的村民们对待我们，就像他们一贯对待不属于他们的生活而又强行出现在他们面前的人那样：当我们不存在。对他们来说，一定程度上也是对我们自身来说，我们不算人，是幽灵，是看不见的人。"[70]

有一次，格尔茨和他的妻子与几百人一起在村里的主要空地观看有组织的斗鸡。一场比赛刚刚开始，人们正在发出"pulisi! pulisi!"的尖叫声，这时，一众警察持械冲进了赛场，人群四散而逃。格尔茨描述了接下来发生的事情："人们沿着道路跑开，一头扎到墙壁后面，爬到平台之下，蜷伏在柳条篱笆之后，或者急忙爬上椰子树。公鸡四下里疯跑，趾上还带着锋利得足以割断手指或戳穿脚面的钢质距铁。到处都乌烟瘴气，慌乱不堪。"[71]

格尔茨夫妇决定尽快离开，于是跟着一名完全陌生的村民进了他家，并坐下来喝茶。当警察进来盘问他们时，他们表现得好像一直在喝茶聊天。经过这次逃跑，村民们不再把夫妇俩视为外人。当村民们得知二人和村里的其他人一样躲避警察，看到了他们与村民团结一致时，整个村子都向他们敞开了。

经过长期的驻村田野调查，格尔茨详细记录了 57 场斗鸡，并了解到，巴厘人斗鸡为的主要不是钱，而是社会地位。在重大的斗鸡赛中，互斗的公鸡来自社区中的重要人物，其核心是威望。几乎所有这样的斗鸡都是在不同的宗族间进行的，人们会把赌注下在自己宗族的公鸡上，自己的宗族没有参赛的话就给盟友宗族的公鸡下注，有来自外村的公鸡时则给自己村的公鸡下注。基于对这些重大斗鸡赛的研究，格尔茨得出结论，斗鸡有助于社区结构的构建，社区成员被捆绑在"一个象征性结构里，在其中，各成员内在的、实实在在的归属关系情况会一次又一次被明白地感受到"。[72]

格尔茨从根本上改变了我们理解和研究文化的方式。通过在巴厘岛的研究，他意识到，文化是某一社群共享的解释形式。格尔茨没有使用先入为主的文化概念，而是展示了文化深深嵌在某社群自己的仪式、等级制度和价值观中，它由该社群对周围世界共享的理解组成。[73]

格尔茨的工作告诉我们，文化不是我们能轻易从外部掌握的东西。它需要我们对某一社群如何发展出内部共享的意义，从而塑造出共同的价值观和惯例有深入的本地知识。因此，要想解组织文化，并分析哪些文化元素会滋生非法行为，我们必须设法理解组织中人如何发展和传播他们共享的理解。

要理解组织文化，以及它如何成为滋生违规及损害行为的土壤，我们必须分析组织的仪式、象征、惯例和价值观。任教于麻省理工学院斯隆商学院的埃德加·沙因（Edgar Schein）指出，要做到这些，我们必须考察三个层次。[74]第一层是他所谓的"人为事物"（artifacts），这是组织文化的具体方面，包括"可见可感的结构、过程"以及"观察到的行为"。人为事物是组织文化的表层，是组织显现其文化的方式。它们是组织的可见产物，可以包括组织的物理环境、建筑、技术、创造物、风格、故事及神话。此外，人为事物还包括涉及组织价值观、运作、仪式和构架的公开文件。

第二层是沙因所谓的"信仰和价值观"（the espoused beliefs and values），包括组织中人共同的理想、目标、价值和抱负。这些的体现形式，可以是共同的意识形态，也可以是对组织行为的合理化。这些信仰和价值观埋在组织表层之下，无法直接观察到，必须通过与组织成员交谈才能了解。

组织文化的第三层，是沙因所谓的"基本底层假设"（basic underlying assumptions）。这些假设深嵌在组织底层，在组织成员之间无意识地运行。它们涉及那些习而不察的、能"对行为的感知、想法和感受起决定作用"的信仰和价值观。在最后这一层中，组织中人人共有的深层理解都是心照不宣的，这一层最难理解，但又对制度和价值观塑造行为的方式最为关键。这就是克利福德·格尔茨根据他对巴厘岛斗鸡的研究提出的"深层游戏"（deep game）。

理解组织文化需要复杂的研究形式，需要对组织的结构、价值观和惯例做深入的个案分析。在每一个层次上，我们都必须评估哪些因素助长了不当行为和非法行为。换言之，我们在做文化诊断时必须寻找组织中的有毒元素。在理想情况下，我们应该做"法医民族志"，对那些被发现有结构性违规和损害行为的组织进行文化上的人类学分析。我们需要对该组织进行"尸检"，评估在该组织的结构性偏差和不当行为中起作用的组织结构、价值观和惯例。

理想情况下，我们会聘请像格尔茨这样的研究者在组织中做长期的民族志研究，对组织的结构、价值观和惯例进行参与式观察。但实际上这基本不可能，因为组织太过封闭与庞大，无法用这种方式去理解其文化。所幸，我们仍然可以借公开的重大丑闻记录来充分了解某组织文化中的问题。调查报道和法庭记录可以揭示组织的结构、价值观和惯例是如何助长不法行为的。

2010 年 4 月 20 日,"深水地平线"（Deepwater Horizon）钻井平台发生爆炸和火灾,导致墨西哥湾大量原油泄漏。[75] 从那天起,经营该钻井平台的英国石油公司（BP）就成了美国历史上最大原油泄漏事件的负责人。[76] 泄漏事件对墨西哥湾沿岸的经济、生态和健康造成了巨大影响,11 名员工在爆炸中死亡。

这并不是 BP 第一次在美国造成重大灾难。5 年前,得克萨斯城的一家 BP 炼油厂发生爆炸,造成 15 人死亡,170 多人受伤。即使在 2005 年的这次重大爆炸之后,BP 的重大安全问题依然存在。在爆炸发生后的 3 年里,在 BP 向职业安全健康管理局支付了 2000 万美元的罚款并被强制用 10 亿美元对其设施进行升级之后,又有 4 人在该炼油厂死亡,另有 2 人在华盛顿州的另一家 BP 炼油厂死亡。而在 2006 年 3 月,BP 的一条管道泄漏,导致了阿拉斯加北坡有史以来最大的漏油事件:26.7 万加仑的原油泄漏在冻原上,泄漏持续了 5 天都无人发现。

BP 的问题不是个人决策的产物,而是公司内更广泛的模式的一部分。这些问题在 BP 的文化中很是泛滥。事实上,调查墨西哥湾漏油事件的总统委员会联合主席威廉·赖利（William Reilly）总结说,BP 一直笼罩在"自满文化"之下。[77]

当然,BP 并非特例。2014 年,美国研究人员开始怀疑德国大众汽车制造公司正在使用一种专门针对实验室尾气排放检测的作弊装置。[78] 该装置使车辆在实验室尾气排放检测中显得更清洁,而车辆在实际驾驶中排放的氮氧化物比标准高出约 40 倍。调查发现,大众在超过 1100 万辆汽车上安装了这种作弊装置。

在大众公司，这类非法行为并不新鲜。早在 1973 年，该公司就因使用"减效装置"（defeat device）第一次被抓，并被勒令向美国环境保护局支付 12 万美元的罚款。早在 1999 年，该公司一直在奥迪发动机中安装作弊装置，该装置使奥迪在识别到自身正在接受测试时能减少污染。到 2005 年，大众不得不因为高尔夫、捷达和新甲壳虫的排放作弊向美国环保局支付 110 万美元的罚款。

西弗吉尼亚大学的一项研究发现了大众汽车在实验室和实际驾驶中的排放差异，加州监管机构随后也证实了该发现，在这之后，大众公司的反应则是拖延调查、质疑调查方法甚至修改作弊装置以使其更为有效。2016 年，在加州空气资源委员会威胁要禁止大众汽车在加州销售，在这样的压力下，该公司终于承认了作弊行为。

2009—2016 年，富国银行未经客户授权，为客户新建了 350 万个账户[79]，还为 52.8 万名客户注册了在线账单支付服务，同样未经授权。最近的评估表明，这些欺诈行为已经存在了约 15 年。[80] 然而长期以来，这些违法行为被视为当地银行员工的个人行为，员工开设无授权账户或虚假账户，一经发现，就会被银行解雇。然而，此类销售行为在该银行泛滥成灾，遍布各地分行甚至旧金山总部。早在 2002 年，整个科罗拉多州分行系统都被发现开设无授权账户和虚假账户，只为达成销售目标。银行内部人员对此都心知肚明。

当媒体在 2016 年爆出这一丑闻时，富国银行依然怪罪各地员工，并解雇了 5300 名涉事员工。然而，形势很快变得明了，这并不只是个别网点的个人不良行为，而是公司内部激励机制的结果，这些激励机制会迫使员工不断追求更高的销售额，并向客户推销尽可能多的产品。在 2017 年度富国银行董事会独立董事报告中，该银行自己承认,这不是简单的个人问题,而是组织的问题。

英国石油、大众汽车和富国银行这三家公司由于其组织文化中的问题,造成了巨大的损失。我们可以通过阅读研究委员会的报告,听取国会的公开听证会,查阅法庭记录,并阅读调查记者的长篇披露文章和报纸报道的内部人士第一手资料,来了解它们企业文化中的问题。从这些记录中,我们发现了多年来助长这些损害性的非法行为的"有毒七元素"。

### 1. 搞定就行。

这三家公司都有一项核心价值观:不惜代价,搞定就行。三家公司曾不甘屈居人后。约翰·布朗(John Browne)在 1995 年接管 BP 时,他希望该公司缩小与最大石油巨头的差距,跻身全球最成功的石油公司之列。1993 年,曾为希特勒设计初代甲壳虫汽车的费迪南德·保时捷(Ferdinand Porsche)的外孙费迪南德·皮耶希(Ferdinand Piëch)接任大众的 CEO,他宣布这家德国汽车制造公司要成为全球最大的汽车公司。而当理查德·科瓦希维奇(Richard Kovacevich)成为富国银行 CEO 时,他希望凭借销量超越所有竞争对手,引领该银行走向巅峰。

问题在于,这三家公司都采用了高风险和不切实际的方法来追逐目标。BP 辞退了许多工程师,并削减了安全和维护所必需的投资,同时还追求高风险的海上石油勘探,而这项业务亟需的正是那些被辞退的工程师。大众汽车逐鹿美国市场,将赌注押在所谓的清洁柴油上,并希望能以合理的价格生产这样的车辆,但工程师们根本无法完成这个任务。富国银行设立了前所未有的销售目标,要让每个客户持有 8 个产品(如银行账户、储蓄账户、信用卡、保险等),其人均账户数量是其他银行的 4 倍还多;"落后"的员工很可能被降职或解雇，有人这样回忆道："我们经常听说如果完不成销售指标，就会沦落到去麦当劳工作。"[81] 这三家公司都对员工施加了巨大的压力，要求他们完成不切实际甚至不可能的目标。

### 2. 闭嘴，否则……

员工们会了解到，他们不该对不现实的战略、目标和压力造成的问题提出批评性反馈。2010 年深水地平线原油泄漏事件发生后，一份调查报告发现，BP "对于提出安全或环境问题的工人，有恐吓的惯例"。[82] 富国银行的员工在提出批评后被迫辞职，结果发现自己无法在其他地方找到工作，因为富国银行在相当于银行从业者成绩单的 U5 表格 * 上给他们差评。[83] 在大众公司，恐吓发生在最高层：CEO 马丁·温特科恩（Martin Winterkorn）会在出了名可怕的周二例会上毫不留情地批评任何没有完成目标的高管，还会以向媒体透消息的方式让高管们得知自己被降级或被解雇。

员工或基层管理人员偶尔提出的意见都会被忽视，也得不到任何行动上的回应。例如，1999 年，在阿拉斯加工作的 77 名 BP 工人给 CEO 约翰·布朗写信，极力恳请他不要削减预算，他们担心削减预算将使本已触目惊心的安全条件雪上加霜。布朗并无回应，相反，一个月后，他宣布再削减 40 亿美元的预算。重大泄漏事故随后就发生了。每个案例都使得不容公开讨论的企业文化更加顽固。在组织心照不宣的氛围中，保持沉默成为核心价值和惯例；提出批评困难且无用，甚至是危险的。

---

* U5 表格即"证券行业注册统一终止通知"（Uniform Termination Notice for Securities Industry Registration），金融证券行业的注册从业者若从某机构离职，该机构即会在 30 日内向金融监管局（FINRA）提交该表格，其中要解释终止聘用的原因。——编注

### 3. 规则可以破坏。

在这三家公司中，员工们渐渐都会明白，规则是可以破坏的。大众汽车自 1973 年以来从未停止过在排放标准上作弊。BP 在健康和安全上的结构性违规行为是嵌入削减成本和高风险勘探中的，多年来已成为该公司正常运作的一部分。所以哪怕 BP 的新任 CEO 托尼·海沃德（Tony Hayward）承诺建立一个"新 BP"，并宣布公司将雇用 1000名工程师以改善 BP 全球所有的作业安全，真正的改变也还是没有到来；对于在他任职前 BP 因削减成本而导致的重大事故，海沃德也从未负起全部责任。在富国银行，分行经理甚至协助员工进行欺诈性销售。一位富国银行的前雇员说："一切都是操纵。如何将多个账户推销给同一个客户，正是我们被教导的。"[84] 另一位前雇员则说："我们必须参加欺诈性销售的培训，否则就会被解雇。"[85] 富国银行不仅是将违规行为正常化，还将其强制化。

### 4. 违规行为可以掩盖。

这些公司对自己的违规行为并不坦诚，有时还会设法掩盖。2005年得克萨斯州炼油厂发生致命爆炸后，BP 将该处设施封锁了 8 天，目的显然是想控制既成事实。同样，BP 起初也不公布深水地平线泄漏事故的现场视频，以掩盖涌入海洋的原油数量。当富国银行 CEO约翰·斯坦普夫（John Stumpf）在欺诈性账户和无授权账户丑闻东窗事发后接受国会质询时，他表示这些做法只发生在社区支行，而《纽约时报》报道说，当时该银行已经知道其汽车保险部门也有类似的做法了。[86]

最厚颜无耻的也许是大众汽车。自从大众得知弗吉尼亚州在研究比较实验室和道路条件下的尾气排放，它就知道大事不妙。然而，它故意拖延了环境监管机构一年多，并声称这项研究有缺陷，监管机构的后续测试是错误的，室外温度影响了测试结果。该公司甚至更新了软件，以减少道路测试和实验室测试的尾气排放差异；它同时也改进了软件，以便更好地识别测试是否发生在实验室中。为了安装这些新改进的作弊软件包，大众公司组织了一次召回，告诉汽车经销商和车主这些汽车有电气问题需要维修。

### 5. 错的是你们，不是我们。

一旦这些丑闻曝光，这三家公司都试图将责任推给基层员工。在富国银行，这是分支机构的无赖职员干的。大众公司的高管声称他们对汽车上的尾气排放作弊软件一无所知，正如在丑闻发生后接替温特科恩的新任CEO马蒂亚斯·穆勒（Matthias Müller）在接受一家德国报纸采访时感叹道："你当真认为一个CEO有时间去了解发动机软件的内部运作吗？"[87]

BP做得更离谱，他们时常指责大胆说出安全问题的员工和经理，还试图将责任推给分包商。在深水地平线泄漏事件中，BP声称分包商"越洋钻探"（Transocean）拥有该钻井平台，公司试图用所有权当挡箭牌，然而事实是越洋钻探公司在钻井和安全方面的操作是直接听命于BP的。这种推卸责任的做法表明，该公司并不想，也不会承担责任。最重要的是，该公司明确表示它关心的是保护自身和利润，而不是确保此类事故不再发生。

### 6. 没有造成伤害。

即使在被曝光后，这些公司仍试图否认存在损害或伤害，这是典型的中和技巧。大众汽车刚一被迫承认尾气排放丑闻的责任，就试图证明相应行为损害有限。它甚至试图否认氮氧化物的有害性。在 2016 年底发表的一份声明中，大众公司表示："根据我们的知识水平，从科学的角度来说，可靠地确定某人口群体的发病或死亡数据是不可能的。"

在深水地平线爆炸之后，针对泄漏到海湾的原油数量，BP 公开表示异议。该公司起初表示，石油的泄漏量为每天 1000 桶，这是一个相对"温和"的泄漏量；稍后，BP 将这个数字提高到每天 5000 桶。利用卫星成像数据，佛罗里达州的海洋学家发现泄漏的规模实际上多达每天 3 万桶，这意味着以这个速度，这次的泄漏将在短短两周内超过"瓦尔迪兹号"（Valdez）油轮泄漏事件。最终，深水地平线事件泄漏进海洋中的石油，是瓦尔迪兹号的 19 倍。[88]

### 7. 别信我们嘴上说的。

这几家公司没有哪一家正式表示过可以偷工减料、员工不可以提意见、违规行为可以得到容忍甚至支持，或者表示公司永远不会承担责任。然而员工看到的是，公司官方关于合规和道德的政策及信息，与其实际操作中的常规、价值观和激励措施之间有巨大的脱节。员工学到的只是，无论明面的说法是什么，都要对公司抱有另一套实际期望。

大众公司和 BP 把自己包装成对环境负责的公司，最明显地体现了这种脱节。BP 以"超越汽油"为口号，是第一家承认气候变化与化石燃料排放有关的大型石油公司。大众公司花钱制作了一系列电视广告，其中有一个可爱的老奶奶，吹嘘她的新柴油甲壳虫有多清洁，甚至在一则广告中把自己的白手绢放在排气管后面。[89]

当官方价值观和实际价值观脱节时，员工就会不再信任领导。

当新领导告诉他们今时不同往日、变革势在必行时，员工往往早已见惯"狼来了"，不会再去改变那些根深蒂固的价值观和惯例。从这个意义上说，这第七个有毒元素可能是最具破坏性的，因为它直接抗拒变革。

　　有毒七元素结合在一起，形成了一种强大的负面文化，为大众汽车、BP和富国银行的错误行为提供了温床。正是这七元素，激活了本书中反复详陈的那些促进劣行的行为机制。不现实的目标导致压力。员工无法公开发表意见，使得公司的违规行为不易被发现。违规的正常化树立了一个强大的负面社会规范。对检查人员隐瞒违规行为，这滋生了更多的犯罪机会，并破坏了惩罚的确定性。将责任推给他人和否认损害，是高管们典型的中和技巧，用来克服其对自身不当行为的羞愧和内疚。而高层的说辞和日常持续发生的不当行为之间的不协调，使消极的描述性社会规范与积极的指令性社会规范对立了起来。

　　每个组织都有可能发展出有毒文化。组织文化的具体内容可能各有不同，但都很可能包括这有毒七元素中的多项。这种文化一旦形成，改变就会非常困难，尤其是当对领导层的信任被腐蚀后。因此，第一条也是最重要的启示是，所有的组织都必须在早期阶段就更好地评估其组织文化中的毒性风险，防患于未然。

　　在最糟糕的情况下，一个"七毒俱全"的有毒文化在某起重大丑闻发生后的余波里露出水面，这时，我们就该改变反应：不能只盯着高管和企业领导者个人，也不能仅仅改变激励措施或合规管理体系，而是必须解决在公司中起作用的文化价值观和惯例。这是非常困难的。每当组织中发生了不好的事情，我们都倾向于解雇或惩罚直接责任人或最高领导。但如果我们面对的是一个文化层面的系统性问题，仅仅处理个人是无效的。这可能使我们陷入一种问题已经解决的虚幻安慰，而事实上问题依然存在。

要解决一个已经形成的有毒文化，首先就是要剔除恐惧。组织内的每个人都应该能放心地说出自己对问题的看法，而这只有在最直接的责任人被追究后才能实现。就像结束了种族隔离、踏上"真相与和解之路"的南非，一旦这一步完成，我们就需要一个过程来培养透明和诚实，使人们可以放心地分享信息和顾虑，而不必担心后果。只有在这样的条件下，我们才能对组织文化中存在的毒素进行全面分析。要从这里继续向前推进，"法医民族志"是关键。这意味着，组织应该被要求聘请人类学家和文化犯罪学家在组织内部进行田野调查，以评估其越界行为的深层文化根源。只有组织对哪些结构、价值观和惯例一直在助长非法和损害行为了如指掌，这些问题才可能获得解决。

一旦组织对其有毒文化进行这样的"尸检"，艰苦的工作就开始了。管理科学已经形成了一些想法，但重点都在如何创造促进生产与合作的文化，而不是如何改变助长不法行为的文化。[90] 我们所知道的是，变革会始于一次巨大的冲击，新领导能以此消解根深蒂固的文化模式。新领导可以将某次丑闻用作一个新的觉醒时刻。[91] 此时，最大的阻力来自员工早已司空见惯的那些文化：在新官上任的领导人发表完宏篇大论后，他们并未看到真正的跟进和改变。因此在这种情况下，新领导人必须解决"法医民族志"发现的所有问题，以表明这不是空话，这一次他们会解决具体的深层原因。

当然，他们不能只改变高层的说辞，还应该改变"基层的气味"（荷兰某大型会计师事务所的措辞）。这意味着设定不同的目标，减轻压力，回应并保护投诉人，对结构性问题负起全责，直接回应违规行为且对这些行为开诚布公，并日复一日地表明他们是认真的。[92]

第十章

# 行为法学

"这世上没有万灵药，也没有神奇的疫苗或疗法，只有行为。"美国新冠病毒应对协调员黛博拉·伯克斯（Deborah Birx）在 2020 年 4 月 1 日如是说。当时美国抗击新冠疫情刚刚开始几个星期。[1] 当然，她说的对。人们需要更频繁地洗手，戴口罩，彼此保持安全距离，如果有症状就自我隔离，并在有要求时居家。疫情防控要靠全世界的政府从根本上改变人们的行为。

早在 20 世纪初，世界就经历了一次由 H1N1 病毒引起的大流感，即众所周知的"西班牙流感"，造成数百万人死亡，当时，各国在试图让人们改变自身行为时，也面临类似的挑战。那次疫情之后，《科学》期刊的一篇社论总结了改变人们的行为是多么困难："一个人如果认为自己只是得了轻微感冒，却要为了保护他人而严格自行隔离，只因为他的感冒有那么一丢丢可能是危险的感染，这不符合人类的天性。"[2]

然而 2020 年 3、4 月之交，发生了令人瞩目的事情。美国和欧洲的政府采取了严格的疫情防控措施，要求人们待在家里，并与家庭以外的人保持安全距离。有那么一段时间，效果确实相当好。人们遵守了这些规则。通过谷歌的位置追踪数据，我们可以看到人们的日常活动发生了多大的变化。在美国，3 月 21 日至 4 月 11 日期间，人们去零售和娱乐场所的频次减少了 45%，去公交站的频次减少了 49%，去工作场所减少了 38%。在整个北美和欧洲，人们对疫情防控措施的高度遵守创造了一个奇异世界。威尼斯广场史无前例地出现了空无一人的景象。更怪的是，因为人们不再开车和乘公共交通，石油需求迅速下降，原油价格在某些时候甚至跌到了负值（每桶低于零美元）。

政府对人们的要求是相当多的。疫情防控措施要求人们违背正常的社会行为。人们必须居家，孩子们也得待在室内；与家庭以外的人见面时，人们必须彼此保持不自然的物理距离。这么多政府以类似的规则要求人们完全改变其最基本的行为，这是前所未有的。

遵守保持社交距离的指令，代价可不低。许多人失去了收入。就业率大降，仅在美国就有数千万人遭遇裁员。而且所有人都失去了自由。尽管如此，在疫情早期，人们普遍是服从的。这些早期疫情防控措施的成功，可能是人类历史上最伟大的服从壮举。

我们曾经尝试去理解这些措施是如何塑造人们的行为的。2020 年 4 月初，我们调查了身在美国、英国、荷兰等多个国家的数千人，了解他们在多大程度上遵守了居家令和保持社交距离措施，以及遵守的原因。我们全面评估了一系列潜在的影响因素，如威慑、守法成本、对防疫措施的支持、社会规范、守法责任感、程序正义、冲动和负面情绪。我们想通过此项研究看看行为暗码中的哪些部分在影响行为。

我们在 4 月初收集的数据显示，当时对防疫措施的遵守程度普遍很高；大多数人总是或几乎总是遵守相关规则。[3] 然而，这种大规模的行为改变并非源于对惩罚的恐惧或经济层面的成本收益计算。遵守防疫措施,更多的是出于道德和社会原因。在荷兰,更担心病毒会对自己和他人造成健康威胁的人,更有可能遵守防疫措施。在美国,在道德上支持防疫措施的人,以及认为其他人也遵守居家令和保持社交距离措施的人,都更有可能遵守防疫措施。在以色列,认为自己有责任遵守所有法律的人,也更有可能遵守防疫措施。

此外,在我们研究的所有国家中,对防疫措施的遵守很大程度上也取决于人们的处境。那些能够居家工作、能与家庭以外的人保持安全距离的人,更有可能这样做。我们还发现,违规机会少的人更有可能遵守防疫措施,比如那些不能再去自己的办公场所,或者其家庭以外的人不允许他们超过规定接近自己的人。最后,人的个性特征也很重要,比如在美国和荷兰,自控力差的人更有可能违反防疫措施。

到 2020 年 5 月初,在我们根据这些数据写第一篇论文时,第一波封锁行将结束,但很明显,社交距离将继续保持。我们很好奇,当局如何能确保人们彼此保持安全的距离。我们预判,某种意义上,防疫措施的遵守情况会像新年时发下的"今年要健康生活"的决心那样。不幸的是,我们发现,在 4 月初维系遵守防疫措施的力量在 5 月时被削弱了。随着病例的减少,人们对这种疾病的恐惧减少了。我们还看到了政治上的两极分化,一部分人公开质疑甚至抗议防疫措施,打破了对 4 月初减少违规机会的政策的压倒性支持。但最重要的是,随着封锁措施的放松,人们又开始能够走出家门,而且随着商家和公共场所的开放,人们现在又有地方可去了。我们还没反应过来,遵守防疫措施的程度就下降了,病毒卷土重来,新一轮的封锁又在美国和欧洲成为必需。政策制定者未能维持最初的行为改变的成果。

这场疫情使行为暗码凸显了出来。有的政府用惩罚相威胁：最极端的例子是德国当局制定了 25000 欧元的高额罚金。有的政府在道义上呼吁：在加利福尼亚，州长加文·纽瑟姆（Gavin Newsom）解释说，疫情将影响 2500 万人，因此，他呼吁人们拿出责任感："我认为此时有某种社会契约要求我们认识到，我们必须做得更多，以满足特殊情况下的需求。"[4] 荷兰首相马克·吕特（Mark Rutte）请求人们团结一心，他特别对那些认为自己风险较小的年轻人说："或许不是为了你们自己，但你们不只是为自己而活。这个国家有 1700 万人共同生活。请为老人、健康状况不佳的人遵守防疫措施。如果你们感染了他们，他们就会面临风险。"[5] 在英国，刚刚从严重的新冠感染中恢复过来首相鲍里斯·约翰逊在 4 月 4 日发推特说："请不要被好天气诱惑而违反防疫措施。我敦促大家待在家里，保护我们的国民保健服务系统（NHS），拯救生命。"[6]

当局还诉诸社会规范，试图表明遵守规则多么正常。这一点在荷兰最为明显，荷兰首相吕特解释说："我们大多数人、几乎所有人都遵守了防疫措施……当你看到空荡荡的街道、空荡荡的办公室、空荡荡的高速公路、空荡荡的火车站台时，我想这个国家的许多人都收到了信号，许多人也遵守了防疫措施。"[7]

对这次疫情的反应，也揭示了物理环境中的暗码。海报和标志提醒我们注意规则：保持安全距离，打喷嚏时用肘部遮挡，勤洗手，注意安全！同样重要（或许更重要）的是，地方当局和商家采取了许多减少违规机会的措施，使太多人聚集变得困难：他们摞上了公园的长椅，从纽约市中央公园的篮球场上拿走了篮圈，拆除了餐馆的座位，并限制超市内的顾客数量。

## 行为暗码六步分析

从遵守新冠防疫措施的情况中，我们看到，行为暗码并不是通过单一的机制运作的。我们必须对规则如何塑造行为有一种整合的观点。当然，这很难，因为有这么多不同的机制在起作用。在这里，让我们在鸟瞰视角下看一看行为暗码的机制。

总的说，我们发现行为暗码通过两大类机制发挥作用：动机和情境。人如果既有守法的动机，又处在有能力守法的情境中，就非常可能守法。反之亦然：人如果有违规的动机，并被置于能够做出违规选择的情境之下，就很可能违规。

通过人们对保持社会距离的防疫措施的反应，我们可以清楚地看到这大致两股力量在发挥作用。我们在研究中考察了两种动机：（1）外在动机，通过积极或消极的激励措施，如惩罚或守法成本，来影响人的行为；（2）内在动机，借人自己的价值观、道德观和责任感来驱动其行为。外在动机和内在动机也相互影响。如果政府没有惩罚违规的个人，他们可能会将这种违规行为正常化，并创造负面的社会规范。同样，如果执法不公平、不公正，惩罚就会适得其反，破坏规则的合法性，并削弱人们的守法责任感。

对防疫措施的遵守在很大程度上取决于人们所处的情境。这里包括两种类型的情境。一种是人们遵守法律规则的能力；在遵守新冠疫情防控措施的例子中，这包括人们是否知道并理解这些措施。另一种情境是违规机会存在之时；就新冠疫情而言，意思就是人们是否还能去工作或仍能与家庭以外的人见面。

总之，我们只要想通过法律来解决任何类型的不当行为或损害行为，就都应该用行为暗码来诊断问题的根源、人们这样做的动机，以及情境的哪些方面有影响。然后，我们必须选择效果最好、侵犯最少的方式解决每一个问题。关于行为暗码的见解为我们提供必要的知识，让我们可以进行下述的六步分析：

### 第 1 步：不当行为有哪些类型？

在做任何原因分析之前，我们都必须知道正在分析的是什么。就连环杀人事件而言，就是，它们是激情杀人还是买凶杀人；在超速问题上，我们是要连超速 10% 的人都不放过，还是只注意超速 50% 的人；面对工业污染，我们要处理的是资源有限的小公司，还是拥有专业知识和资本去遏制污染的大公司。我们务必要知道想要解决的行为有哪些具体体现，这样才能针对每一种基本类型进行具体的分析和解决。我们也必须确定要分析的单位：我们分析的只是个人行为，还是社区、组织或更广泛的社会行为？问题的后续，就要专门针对不同类型的不当行为来展开。

### 第 2 步：不当行为是如何运作的？

要创建防止不当行为的有效方法，须得在检查动机之前先检查情境。这会迫使我们跳出对当事人的行事"原因"的思考，转而思考其行事"方式"。通过找出不当行为的执行方式，我们或许就能够消除该过程中的某个重要因素，使该不当行为更难甚至不可能进行。如此，我们可能甚至都不需要尝试引导动机。正如我们先前看到的，恐怖分子计划用随身携带的液体来炸毁飞机，因此我们把重点放在管控可随身带上飞机的液体量上。这个方法代价小、易操作，却非常有效。在新冠疫情中，我们看到世界各地的政府强制各组织制定方案，以确保人们保持社交距离。当然，让不当行为变得更难，可能要以自由为代价。

### 第 3 步：为克制不当行为，人们需要什么？

在减少违规机会策略的反面，就是增强守法能力的策略。第一步是检查人们是否知道相关规则。如果不知道，我们就必须弄清楚这是因为规则太多、太技术化，还是仅仅因为传播不力。接下来，我们要确认个人和组织在技术、教育及其他方面是否有必备的技能来遵守这些规则。最后，我们必须检查人们是否需要帮助来克服个人的问题或顾虑，如自控力低、物质依赖，或需要途径得到足够的教育、住房、就业、收入和机会等。在人们有能力做到法律要求的事情前,动机是不能发挥作用的。你没有能力做到的事情肯定做不到，无论你多么希望自己能做到。

### 第 4 步：人们是否认为规则、规则制定者和规则执行者是合法的？

如果人们普遍怀有守法义务感，通过法律来改善行为就容易得多；认为法律系统不公平、不公正、有偏见的人，则会抱有较少的守法义务感。如果是这样的话，我们就需要从法律的制定和贯彻执行的方式入手，以确保公众认为法律公平、公正、无偏见。如此，即使不同意某些法律条款，即使其他人违反法律，即使没有惩罚的威胁，即使要付出相当大的代价，人们也会遵守法律。人们会仅仅因为这样做是正确的而选择这样做。

### 第 5 步：道德和社会规范起什么作用？

这一步转向其他的内在动机。我们必须知道不当行为在多大程度上植根于现有的道德和社会规范，才有可能进行成功的干预。如果不当行为在现行的道德或社会规范中植根很深，那么在干预、宣传或信息传达过程中，关键就是要避免让人们无意中注意到这一点。但如果不当行为不根植于现有道德和规范，那么干预措施就应该着意利用这些积极的道德和规范，以实现行为的改变。在组织和团体中，我们必须去诊断并解决助长不当行为的文化规范，最好是在有毒文化远未形成之前就这样做。

### 第 6 步：如何将激励和外在动机考虑进去？

最后，我们必须研究法律的激励措施在实践中是如何发挥作用的。比如我们清楚地知道，关于刑罚和侵权责任的威慑作用的证据很是有限。我们不仅要评估现有惩罚和侵权责任的确定性、严厉性，还要评估人们如何看待它们。我们必须确保人们所认为的惩罚确定性足够高。此外，我们必须确保惩罚和侵权责任不会产生意外的负面影响，从而破坏人守法的内在动机或能力。同样，对于奖励及其他积极的激励措施，我们也必须评估它们如何被人们看待，它们是否在改善行为方面发挥了积极作用，是否排挤了已经发挥作用的内在动机。

这就是在设计和运用能够防止和减少不良行为的法律时，人们所需的全套行为暗码。这些具体的问题能让我们全面地理解法律和人的行为。但仅有知识是不够的。本书中提到的科学知识并不新鲜，然而在设计法律制度并使之运转时，我们并没有将这些知识放在核心。我们的法律制度有很多地方需要向医学学习：医学在一个多世纪前经历的转变，正是我们今日的法律体系所需要的。

在 19 世纪初，西方的医疗实践还相当粗暴。由于对疾病的根本原因几乎一无所知，医生们只是遵循古老的做法。这些做法背后的逻辑是由希波克拉底在公元前 5 世纪首次提出，后由佩加蒙的盖伦在公元 2 世纪进行扩充的。那时的观点是，疾病起源于身体的失衡，因此治愈疾病需要恢复身体的平衡。[8] 那时的医生为了让人体重获平衡，常用的方法是强迫病人出汗、排尿、排便、呕吐或出血。直到 19 世纪，西方的医生依然给病人开泻药服用，贴会引起水疱的芥末膏药，给病人定期放血，以此作为治疗手段。其实，当今科学医学权威期刊《柳叶刀》的刊名，指的就是当时的医生用来给病人放血的工具。然而，随着 19 世纪的进展，这些古老的做法开始受到质疑。著名的美国最高法院大法官的父亲奥利弗·温德尔·霍姆斯（Oliver Wendell Holmes）对此做了很好的总结："我坚信，如果现在使用的所有'药物'都能沉入海底，那可是人类的大好事，当然鱼儿就遭殃了。"[9]

世界在物理、化学、生物、天文等领域取得了重大的科学进步，科学方法的出现开启了看待疾病的新方式，激发了人们用对照实验和严格的方法来检验假设。因为有这样的实验，詹姆斯·林德（James Lind）在 1753 年发现，水手可以通过吃酸橙来防止坏血病，后来我们知道，这其实只是在防止缺乏维生素 C。而爱德华·詹纳（Edward Jenner）在 1798 年用严格的方法展示了人们如何通过接种牛痘疫苗获得天花免疫力——牛痘病毒与天花病毒有一定关系，但不会在人类身上引发严重疾病。

于是，医疗实践的观念开始改变。大学开设了将医疗实践与科学相结合的医院。医生开始接受科学方法的训练，并开始认为其职业是深深扎根于科学证据之中的。科学与实证相结合的方法，使治疗和预防疾病取得了重大的突破。如今的我们基本无法想象将医学和科学分开，如同我们不能想象医生用放血来为病人退烧一样。

而在 21 世纪的今天，法律领域与医学竟还如此不同！法律训练仍然遵循古老的逻辑，教学生如何解释法律规则和案例，再将其应用于法律纠纷。培养法律工作者的核心不是科学方法和科学思维，也不是经验数据和统计分析。律师要么被训练成辩护人（如美国的情况），为其委托人谋取利益，要么被训练成法官（如荷兰的情况），根据案件事实和法律裁决各方的纠纷。

然而，法律与医学没有多大不同。和医学一样，法律显然也旨在为人类减少伤害。尽管这不是法律制度的唯一功能，但它在确保人们免受暴力犯罪伤害、能呼吸到清洁空气、安全驾驶、可以相信自己的养老金未被挥霍、在工作中不受虐待和歧视等许多方面，都发挥着关键作用。和医学一样，法律也可以直接借鉴过去 50 年来的科学发现。然而，法律似乎一直被困在过去，未能充分重视科学。

当然，今日的法律和科学并非在所有领域都毫不相干。法律社会学和法律人类学、法律经济学以及法律心理学等领域已经涌现出大量实证研究。在目击者证词、辨认嫌疑人、司法决策方面，已经出现很好的研究工作。此外，在法律行业，关于法律安排和经济增长间的联系，以及公民对法律在其日常生活中的作用的看法等问题，也已经存在大量的学术研究。

然而时至今日，法学的大部分领域，特别是主流的法律教育和训练，与探讨法律如何塑造人类行为的重要社会及行为科学见解，依然彼此隔绝。法学教授在法学院授课，而犯罪学家、心理学家、社会学家、组织学家及其他社会科学家则在其他院系授课。但也有一些重要的例外。一些法学教授，其中有些人拥有社会及行为科学的博士学位，他们对我们在本书中提到的一些核心行为学发现做出了贡献，如耶鲁大学法学院的汤姆·泰勒，伯克利大学法学院的富兰克林·齐姆林，哈佛大学法学院的卡斯·桑斯坦，以及在斯坦福大学法学院和俄亥俄州立大学法学院任教的米雪·亚历山大。

　　但大多数法学教授和他们的大部分课程都以法律和法律分析为中心。法律教育和实践，为的都是学习如何将法律规则应用于由过去的行为引起的争端，以及如何解决争端。在这样做时，他们甚少去理解导致纠纷的那些伤害行为，或是法律如何影响未来的行为。课堂上如果讨论到法律对行为的影响，这样的问题往往被视为"政策问题"，只适合热闹的辩论，但绝对不是考试的重点。既然医生已经不再用放血作为退烧之法，转而开始解决引起高烧的疾病，同样，法律从业者也必须学着从问题的根源着手，防患于未然。

　　长期以来，法律界从来不需要关注法律在塑造行为、防止伤害等方面的影响。律师和法学教授只需要专注于解决争端和法律分析，因为这是法律业务的常态，而法律业务是门好生意。此外，法律界的内部逻辑也意味着，关于法律是否影响行为，这样的经验性问题从来不是法律实践的重点，而且在我们见过的少数几次在法庭上提出行为论证的案例中，法官也一直不擅长解释这些科学发现。[10]在尤因案（尤因就是因偷窃高尔夫球杆而面临25年监禁的那个人）中，美国最高法院完全回避了所有质疑三振出局政策是否具有威慑作用的科学研究。在另一起案件中，最高法院首席大法官约翰·罗伯茨（John Roberts）将社会科学数据称为"晦涩难懂，不知所云"。[11]

　　阻碍力量还有更多。我们的法律，制定法律的人，以及运用和执行法律的人，是更大的社会和政治体系的一部分。强大的道德、社会和政治力量联手反对引入实证研究的发现，阻碍我们去卓有成效地提高法律应对不当行为的能力。

在关于犯罪和不当行为的公开辩论中，人们倾向于关注罪犯或做错事的人应该得到怎样的惩罚。从伊丽莎白·沃伦呼吁严惩公司犯罪者的情况中，我们就看到了这一点。他们罪有应得，让他们为自己的行为受到惩罚，就像我们对街头犯罪者那样，不是很公平吗？当然，我们也看到，每发生一起令人发指的罪行，人们就会呼吁严厉打击犯罪。人们关注报应正义，因为人们想要以牙还牙的公平。

正义固然重要。我们如果只专注于确保法律改变行为，而不解决道德上的对与错，就会助长暴政和不公。然而，我们一旦在政治过程中弄清了什么是正确的规则，就必须确保它们发挥作用，以免我们制定了看似公正的法律，实际上却形同虚设。这里的问题是，只想着怎样做才算正义，阻碍了我们去思考怎样有效地预防未来的不正义。

科学也要面对那些喜欢某些干预措施而不喜欢另一些干预措施的人的反对意见。我们对惩罚的条件反射就是一个典型的例子。事实上，研究表明，惩罚的冲动根植在我们的脑内。人类不仅会在惩罚他人时获得神经层面的快感，而且与其他方式相比，许多人对惩罚有一种天生的偏好。[12] 我们可能对谁应该受更严厉的惩罚持不同意见，改革派希望更严厉地惩罚公司犯罪，而保守派则希望更严厉地惩罚街头犯罪。[13] 然而总的来说，这种对惩罚的条件反射会使人盲目反对任何表明其直觉信念有误的科学。

该问题有一个重要的部分：人们倾向于认为自己的偏好、自己的是非观就是有效做法。如果你不喜欢死刑，你不仅更有可能认为它不能威慑犯罪，也更容易接受那些发现死刑没有威慑作用的研究；而如果你在道德上接受死刑，同样的科学研究就很可能不被你接受。

科学还必须克服根深蒂固的种族主义。美国经历了几个世纪的奴隶制，几十年的种族隔离制度，以及持续的种族区隔、不平等和虐待，对黑人的歧视已经根深蒂固。美国的警务更是生发自"奴隶巡逻队"。[*,14] 政治家和意见领袖经常利用狗哨政治和扩音效应，通过煽动对有色人种犯罪的恐惧，隐晦地传达种族主义信号。[15] 种族主义扭曲了对犯罪科学、对犯罪问题处理方法的讨论、接收和接受。有些人认为让更多人得到教育、住房和就业支持，是创造机会、减少犯罪的显然而客观的方法，而另一些人则在种族主义滤镜之下将这些方法看作对少数族裔不公平、不合理的偏袒。

还有人直接反对科学。疫情大流行期间，有公共活动限制和保持社交距离等防控新冠疫情的措施，在针对这些措施的抗议中，一些抗议者就举起了"取消科学"的标语牌。对科学的怀疑由来已久。1615 年，伽利略·伽利雷因发现地球围绕太阳转而非相反，被罗马宗教裁判所审判并定罪。在生物演化和气候变化等热点问题上，科学受到广泛的怀疑，个人信念和核心身份促使人们不信任甚至直接攻击科学，即使大量的经验证据与这些人的信念相悖。消息闭塞的民粹主义政治和大众媒体对科学的大量攻击，无助于促进民众对科学和科学家的信任。

而科学本身有时也会辜负大众的信任。科学家捏造数据、从事反科学活动时有发生。有许多被夸大的研究根本无法复制或无法适用于社会科学实验室之外。有时，科学家在总结研究结果时没有解释清楚细微差别，或者数据无法支持他们过于宽泛而绝对的论断。这些会破坏科学家的中立性，在学者们越来越多地参与公共辩论和政策制定的当下，这就变得尤其成问题。

---

* 18 世纪，美国南方会有白人志愿者组成巡逻队，抓捕、惩戒、震慑黑人奴隶。——编注

鉴于这一切，仅仅介绍科学已经不足以服人。《人类简史》的作者尤瓦尔·赫拉利（Yuval Noah Harari）认为，人类通过两种力量来行动：事实的力量和虚构的力量。事实很重要；如果一个人盖房子时把物理事实弄错了，房子就可能坍塌，压到下面的人。而将人们凝聚起来，形成更大的群体和集体认同的，是虚构，或说讲故事。因此，为了创造令人信服的科学，我们需要讲故事，讲述关于科学本身的故事，以及为科学发现提供背景的各种轶事。

对于维系我们这个复杂的社会而言，法律是非常重要的系统。法律保护我们的财产、安全、健康、经济以及我们的自然环境。但是，只有成功地影响了个人和组织的行为，法律才能发挥作用。本书展示了无形的行为暗码，法律必须考虑到这些暗码，才能创造出有效且可持续的行为变化。我们将这些知识提炼为六个清晰的步骤，任何法律编码员都必须遵循这些步骤来解决有害行为和不当行为。但是，仅仅概述这些步骤及其背后的科学是不够的。我们的法律体系，我们的直觉，以及我们的政治都与科学相抵触。

我们依然面临着巨大的行为方面的挑战。只要想想当下的阿片类药物泛滥，#MeToo 运动以来不断出现的性骚扰案件，种族主义和野蛮执法，大规模金融欺诈，以及造成气候变化的环境污染，就知道了。人类面临的问题如此重大，我们实在不能忽视可以帮助我们的法律体系更有效地解决这些问题的科学。我们建议进行三项改革，以确保把行为暗码纳入我们的法律规则。

**改革 1：法律训练和实践**　我们的法律体系必须接纳行为法学，以评估并纠正法律中关于行为的错误假设。借此，法律须将法律是什么、法律应该是什么等传统的理论和规范问题，与法律如何影响行为的实证性问题结合起来。律师必须学会接纳政策问题，关注法律规则如何在众多案件中影响行为，而不是专注于将法律应用于单一的案件。

由于专业设置，法学教授和他们培养的律师，在哪些法律获采纳以及法律如何运作等方面的影响力，远远超过研究法律如何影响人类行为的社会和行为科学家。法学院必须引进更多社会科学家，将社会科学融入核心课程，给他们提供空间来训练律师将法律和经验分析相结合的能力。人们是否了解法律，因何守法又为何违法，这些问题应被视为关键的法律问题，而不仅仅是社会科学问题。这些问题必须成为法律训练、研究和实践的重要组成部分。法学院不应只是开设更多的律所，培训法学学生如何为客户辩护并处理纠纷；还应该开设实验室，对不同类型的规则和干预措施进行实验。如果法学院这样做，如果法律实践将行为改变作为其业务的一部分，他们将收获巨大。这里，我们指的不仅仅是知识收益和社会收益。最近的一项研究表明，2019 年，全球合规工作的市场价值为 312.7 亿美元，到 2027 年，该市场价值预计将增长到 880 亿美元。[16] 如果这还不足以改变法学院，那么未来的法学学生也应该强烈要求获得行为学方面的训练，因为他们在实践中需要使用它。

**改革 2：科学**　科学家们的作用也很关键。几十年的科学工作未能影响我们的法律，未能使法律更好地改变行为。科学家们必须改变研究法律和行为科学的方式，以及传播科学发现的方式。

科学家们必须确保其所研究的人们如何应对法律的问题，与我们的社会所面临的实际生活问题是相关的。对科学家来说，仅仅检验理论观点、与其他学者高谈阔论是不够的；仅仅研究不当行为的某一潜在原因，而不把跨学科的理论仓库中的研究结果整合起来，是不够的；只在实验室进行与现实世界中的实际行为几乎无关的实验，是不够的；仅仅用一项研究表明某干预措施或某个项目的有效性，而没有在相同和不同的情境下复制并拓展这些发现，是不够的；仅仅研究简单的干预措施，而不去处理会对我们的社会造成重大伤害的真正复杂的行为，也是不够的。

　　社会和行为科学家必须致力于理解法律在影响重要的行为问题方面所能发挥的作用，无论这些研究是否能产生正确的理论贡献，或是否有最可靠的机会能带来直接的、可发表的结果。这意味着，科学家应该更多地以社会问题作为研究的出发点，如果可能的话，还应该与在日常生活中处理这些问题的人进行更多的合作，共同设计、共同推行有社会影响的研究。

　　科学家们还必须更好地传播自己的研究成果，以确保这些成果有机会去影响法律实践，而不是在学术界纸上谈兵。科学家们几乎只在同行评议的期刊上发表成果，这样才能在学术界有成功的职业生涯。但这意味着他们的文章中充斥着要经过专门训练才能掌握的理论和统计术语。而大部分实践者根本没有专业知识或时间来阅读这些文章，甚至被期刊的付费门槛拒之于外。这意味着科学家必须成为“双语者”：必须重新学习用清晰、平实的语言传达信息，并将其主要发现翻译给不懂统计“黑话”的广大受众。他们应该在报纸或博客上以评论等简短形式总结自己做了什么，发现了什么，为什么值得我们关心，以及局限性是什么。借此，从业者可以对科学家们的研究有所了解，并开始在实际工作中运用、复现这些研究。科学家们必须向前再迈一步，将他们的科学包装成引人去阅读、学习、联系实际的故事。

科学家们也应该更加积极主动。他们必须离开象牙塔，参与公共辩论，去纠正那些常被兜售的关于法律和行为的错误假设。科学家们常常闭门埋头做研究，而将影响法律、影响法律处理行为的方式这样的重大政策决定的讨论，留给几乎没有任何科学知识、常常依靠错误直觉的政治家和意见领袖。科学家有责任纠正公众的讨论。

做所有这些事情时，科学家必须诚实。当研究没有发现效果，或一项精心设计且被看好的干预措施收效甚微时，期刊编辑和审稿人必须乐于承认这种无效也可以有意义。他们有责任在其著名期刊上留出空间来公布这些发现，即便不是为了奖励研究人员为推行有影响的研究所承担的风险，至少也为其他研究人员节省了时间和有限的资金。同时，最伤害科学的，莫过于欺诈、不道德行为或剽窃。但是，不诚实也体现在扎实的研究结果并未得到恰当的介绍，或是在媒体的三分钟热度中被断章取义，或者其复杂性没有得到充分的描述。科学家要想被受众理解，就必须能够用简单的语言来解释原创性研究中的细微之处。

**改革 3：我们自己**　法律和行为最终是关乎我们所有人的。确保法律能更好地保护我们的安全，与我们每个人利害攸关。我们都受这些法律的约束，都被法律限制自由或为法律付出代价，却并没有得到一个更安全的社会。我们每个人都可以出一份力，以确保法律在改善人类行为方面越来越好。但要做到这一点，我们也必须审视自己，而不是坐等法律工作者、政策制定者和科学家来为我们进行这些改革。

我们被法律结构约束在共同的社群之中，作为其中的成员，我们也须认识到，我们对法律有着巨大的集体影响力。生活在民主国家，我们可以利用投票和联系当选的政治家来影响决定法律内容及运行的政策。学习了行为暗码，我们就可以区分哪些思路可能对解决重大社会行为问题有效，哪些又显然无效。我们需要的是有效的政策，而不是那些仅仅是听起来很好、迎合我们直觉的政策。

当然，遵循这个建议，难度极高。正如我们前面所见，学习科学只是第一步。我们会用自己的直觉、偏好和偏见过滤科学。我们来回想一下在本书中学到的所有核心见解。哪些是你容易接受的？哪些是你抵制的？你抵制的原因是你觉得相关信息没有说服力，或者研究方法、数据不可靠，还是你只是怀疑某些发现却表达不出理由？比如，你是否难以接受没有证据表明死刑能够威慑犯罪？罪犯改造项目有效的发现怎么样呢？更公平的执法有助于减少犯罪的发现呢？认真回想一下，重读你有疑虑的段落。在那些你不能将怀疑归因于研究方法或数据质量的地方，请考虑，即便这些发现是真的，你是否真的愿意接受它们。只有通过这样的反思，我们才能真正认识到：我们每个人都在过滤科学见解。一旦认识到这一点，并正视自己，我们或许也能接受那些第一次读到时不喜欢的发现。

接下来的一步是在日常生活和日常讨论中观察自己。我们还在支持哪些缺乏科学依据的塑造行为的方式？放下这本书后，我们很容易在选举期间，或是观看、阅读每日新闻时忘记它的意义。但是，每每有人注意到某个行为问题并为之提出解决方案时，我们都应该运用起这些见解。每当我们面对关于警察暴力的辩论，关于性骚扰的提案，关于体育界非法使用兴奋剂的新闻报道，以及针对大公司的重大侵权责任案件时，我们都应该保持警惕，并问出那个行为方面的核心问题：是什么情境和动机促成了这种行为？所提出的政策将如何影响这些行为？一旦我们训练自己这样做，无论是面对重大的国家政策，还是面对自己在工作或家庭中的小问题，我们都可以真正做到去芜存菁，采用真正有效的方法。

在科学知识的武装下，我们都可以做行为暗码的大使，发起关于法律、规则和人类行为的重要讨论。我们都可以去做事实核查员，纠正那些我们现在知道是完全错误或缺乏经验证据的观点。我们都可以做自己的批判性观察员，改进策略，来改变我们自己生活中的错误行为。我们都可以做知情的公民，支持以科学而非直觉为基础、能真正保障我们安全的政策。

# 致　谢

　　我们要感谢深谙我们对本书期望的经纪人 Andrew Stuart，以及用敏锐的质疑眼光帮我们准确表达的编辑 Joanna Green。同时，我们还要感谢灯塔出版社全体制作和营销团队的出色工作。对于 Katherine Flynn 和 Laura Chasen 在最初给予的指导，我们永远心怀感激。

　　我们也要感谢审阅了初稿的学者：罗伯特·恰尔迪尼、汤姆·泰勒、丹·纳金、格雷格·波加斯基、尤瓦尔·费尔德曼、Cortney Simmons、Erich Kirchler、亚历克斯·皮奎罗、弗朗西斯·卡伦、陈辉、Cary Coglianese、Travis Pratt、Lance Hannon 和 David Harding。

　　本雅明为此书所做的研究，部分是由欧洲研究理事会慷慨赞助的（ERC 2018-COG HomoJuridicus-817680）。

　　本雅明希望感谢亚当带来的愉快合作和灵感，感谢他作为同事和朋友一起分享这个项目的曲折起伏。我也感谢我在阿姆斯特丹大学和加州大学尔湾分校的所有同事和学生，他们多年来为这个项目的发展提供了宝贵意见。在此，我要特别感谢 Mario Barnes、Bryant Garth、Kaaryn Gustafson、Alex Camacho、Sameer Ashar、Shauhin Talesh、Katie Porter、Jonathan Glater、Chris Reinders Folmer 和 Rob

Schwitters，他们一直耐心提供反馈，回答了我许多问题。我还要感谢法律与行为中心的所有同事，他们提供了反馈意见，并加入到这场纠正法律中的行为假设的探索中来。此外，我还要特别感谢 Beth Cauffman 将我领进心理学的大门，教我在过程中思考，当然还有把亚当介绍给我。我还要感谢我所有的朋友，他们不得不听我喋喋不休地讲我对本书的新想法；我要特别感谢 Eric、Victor、Mitran、Anouk 和 Annemieke。我也要感谢我的父母 Rene 和 Giny，是他们的养育方式让我永远对世界充满好奇和热爱旅行。我还想感谢马克斯（Max）和马蕾（Mare），他们是我并没有掌握行为暗码但仍然乐在其中的活生生的完美见证。虽然列在最后，但同样重要的是，我要感谢雅妮内（Janine），感谢她与我分享了这段旅程。

亚当希望首先感谢本雅明·范·罗伊，他对知识的渴求和旺盛的精力总是让我惊讶。我也要感谢他对我喜好激烈辩论和大刀阔斧删文的耐心。如果没有 Beth Cauffman，我就不会成为一名学者，她是我永远的导师，她明智的建议和敏捷的才思对我的职业生涯产生了不可估量的影响。而使这一切成为可能的，是乔治敦大学的 Deborah Phillips、Beth Meloy、Chandan Vaidya、Sarah Vidal 和 Jennifer woolard，他们为一个年轻的研究助理打开了一切方便之门。我要感谢汤姆·泰勒、Ellen Cohn、Tracey Meares、Ben Bradford、Jonathan Jackson 和 Rick Trinker，感谢他们鼓舞人心的研究；感谢 Laurence Steinberg、Paul Frick 和亚历克斯·皮奎罗多年来的耐心指导。我很幸运能在亚利桑那州立大学任教，那里的同事建立了一个包容而活跃的共同体，不断提高着学术水准和影响力的标准。尽管是我领导着青年司法实验室，但我的学生和合作者每天都在教我更多。最后，语言无法表达我对家人的感激之情。我非常感谢他们一直以来对我的支持。莉亚涵（Reaghan）和女儿们可能永远不知道她们对什么真正重要的看法是我的灵感来源。

注　释

**第一章　双"规"记**

1. 以上引用的例子，以及加州交通法规的全文，见 2020 年加州立法信息。

2. Levine and Reinarman 2004; Rorabaugh 1996; Whitebread 2000.

3. Ryan 1998.

4. Humphreys 2018.

5. Violation Tracker 2020.

6. OSHA 2020.

7. 美国每年死于工作的人数是 4745 人，平均每天 13 人，见 OSHA 2020。死于伊拉克的美国人为 4497 人（其中 3529 人死于战斗），见 Griffiths 2020。

8. Baldwin and Houry 2015.

9. Williams and Wells 2004. see also Glassbrenner, Carra, and Nichols 2004; Solomon, Compton, and Preusser 2004.

10. Kidd, McCartt, and Oesch 2014.

11. Kidd, McCartt, and Oesch 2014.

12. NHTSA 2020.

13. 经济学：可见 Kahneman and Tversky 1979; Tversky and Kahneman 1974; Thaler 2015。伦理学：Bazerman and Tenbrunsel 2012。

**第二章　惩罚错觉**

1. 美国《超级保姆》第二季第 13 集 "一个年轻家庭"，全集见 YouTube: https://www.youtube.com/watch?v=6VJibkeczzk。

2. Warren 2016a.

3. Warren 2016c.

4. Carter 2016.

5. Warren 2016b.

6. Yates 2015.

7. Smith 2015.

8. Nixon 1973.

9. Reagan 1984.

10. Bush 1989.

11. Clinton 1993.

12. Johnson 2014.

13. Nos Nieuws 2019; Kasper 2019.

14. Barry and Selsoe Sorensen 2018; Bendixen 2018.

15. Beccaria 2016: 9.

16. Beccaria 2016: 11.

17. Beccaria 2016: 33.

18. Fahmy et al. 2020.

19. APA n.d.

20. 本段分析和资料大部分直接出自 Nagin, Cullen, and Jonson 2009; Cullen, Jonson, and Nagin 2011。

21. Langan and Levin 2002.

22. Nieuwbeerta, Nagin, and Blokland 2009.

23. Cullen and Minchin 2000.

24. Gendreau et al. 2000.

25. Jonson 2010.

26. Cullen, Jonson, and Nagin 2011.

27. Taibbi 2013.

28. Hannaford 2016.

29. Beccaria 2016: 33.

30. Nagin 2013.

31. Travis, Western, and Redburn 2014: 149.

32. Zimring, Hawkins, and Kamin 2001.

33. Zimring and Kamin 2001: 607.

34. Males and Macallair 1999: 67.

35. Worrall 2004.

36. Kovandzic, Sloan III, and Vieraitis 2004.

37. Marvell and Moody 2001: 106.

38. Fisman 2008.

39. Shepherd 2002: 190.

40. Helland and Tabarrok 2007: 330.

41. Ehrlich 1975.

42. Furman v. Georgia, 408 U.s. 238 (1972).

43. Gregg v. Georgia, Proffitt v. Florida, Jurek v. Texas, Woodson v. North Carolina, and

Roberts v. Louisiana, 428 U.S. 153 (1976).

44. Fagan 2014.

45. Fagan 2006.

46. Fagan 2006: 258.

47. 研究结论 : Mocan and Gittings 2003。Fagan 2006, 258n18 showed that it was cited in Gene Koretz, "Equality? Not on Death Row," *Business Week*, June 30, 2003, 28; Jeff Jacoby, "Execution Saves Innocents," *Boston Globe*, Sept. 28, 2003; Kieran Nicholson, "Study: Race, Gender of Governors Affect Death-Row Decisions," *Denver Post*, Dec. 19, 2002; Richard Morin, "Lame Ducks and the Death Penalty," *Washington Post*, Jan. 20, 2002; Richard Morin, "Murderous Pardons?," *Washington Post*, Dec. 15, 2002.

48. Fagan 2006.

49. Fagan 2006. shepherd's study: shepherd 2004.

50. Fagan 2006.

51. 综述可见 Fagan 2006。Donohue 和 Wolfers 重新分析了研究威慑的新发文章中的许多数据，并在《斯坦福法律评论》上发表了他们的发现。文章标题直白：《在死刑辩论中对经验证据的利用和滥用》（"The Uses and Abuses of Empirical Evidence in the Death Penalty Debate"）。文中写道："我们发现现有的支持有威慑作用的证据出奇地脆弱，在参数上的微小改变都可以使研究结果剧烈反转。"他们的研究发现，在常获引用的研究中有许多编码错误，更不用说还有很多不恰当的研究设计。Donohue 和 Wolfers 总结道："最终，在这么长的时间段里，根据可信的数据和模型分析产生的支持威慑作用的证据如此之少，表明威慑作用即便有也非常小，同时，任何宣称发现威慑作用的有力证据的'新'断言都高度可疑。"（Donohue and Wolfer 2006: 2）Tomislav Kovandzic 及其同事也在回顾了新威慑作用文献后得出了类似结论："我们的结果并没有对死刑的存在或施用能否威慑潜在罪犯、使其不去杀人的争论提供经验性证据。"他们强调说："政策制定者应该避免用宣称死刑能威慑杀人行为来合理化死刑的使用，而应考虑成本更低、更有效的方法来解决犯罪问题。"（Kovandzic, Vieraitis, and Boots 2009: 803）

52. Fagan 2006.

53. Donohue and Wolfers 2006.

54. Cochran and Chamlin 2000; Thomson 1999; Cochran, Chamlin, and Seth 1994.

55. Cochran and Chamlin 2000.

56. Shepherd 2005.

57. Nagin 2013.

58. Elvik 2016.

59. Schell-Busey et al. 2016; Simpson et al. 2014.

60. Beccaria 2016: 11.

61. Nagin 2013.

62. Brown 1978; Chamlin 1991.
63. Chamlin 1991.
64. Nagin 2013: 201.
65. Nagin 2013.
66. Helland and Tabarrok 2007; Nagin 2013.
67. Sherman, Gartin, and Buerger 1989.
68. Weisburd and Green 1995; Weisburd et al. 2004; Sherman and Weisburd 1995; Weisburd and Mazerolle 2000; Braga et al. 1999; Braga and Weisburd 2010; Brantingham and Brantingham 1999; Eck, Gersh, and Taylor 2000; Weisburd et al. 2004.
69. Weisburd and Green 1995; Wherman and Weisburd 1995; Braga and Weisburd 2010; Braga et al. 1999; Weisburd et al. 2004; Weisburd and Mazerolle 2000.
70. Nagin 2013: 240.
71. Goldstein 2013.
72. NYCLU 2020. See also Mason 2016.
73. 这里关于优步"灰球"系统的全部分析，根据的是 Isaac 2019。
74. Henriques 2011.
75. Ruiz et al. 2016.
76. Gray 2006; Gray and Silbey 2012; Gray and Silbey 2014: 117–19.
77. Plambeck and Taylor 2016.
78. *Guardian* 2019.
79. Ross and Pritikin 2010.
80. 根据与荷兰税务合规专家 Henk Elffers 的交流，他在 20 世纪 90 年代对此进行了研究。
81. Thornton, Gunningham, and Kagan 2005.
82. Thornton, Gunningham, and Kagan 2005: 272.
83. Kleck et al. 2005.
84. Apel 2013: 78.
85. Pogarsky and Piquero 2003.
86. Apel 2013: 78.
87. Engel, Tillyer, and Corsaro 2013.
88. Braga, Weisburd, and Turchan 2018. 一些更新的研究确实发现针对减少犯罪的干预措施有较强的效果，可参见 Clark-moorman, Rydberg, and McGarrell 2019。
89. Seabrook 2009.
90. de Quervain et al. 2004: 1254; Singer et al. 2006.
91. See Das Gupta 2007: 15, Plato 1975 (section 722): 181–82. See Aristotle 1976 (section 1180a15): 337; Deut. 13 and 21; Quran, 2:66; Xunzi 2003; Han Feizi 2003: 29.
92. Clark, Chen, and Ditto 2015.
93. Us Senate Select Committee on Intelligence 2014.
94. Cullen, Jonson, and Nagin 2011.

## 第三章　胡萝卜、大棒和大象

1. 此描述基于 Mendoza 1995。

2. 本故事基于 Holiday 2018 和《大西洋月刊》对 Holiday 的采访（Thompson 2018）。

3. Thompson 2018.

4. Thompson 2018.

5. Thompson 2018.

6. Landes 1982; McEwin 1989; Devlin 1992; McEwin 1989; Cummins, Phillips, and Weiss 2001; Cohen and Dehejia 2004; Cummins, Phillips, and Weiss 2001; Sloan, Reilly, and Schenzler 1994.

7. Kochanowski and Young 1985; Zador and Lund 1986; Kochanowski and Young 1985; Heaton and Helland 2009; Loughran 2001; Derrig et al. 2002; Heaton and Helland 2008.

8. Anderson, Heaton, and Carroll 2010: 82; Engstrom 2011: 333.

9. Kachalia and Mello 2011; Mello and Kachalia 2010; Agarwal, Gupta, and Gupta 2019: 6.

10. Dewees and Trebilcock 1992.

11. 重新申报公司收益：Cao and Narayanamoorthy 2011; Ducharme, Malatesta, and Sefcik 2004; Kim 2015; Gillan and Panasian 2015; Boyer and Hanon 2009。以过高价格收购其他公司：Lin, Officer, and Zou 2011。在时机未成熟时让公司上市：Chalmers, Dann, and Harford 2002: 609。

12. Schwartz 2014.

13. Rappaport 2017.

14. 本故事基于《纽约时报》和《卫报》的报道。见 Sharma Rani 2017 及 Motlag 2016。

15. Sharma Rani 2017

16. Motlag 2016.

17. Sharma Rani 2017.

18. Sharma Rani 2017.

19. Sharma Rani 2017.

20. Cameron and Pierce 1994; Nisan 1992.

21. 内在动机：Anderson, Manoogian, and Reznick 1976: 915。自主性和独立性：Kotaman 2017。自我管控：Deci, Koestner, and Ryan 1999。

22. Baumrind 1996.

23. Dell'Antonia 2016.

24. 合作：可参见 Andreoni, Harbaugh, and Vesterlund 2003; Balliet, Mulder, and van Lange 2011; Bénabou and Tirole 2006。投票：John, MacDonald, and Sanders 2015; Koelle et al. 2017。亲环境行为：Maki et al. 2016。

25. 此处的文献综述基于 Alm 2019。

26. Alm 2019. 另可参见 Brockmann, Genschel, and Seelkopf 2016。

27. Brockmann, Genschel, and Seelkopf 2016.

28. Koessler et al. 2019.

29. Fabbri, Barbieri, and Bigoni 2019.

30. Blackman 2000; Blackman and Bannister 1997; Blackman and Bannister 1998; Blackman et al. 2006.

31. Thornton, Kagan, and Gunningham 2008.

32. 在此我们引用了一份文献综述，见 Reinders Folmer 2021。

33. Reinders Folmer 2021.

34. 此处基于 Shu 的合作者 Dan Ariely 的描述，见 Ariely 2012。

35. Shu et al. 2012.

36. Kahneman 2011.

37. 术语"系统 1"和"系统 2"最初来源于 Stanovich and West 2000。

38. 引用自 SharpBrains 2006。

39. Haidt 2012.

40. 退一步想，你就会意识到，"大象"并不是对系统 1 最贴切的比喻，因为大象并不以快速著称。但如果你想到的是，要是没有健康的系统 2 的约束，大象能将所到之处全都踏平，正如系统 1 会干的那样，那个比喻就再贴切不过了。

41. 本段引用了最近一份相关的文献综述，见 Pogarsky 2021。

42. Tversky and Kahneman 1974.

43. Slovic, Fischhoff, and Lichtenstein 1979.

44. See, for example, Pogarsky, Roche, and Pickett 2017; Loughran 2019; Pickett and Bushway 2015; Pickett, Loughran, and Bushway 2015; Pickett, Loughran, and Bushway 2016; Pogarsky and Herman 2019; Pogarsky, Roche, and Pickett 2018.

45. Kahneman 2011.

46. van Gelder 2012.

47. van Gelder and de Vries 2013.

48. Pogarsky, Roche, and Pickett 2017.

49. 这些例子直接引用自 Kahneman 2011, Chapters 25 and 26。

50. Kahneman and Tversky 1979.

51. Elffers and Hessing 1997.

52. Robben et al. 1990; Chang, Nichols, and Schultz 1987; Webley et al. 1991; Cox and Plumley 1988; Schepanski and Shearer 1995; Engström et al. 2015; Kirchler and Maciejovsky 2001.

53. Chang, Nichols, and Schultz 1987.

54. Robben et al. 1990.

55. Engström et al. 2015.

56. Ernest-Jones, Nettle, and Bateson 2011.

57. Gino, Norton, and Ariely 2010.

58. van Gelder, Hershfield, and Nordgren 2013. 关于类似的启动效应，相关研究见

van Gelder et al. 2015。

59. Novi Mores 2012.

60. Johnson et al. 2012.

61. Kristal et al. 2020.

62. Doyen et al. 2012.

**第四章　道德维度**

1. Belgium 2014.

2. Henley 2018.

3. Chen 2019.

4. Urban Dictionary 2015.

5. NHTSA 2019a.

6. NHTSA 2019b.

7. Doyle 2021.

8. Botzas 2019.

9. AT&T 2013a.

10. AT&T 2013b.

11. 对 Tyler 的原创性研究的讨论，基于 Tyler 1990。

12. Kagan and Skolnick 1993.

13. Kohlberg 1963: 19.

14. Kohlberg 1971.

15. 基于 Kohlberg 1971。

16. Haidt, Koller, and Dias 1993: 617.

17. Haidt, Koller, and Dias 1993.

18. Haidt and Hersh 2001.

19. Haidt 2001: 17.

20. Haidt, Bjorklund, and Murphy 2000.

21. Haidt 2007: 998.

22. Greene et al. 2004.

23. Rooth 2009.

24. 学术界有大量关于内隐偏见的研究，见 Greenwald and Krieger 2006。一份 2009 年的文献综述发现，内隐联想测验确实可以预测真实的歧视，但另一份 2013 年的综述对此提出质疑，见 Greenwald et al. 2009; Oswald et al. 2013。

25. Bazerman and Tenbrunsel 2012: 5.

26. Feldman 2018.

27. Bereby-Meyer et al. 2020.

28. Barnes, Gunia, and Wagner 2015.

29. Ruffle and Tobol 2014.

30. Shalvi, Eldar, and Bereby-Meyer 2012; Gunia et al. 2012; Kern and Chugh 2009.

31. Tenbrunsel and Messick 2004.

32. Shu and Gino 2012.

33. Tenbrunsel and Messick 2004: 226.

34. Gino and Bazerman 2009.

35. Sykes and Matza 1957: 667. "用于检查和抑制异常的动机模式的社会控制失效，个人可以自由地从事犯罪活动而不致严重损坏其自我形象。这个意义上，犯罪者两头得利：既保持了与主流规范体系的一致性，又得到了违规'可以接受'甚至'正确'这个迫切的心理需要。"

36. 关于更多的中和技巧，一个非常详细的模型可见 Kaptein and van Helvoort 2019。

37. Sykes and Matza 1957: 667.

38. Maruna and Copes 2005: 233.

39. Klockars 1974.

40. Blanken, van de Ven, and Zeelenberg 2015.

41. Bandura 1999; Bandura et al. 1996.

42. Maruna and Copes 2005: 260; Maruna and Copes 2005: 259; Hollinger 1991; Stewart and Byrne 2000.

43. Helmond et al. 2015.

44. Cardwell and Copes 2021.

45. Cardwell, Mazerolle, and Piquero 2019.

46. Bouffard, Cooper, and Bergseth 2017; Jonas-van Dijk et al. 2020.

47. BBC News 2019.

48. Breslow 2015.

49. Feuer 2019.

50. Henriques 2011.

51. BBC News 2018.

52. Carreyrou 2018.

53. Farrow 2019.

54. Aristotle 1976 (section 1180a15): 337.

55. Kohlberg 1971.

56. Lardén et al. 2006.

57. Palmer 2003: 168. 该文献综述回顾了一项元分析，这一元分析针对的是自 1990 年以来 15 项研究的作用，它发现，罪犯群体的道德推理不如普通人群成熟，见 Nelson, Smith, and Dodd 1990。

58. Nelson, Smith, and Dodd 1990.

59. Valliant et al. 2000.

60. van Gelder and de Vries 2016: 705.

61. 性侵：Lee, Gizzarone, and Ashton 2003。在工作中行为不端：Lee, Ashton, and de Vries 2005; Lee, Ashton, and Shin 2005。职业犯罪：van Gelder and de Vries

2016。其他常见的轻罪：van Gelder and de Vries 2013。

62. Paulhus and Williams 2002.

63. Corry et al. 2008.

64. Hare et al. 1990; Lilienfeld and Andrews 1996.

65. Jones and Paulhus 2009.

66. Paulhus and Williams 2002: 557.

67. 霸凌：Baughman et al. 2012。欺骗：Azizli et al. 2016。异常性行为：Williams et al. 2009。报复：DeLongis, Nathanson, and Paulhus 2011, cited in Furnham, Richards, and Paulhus 2013。白领犯罪：Flexon et al. 2016。学术不诚信：Brunell et al. 2011。暴力犯罪：Wright et al. 2017。

68. APA 2013.

69. Yu, Geddes, and Fazel 2012.

70. Yu, Geddes, and Fazel 2012: 785.

71. Reising et al. 2019.

72. Stromberg 2013.

73. Dematteo et al. 2020.

74. Kjøbli, Zachrisson, and Bjørnebekk 2018.

75. Muratori et al. 2017.

76. Waschbusch et al. 2019.

77. Feldman 2018.

## 第五章　公民服从

1. 关于甘地的"食盐长征"，细节见 Dalton 2012。

2. Fine and van Rooij 2017; Fine et al. 2016.

3. Fine et al. 2020a.

4. Tyler 1990.

5. Brockner et al. 1997; Tyler 2000.

6. Tyler 1997.

7. Walters and Bolger 2019.

8. Tyler, Callahan, and Frost 2007.

9. Winter and May 2001.

10. 福利欺诈：Murphy, Tyler, and Curtis 2009。逃税：Murphy 2003; Worsham 1996; Murphy 2005; Doyle et al. 2009; Hartner et al. 2008; Kogler et al. 2013; Kirchler 2007; Kirchler, Hoelzl, and Wahl 2008; Kirchler et al. 2010。关于信任在理论上如何在依法缴税中发挥作用，以及它如何与执法相关联，最初的想法见 Erich Kirchler 及其同事提出的滑坡框架（slippery slope framework）：Kirchler, Hoelzl, and Wahl 2008。养老院：Makkai and Braithwaite 1996。

11. MacCoun 2005.

12. Nagin and Telep 2017.

13. Doyle et al. 2009.

14. Simerman 2019; Reutter 2019.

15. Rappleye 2016.

16. 案件被撤销：Rappleye 2016。案件可能受到影响：Vaughn 2019。

17. Edwards, Lee, and Esposito 2019.

18. Fine et al. 2020b.

19. Fine et al 2020b.

20. Fine et al. 2020c.

21. Ramji-Nogales, Schoenholtz, and Schrag 2007.

22. Mashaw 1978.

23. Ho 2017.

24. 481 US 279 (1987).

25. Barnes and Chemerinsky 2017; Gronhovd 1986.

26. Lewis 1987.

27. President's Task Force on 21st Century Policing 2015.

28. McLean et al. 2019.

29. McLean et al. 2019.

30. McLean et al. 2019.

31. Rice and Lee 2015.

32. Beck and Rice 2016.

33. Rice and Lee 2015.

34. Beck and Rice 2016.

35. Leap 2020.

36. Rice and Lee 2015; Los Angeles Mayor's Office 2017.

37. Chang 2020.

38. Robin et al. 2020; Leap 2020.

39. Owens et al. 2018.

40. Mazerolle et al. 2013.

41. Chang 2020.

42. Ho 2017.

43. Kish-Gephart, Harrison, and Treviño 2010; Treviño and Youngblood 1990.

44. Wilson 2001.

45. Truth and reconciliation commission 2020.

46. van der Merwe and Chapman 2008; Gibson 2005; Gibson 2004; Mamdani 2002.

47. O'Brien, meares, and Tyler 2020.

48. Wang and Philips 2018.

49. Garcia 2019.

50. Fazlollah, McCoy, and Shaw 2018.

51. Bouboushian 2015.

## 第六章　社会规范

1. Gneezy and Rustichini 2000.

2. Cialdini 2007.

3. Cialdini 2007.

4. based on Schultz et al. 2007.

5. Perkins et al. 2010.

6. Perkins et al. 2010.

7. Perkins et al. 2010.

8. Bruce 2002.

9. 关于约会暴力……的认知：Degue et al. 2014。相应的现实：Foshee et al. 2004。

10. Perkins, Perkins, and craig 2019.

11. Wenzel 2005: 873.

12. Tang and Hall 1995; Lepper, Greene, and Nisbett 1973.

13. Nolan and Wallen 2021.

14. Nolan and Wallen 2021.

15. Smith and Louis 2008: 648.

16. 相关文献综述见 Smith and Louis 2008: 649。

17. 相关文献综述见 Smith and Louis 2008。

18. National Park Service 2018.

19. Cialdini et al. 2006: 12.

20. Twiley 2015.

21. Weiser 2019.

22. 本段直接引自 Twiley 2015。

23. See Cialdini 2003, Cialdini 2007; Cialdini et al. 2006; Cialdini and Goldstein 2004.

24. 关于荣誉和尊重：Anderson 2000。宗教信仰：Grijns and Horii 2018。

25. Maslin Nir 2017.

26. Keizer, Lindenberg, and Steg 2011.

27. 在这里，我们可以想想社群的文化规范：有些文化规范使人们总是寻求加强和培养尊重，有时这样的文化规范会刺激出非法行为甚至暴力行为，见 Anderson 2000。或者我们可以想想宗教规范，例如有些宗教规范还维持着已被法律取缔的未成年婚姻，见 Grijns and Horii 2018。

## 第七章　善用改变

1. 完整视频见 Public Apology Central 2017。

2. Dambrova et al. 2016.

3. USADA 2016.

4. 编辑自 Adams 2012。

5. Kim 1999.

6. Kim 1999.

7. Pleasence, Balmer, and Denvir 2017.

8. Sarat 1975.

9. Albrecht and Green 1977.

10. Darley, Sanderson, and Lamantia 1996. See also Darley, Carlsmith, and Robinson 2001.

11. Cavanagh and Cauffman 2017.

12. Pleasence and Balmer 2012: 322.

13. See reviews by Littleton 2008 (reviewing twenty-eight studies) and Eberwein III 2008 (reviewing seventy-seven studies). 个体研究可参见 Bowal 1998; Militello, Schimmel, and Eberwein 2009; Schimmel and Militello 2007。

14. Shuman and Weiner 1981; Givelber, Bowers, and Blitch 1984; van McCrary et al. 1992; Saltstone, Saltstone, and Rowe 1997; van McCrary and Swanson 1999; Chate 2008; White et al. 2012; White et al. 2014.

15. van McCrary and Swanson 1999: 20.

16. See Edelman and Talesh 2011; Talesh 2015; Talesh 2009; Talesh and Pélisse 2019; Gray and Pelisse 2019; Abbott, Levi-Faur, and Snidal 2017.

17. Darley, Carlsmith, and Robinson 2001: 184.

18. Pleasence and Balmer 2012: 325.

19. Ellickson 1991: 115.

20. Beccaria 2016: 107.

21. Marlborough 2016.

22. Marlborough 2016.

23. Segall 2018.

24. *Psychology Today* 2019.

25. Gottfredson and Hirschi 1990.

26. 此处讨论深受 Pratt and Lloyd 2021 的影响。

27. Gottfredson and Hirschi 1990: 10, 16, 12.

28. Gottfredson and Hirschi 1990.

29. Gottfredson and Hirschi 1990: 90.

30. Hirschi and Gottfredson 1993.

31. Vazsonyi, Mikuška, and Kelley 2017.

32. de Ridder et al. 2012. Pratt and Cullen 2000: 952–53.

33. Akers and Sellers 2004, as cited in Vazsonyi, Mikuška, and Kelley 2017.

34. Akers 1991.

35. Gottfredson and Hirschi 1990: 90.

36. Hirschi 2004.

37. Piquero, Jennings, and Farrington 2010; Piquero et al. 2016.

38. Augimeri et al. 2018.

39. Augimeri et al. 2018: 44.

40. Burke and Loeber 2015.

41. Augimeri et al. 2018.

42. Steinberg and Scott 2003.

43. Stanley-Becker and Horton 2018.

44. Chason 2019.

45. Cooke and Farrington 2016.

46. Currie 2008, cited in Cooke and Farrington 2016.

47. Button 2007, cited in cooke and Farrington 2016.

48. Cooke and Farrington 2016: 856. 当然，我们需要更多研究，因为现有研究只有十几份。Duindam et al. 2020.

49. Craig, Gannon, and Dixon 2013: 8.

50. Joy Tong and Farrington 2006: 5.

51. Robinson and Porporino 2003.

52. Joy Tong and Farrington 2006: 5.

53. Joy Tong and Farrington 2006.

54. Weekes et al. 2013: 248.

55. Pelissier et al. 2001.

56. Porporino et al. 2002. 最近有一项针对更广范围研究的元分析，见 Holloway, Bennett, and Farrington 2008。

57. Lipsey and Cullen 2007.

58. Martinson 1974.

59. Alexander 2012.

60. Alexander 2012: 149.

61. Visher, Winterfield, and Coggeshall 2005: 295–96; Sampson and Laub 1997: 17.

62. Alexander 2012: 148.

63. Visher, Winterfield, and Coggeshall 2005: 295–96.

64. Freeman 1991: 13.

65. Augustin 2016.

66. Lantigua-Williams 2016.

67. Pratt and Cullen 2005.

68. Pare and Felson 2014. 另见 Kang 2016，文中有关于贫困和犯罪间联系的更多证据，发现贫困集中程度较高的社区会有更多犯罪。

69. Lochner and Moretti 2004.

70. Lochner and Moretti 2004: 176.

71. Deming 2011.

72. Aizer and Doyle 2015.

73. Foley 2001; Macomber et al. 2010.

74. McCarthy and Hagan 1991.

75. Lens 2014. 更广泛的文献综述，见 Lens 2013。

76. Woo and Joh 2015.

77. Pratt, Turner, and Piquero 2004.

78. Agnew 2006.

79. Botchkovar, Tittle, and Antonaccio 2009.

80. Botchkovar, Tittle, and Antonaccio 2009.

81. 此处我们引用了 Kagan and Scholz 1984。

**第八章　恐怖分子的减速带**

1. van Natta Jr., Sciolino, and Grey 2006.

2. van Natta Jr., Sciolino, and Grey 2006.

3. Casciani 2009.

4. van Natta Jr., Sciolino, and Grey 2006.

5. 本段及下一段基于 Calder 2016。

6. Cohen and Felson 1979.

7. Cohen and Felson 1979: 598.

8. Cohen and Felson 1979: 599, 596.

9. Cohen and Felson 1979: 596.

10. 性犯罪：Tewksbury and Mustaine 2001; Belknap 1987。抢劫：Groff 2007。医疗 欺诈：Benson, Madensen, and Eck 2009。碳排放交易中的欺诈：Gibbs, Cassidy, and Rivers III 2013。

11. McNeeley 2015.

12. Spano and Freilich 2009: 308.

13. Pratt, Holtfreter, and Reisig 2010: 281.

14. Holt and Bossler 2008.

15. Bossler and Holt 2009.

16. 以上各点，见 Mayhew, Clarke, and Elliott 1989: 2–3。

17. Mayhew, Clarke, Elliott 1989.

18. Clarke 1980.

19. Clarke 1980.

20. Farrington and Welsh 2007.

21. Maarse 2016.

22. Pope 2016.

23. Newman 1972.

24. Newman 1972 as summarized in Cullen, Agnew, and Wilcox 2014: 460.

25. Clarke 2005.

26. Bostwick 2010.

27. AFP (Agence France-Presse) 2019.

28. Associated Press 2016.

29. Robies 2018.

30. Robies 2018.

31. Robies 2018.

32. Ekblom 1988.

33. Clarke 2005.

34. Clarke 1980.

35. Guerette and Bowers 2009.

36. Scherdin 1986.

37. Pease 1991.

38. 该案件的各方面情况，见 Castle 2019。

39. Travis, Western, and Redburn 2014.

40. Travis, Western, and Redburn 2014: 141–42.

41. Sentencing Project 2020.

42. Graves 2016.

43. See Howell 2009.

44. Glueck and Glueck 1937; Laub and Sampson 2003; Piquero 2008.

45. Sweeten, Piquero, and Steinberg 2013.

46. Schubert et al. 2004.

47. Mulvey et al. 2010.

48. Steinberg and Scott 2003.

49. Cohen and Casey 2014.

50. Travis, Western, and Redburn 2014.

51. Travis, Western, and Redburn 2014: 143.

52. Johnson and Raphael 2012: 302.

53. Miles and Ludwig 2007: 291.

54. Marvell and Moody 1994: 117.

55. Cup 2019.

56. Woodyatt 2019.

57. Welch 2019.

58. Richtel 2016.

59. Richtel 2016.

60. Kidd, McCartt, and Oesch 2014.

61. Kidd, McCartt, and Oesch 2014.

62. Fehling 2018.

63. Kivisto, Ray, and Phalen 2017.

64. Kellermann et al. 1993. 最近一项研究也在拥枪和杀人率之间发现了强显著关系，拥枪率每提高 1%，凶杀率就提升 0.9%，见 Siegel, Ross, and King 2013。

## 第九章　把制度体系轻松搞定

1. Gow 2008. See also Dietz and Gillespie 2012.

2. 以色列 : Schubert and Miller 2008. 阿根廷 : US attorney's office 2015; Schubert and Miller 2008.

3. Spiegel International 2007.

4. Schubert and Miller 2008.

5. Dietz and Gillespie 2012.

6. Dierks 2006.

7. Schubert and Miller 2008.

8. Spiegel International 2008.

9. Lopez 2011. "死刑缓期两年执行"意味着服刑人员若表现良好，两年内可减为无期徒刑。

10. US Department of Justice and District of Columbia 2008.

11. Gino, Ayal, and Ariely 2009; Kish-Gephart, Harrison, and Treviño 2010; Scholten and Ellemers 2016; Treviño and Youngblood 1990.

12. Simpson et al. 2014.

13. Federal Sentencing Guidelines §8B2.5, section F; see https://www.ussc.gov/guidelines/2018-guidelines-manual/annotated-2018-chapter-8.

14. Federal Sentencing Guidelines §8B2.1; see https://www.ussc.gov/guidelines/2018-guidelines-manual/annotated-2018-chapter-8.

15. Coglianese and Nash 2021.

16. Sarbanes-Oxley Act of 2002 (Public Company Accounting Reform and Investor Protection Act), Pub. L. No. 107–204, 116 Stat. 745 (codified as amended in scattered sections of U.S.C. titles 11, 15, 18, 28, and 29).

17. Coglianese and Nash 2021. Dodd-Frank Wall Street Reform and Consumer Protection Act, Pub. L. No. 111- 203, 124 Stat. 1367 (codified as amended in scattered sections of U.S.C. titles 7, 12, 15, and 31).

18. Coglianese and Nash 2021.

19. 此处讨论部分基于 Coglianese and Nash 2021。

20. Prakash and Potoski 2006.

21. Ge, Koester, and McVay 2017.

22. Kish-Gephart, Harrison, and Treviño 2010; Schell-Busey 2009.

23. Parker and Nielsen 2009.

24. Parker and Nielsen 2009: 24.

25. Parker and Nielsen 2009: 28.

26. Weaver 2014; Treviño 1999; Goebel and Weißenberger 2017; Hofeditz et al. 2017.

27. Hofeditz et al. 2017.

28. Warren, Gaspar, and Laufer 2014.

29. McKendall, DeMarr, and Jones-Rikkers 2002.

30. 不影响组织的伦理行为 : Laufer 1999; Laufer and Robertson 1997; McCabe, Treviño, and Butterfield 1996; Stansbury and Barry 2007。充其量只有暂时作用 : Ri-

chards 1999。

31. Kaptein and Schwartz 2008.

32. McKendall, DeMarr, and Jones-Rikkers 2002: 380.

33. Treviño and Weaver 2001.

34. Treviño et al. 1999: 132.

35. McKendall, DeMarr, and Jones-Rikkers 2002: 379; Parker and Nielsen 2009.

36. Krawiec 2003: 487.

37. Weaver, Treviño, and Cochran 1999.

38. Laufer 1999.

39. Krawiec 2003.

40. Krawiec 2003: 491–92.

41. Edelman 1992.

42. Chen and Soltes 2018.

43. 独立的监督：Coglianese and Lazer 2003: 725。公司领导层必须致力于⋯⋯组织氛围和文化也⋯⋯：Kish-Gephart, Harrison, and Treviño 2010; Coglianese and Nash 2021; Parker and Nielsen 2009。

44. 对这个故事的讨论基于 Hensley 2009 and Berkrot 2009。

45. Hensley 2009.

46. Hensley 2009.

47. Berkrot 2009.

48. 基于 Waxman 2019。

49. False Claims Act (FCA), 31 U.S.C. §3730(d). See also US Department of Justice 2011.

50. Pontell, Calavita, and Tillman 1994.

51. 被降职：Sawyer, Johnson, and Holub 2010: 4。被解雇：Alford 2007: 223; Dyck, Morse, and Zingales: 2010; Sawyer, Johnson, and Holub 2010。被迫辞职：Dyck, Morse, and Zingales 2010: 2216。

52. Alford 2007: 230.

53. Liyanarachchi and Newdick 2009: 41.

54. Liyanarachchi and Newdick 2009: 40; Dyck, Morse, and Zingales 2010.

55. Earle and Madek 2007; Carson, Verdu, and Wokutch 2008.

56. Sawyer, Johnson, and Holub 2010.

57. Alford 2007; Rapp 2012.

58. Dyck, Morse, and Zingales 2010.

59. Liyanarachchi and Newdick 2009, Curtis 2006, Taylor and Curtis 2010, Dasgupta and Kesharwani 2010.

60. US Department of Justice 2004.

61. Morgenson 2016.

62. Moberly 2012.

63. Moberly 2012: 37.

64. Near and Miceli 1996; Miceli, Near, and Dworkin 2008. Dasgupta 和 Kesharwani 在对相关文献的考察中，只写了一点关于举报有降低组织不当行为的效果，主要都是在重复 Miceli 及其同事的观点。关于预测所蕴含的复杂性，他们有这样一条结论性陈词："结果是由一系列因素决定的，但这些因素和结果本身在不同的组织中、不同的人身上都不尽相同。"（Dasgupta and Kesharwani 2010: 63）

65. McKendall, DeMarr, and Jones-Rikkers 2002: 379, Parker and Nielsen 2009: 28, Gunningham and Sinclair 2014; Coglianese and Nash 2021; Steinberg 2011: 33; Ely and Meyerson 2010; Kish-Gephart, Harrison, and Treviño 2010; Near and Miceli 1996; Miceli, Near, and Dworkin 2008; Dasgupta and Kesharwani 2010: 63.

66. Gunningham and Sinclair 2014.

67. Volkov 2020.

68. DeJesus 2019

69. Sharma 2017.

70. Geertz 2000.

71. Geertz 2000.

72. Geertz 2000: 27.

73. 对此的详细解释，见 Geertz 1973。

74. Schein 2010.

75. 这一部块（有时是直接）引自 van Rooij and Fine 2018。

76. 此处对 BP 的总体讨论，基于 Baker et al. 2007; Balmer, Powell, and Greyser 2011; Bozeman 2011; Domenec 2012; Frey 2002; Goldenberg 2010; Hoffman and Devereaux Jennings 2011; Kollewe 2010; Lustgarten 2010; Lustgarten 2012; Lustgarten and Knutson 2010; Lyall 2010; Mattera 2016; Pardosi 1997; PBS 2010; Smithson and Venette 2013; Steffy 2010; Sylves and Comfort 2012; US Chemical Safety and Hazard Investigation Board 2007。

77. Goldenberg 2010.

78. 对大众汽车的总体讨论，引自 Chossière et al. 2017; Ewing 2017; Glinton 2016; Manske and Quoos 2018; Nelson 2016; Reuters 2016。

79. 对富国银行的讨论，引自 Arnold 2016a; Associated Press 2017; Colvin 2017; Corkery 2016; Cowley 2017; Cowley and Kingson 2017; Egan 2017; Frost 2017; Glazer 2017; Independent Directors of the Board of Wells Fargo 2017; Kellaway 2015; Lakatos, Davidson, and Sanney n.d.; Lubin 2017; Puzzanghera 2017; Reckard 2013; Roberts 2017。

80. Independent Directors of the Board of Wells Fargo 2017.

81. Reckard 2013.

82. Lustgarten and Knutson 2010.

83. Arnold 2016b.

84. reckard 2013.

85. Colvin 2017.

86. Morgenson 2017.
87. Ewing 2017: 216.
88. Woodward 2019.
89. Volkswagen 2017.
90. Alvesson and Sveningsson 2015; Bass and Avolio 1993; Cameron and Quinn 2006; Harrison and Stokes 1992; Hatch 1993; Hofstede et al. 1990; Jones, Jimmieson, and Griffiths 2005; Scalzi et al. 2006; Scott et al. 2003; Warren, Gaspar, and Laufer 2014; Schein 2010.
91. Schein 2010.
92. Ogbonna and Wilkinson 2003.

## 第十章　行为法学

1. Shear, Crowley, and Glanz 2020.
2. Soper 1919.
3. de Bruijn et al. 2020; Kooistra et al. 2020; Kuiper et al. 2020; van Rooij et al. 2020.
4. Bacon and Ortiz 2020. 发出类似呼吁的还有密歇根州州长 Gretchen Whitmer，见 Fox 2 Detroit 2020。
5. Rijksoverheid 2020.
6. Johnson 2020.
7. Rijksoverheid 2020.
8. 此部块中关于科学医学及相关实践的历史发展的这些段落，基于 Barry 2005。
9. Barry 2005: 31.
10. 关于美国法官误用经验性证据的研究，可见 Finkel 1995; Monahan and Walker 2011; Fradella 2003; Rustad and Koenig 1993: 91。
11. Flaherty 2017.
12. de Quervain et al. 2004 1254; Singer et al. 2006; Unnever and Cullen 2009.
13. Unnever and Cullen 2009.
14. Balko 2013.
15. Haney-López 2015.
16. Grand View research 2020.

# 参考文献

Abbott, Kenneth W., David Levi-Faur, and Duncan Snidal. 2017. "Theorizing Regulatory Intermediaries: The RIT Model." *Annals of the American Academy of Political and Social Science* 670 (1): 14–35.

Abdullah, Halimah. 2016. "HUD Seeks to End Housing Discrimination Against Ex-Offenders." NBC News, April 4. https: //www.nbcnews.com/news/us -news/hud-seeks-end-housing-discrimination-against-ex-offenders-n550471.

Adams, Orny. 2012. "Third Amendment and Commandments." YouTube, October 30. https://www.youtube.com/watch?v=zKXLhOnDdNw.

AFP (Agence France-Presse). 2019. "Death of the 500 Euro Note, Bill Favoured by Criminals . . . and Germans." *South China Morning Post,* January 27. https:// www.scmp.com/news/world/europe/article/2183801/death-500-euro-note -bill-favoured-criminals-and-germans.

Agarwal, Rajender, Ashutosh Gupta, and Shweta Gupta. 2019. "The Impact of Tort Reform on Defensive Medicine, Quality of Care, and Physician Supply: A Systematic Review." *Health Services Research* 54 (4): 851–59.

Agnew, Robert. 2006. *Pressured into Crime: An Overview of General Strain Theory.* Oxford: Oxford University Press.

Aizer, Anna, and Joseph J. Doyle Jr. 2015. "Juvenile Incarceration, Human Capital, and Future Crime: Evidence from Randomly Assigned Judges." *Quarterly Journal of Economics* 130 (2): 759–803.

Akers, Ronald L. 1991. "Self-Control as a General Theory of Crime." *Journal of Quantitative Criminology* 7 (2): 201–11.

Akers, Ronald L., and Christine Sharon Sellers. 2004. *Criminological Theories: Introduction, Evaluations, and Application.* 4th ed. Los Angeles: Roxbury.

Albrecht, Stan L., and Miles Green. 1977. "Cognitive Barriers to Equal Justice Before the Law." *Journal of Research in Crime and Delinquency* 14 (2): 206–21.

Alexander, Michelle. 2012. *The New Jim Crow: Mass Incarceration in the Age of Colorblindness.* New York: New Press.

Alford, C. Fred. 2007. "Whistle-Blower Narratives: The Experience of Choiceless Choice." *Social Research* 74 (10): 223–48.

Alm, James. 2019. "What Motivates Tax Compliance?" *Journal of Economic Surveys* 33 (2): 353–88.

Alvesson, Mats, and Stefan Sveningsson. 2015. *Changing Organizational Culture: Cultural Change Work in Progress.* New York: Routledge.

Anderson, Elijah. 2000. *Code of the Street: Decency, Violence, and the Moral Life of the Inner City.* New York: W. W. Norton.

Anderson, J. M., Paul Heaton, and Stephen Carroll. 2010. *The US Experience with No-Fault Automobile Insurance: A Retrospective.* Santa Monica, CA: RAND Corporation.

Anderson, Rosemarie, Sam T. Manoogian, and J. Steven Reznick. 1976. "The Undermining and Enhancing of Intrinsic Motivation in Preschool Children." *Journal of Personality and Social Psychology* 34 (5): 915–22.

Andreoni, James, William Harbaugh, and Lise Vesterlund. 2003. "The Carrot or the Stick: Rewards, Punishments, and Cooperation." *American Economic Review* 93 (3): 893–902.

APA (American Psychological Association). 2013. "Personality Disorders." *DSM-V.* https://www.psychiatry.org/File%20Library/Psychiatrists/Practice/DSM/APA _DSM-5-Personality-Disorder.pdf.

———. 2016. "Solitary Confinement of Juvenile Offenders." https://www.apa .org/advocacy/criminal-justice/solitary.pdf.

Apel, Robert. 2013. "Sanctions, Perceptions, and Crime: Implications for Criminal Deterrence." *Journal of Quantitative Criminology* 29 (1): 67–101.

Ariely, Dan. 2012. *The (Honest) Truth About Dishonesty: How We Lie to Everyone— Especially Ourselves.* London: HarperCollins.

Aristotle. 1976. *Ethics.* London: Penguin Books.

Arnold, Chris. 2016a. "Former Wells Fargo Employees Describe Toxic Sales Culture, Even at HQ." NPR, October 4. https://www.npr.org/2016/10/04 /496508361/former-wells-fargo-employees-describe-toxic-sales-culture -even-at-hq.

Arnold, Chris. 2016b. "Workers Say Wells Fargo Unfairly Scarred Their Careers." NPR, October 21. https://www.npr.org/2016/10/21/498804659/former-wells -fargo-employees-join-class-action-lawsuit?t=1593764772819.

Associated Press. 2016. "European Central Bank to Discontinue 500-Euro Note." CBC News, May 5. https://www.cbc.ca/news/business/500-euro-ended -1.3568182.

———. 2017. "Wells Fargo Fired a Worker for Refusing to Scam Customers, Lawsuit Says." *Los Angeles Times*, April 17. http://www.latimes.com/business/la-fi -wells-fargo-lawsuit-20170417-story.html.

AT&T. 2013a. "An Instant Can Change Your Life." YouTube. https://www .youtube.com/watch?v=cQS_hMq2Lqo&feature=youtu.be.

———. 2013b. "Texting While Driving: Chandler." YouTube. https://www .youtube.com/watch?v=PN1eljqxs44&feature=youtu.be.

Augimeri, Leena K., et al. 2018. "SNAP (Stop Now and Plan): Helping Children Improve Their Self-Control and Externalizing Behavior Problems." *Journal of Criminal Justice* 56: 43–49.

Augustin, Stanley. 2016. "Lawyers' Committee Opens Nationwide Inquiry into Housing Providers That Impose 'Blanket Bans' upon Applicants Who Have Had Contact with the Criminal Justice System." April 4. https://lawyers

committee.org/lawyers-committee-opens-nationwide-inquiry-housing
-providers-impose-blanket-bans-upon-applicants-contact-criminal-justice-system.

Azizli, Nicole, et al. 2016. "Lies and Crimes: Dark Triad, Misconduct, and High-Stakes Deception." *Personality and Individual Differences* 89: 34–39.

Bacon, John, and Jorge L. Ortiz. 2020. "Coronavirus Live Updates: Californians Ordered to Stay Home; Italy Surpasses China's Death Toll; US Death Toll Tops 200." *USA Today*, March 19. https://eu.usatoday.com/story/news/health/2020/03/19/coronavirus-updates-us-china-nyc-cases-testing-unemployment-cdc/2866751001.

Baker, James, et al. 2007. *The Report of the BP US Refineries Independent Safety Review Panel.* US Chemical Safety and Hazard Investigation Board. https://www.csb.gov/assets/1/20/baker_panel_report1.pdf?13842.

Baldwin, Grant T., and Debra Houry. 2015. "Getting Everyone to Buckle Up on Every Trip: What More Can Be Done?" *Annals of Internal Medicine* 163 (3): 234–35.

Balko, Radley. 2013. *Rise of the Warrior Cop: The Militarization of America's Police Forces.* New York: PublicAffairs.

Balliet, Daniel, Laetitia B. Mulder, and Paul A. M. Van Lange. 2011. "Reward, Punishment, and Cooperation: A Meta-Analysis." *Psychological Bulletin* 137 (4): 594–615.

Balmer, John M. T., Shaun M. Powell, and Stephen A. Greyser. 2011. "Explicating Ethical Corporate Marketing: Insights from the BP Deepwater Horizon Catastrophe: The Ethical Brand That Exploded and Then Imploded." *Journal of Business Ethics* 102 (1): 1.

Bandura, Albert. 1999. "Moral Disengagement in the Perpetration of Inhumanities." *Personality and Social Psychology Review* 3 (3): 193–209.

Bandura, Albert, et al. 1996. "Mechanisms of Moral Disengagement in the Exercise of Moral Agency." *Journal of Personality and Social Psychology* 71 (2): 364–74.

Barnes, Christopher M., Brian C. Gunia, and David T. Wagner. 2015. "Sleep and Moral Awareness." *Journal of Sleep Research* 24 (2): 181–88.

Barnes, Mario L., and Erwin Chemerinsky. 2017. "What Can Brown Do for You: Addressing *McCleskey v. Kemp* as a Flawed Standard for Measuring the Constitutionally Significant Risk of Race Bias." *Northwestern University Law Review* 112: 1293–1336.

Barry, Ellen, and Martin Selsoe Sorensen. 2018. "In Denmark, Harsh New Laws for Immigrant 'Ghettos.'" *New York Times,* July 1. https://www.nytimes.com/2018/07/01/world/europe/denmark-immigrant-ghetto.html.

Barry, John M. 2005. *The Great Influenza: The Epic Story of the Deadliest Plague in History.* New York: Penguin.

Bass, Bernard M., and Bruce J. Avolio. 1993. "Transformational Leadership and Organizational Culture." *Public Administration Quarterly*: 112–21.

Baughman, Holly M., et al. 2012. "Relationships Between Bullying Behaviours and the Dark Triad: A Study with Adults." *Personality and Individual Differences* 52 (5): 571–75.

Baumrind, Diana. 1996. "The Discipline Controversy Revisited." *Family Relations* 45 (4): 405–14.

Bazerman, Max H., and Ann E. Tenbrunsel. 2012. *Blind Spots: Why We Fail to Do What's Right and What to Do About It.* Princeton, NJ: Princeton University Press.

BBC News. 2018. "Larry Nassar: Disgraced US Olympics Doctor Jailed for 175 Years." BBC. January 25. https://www.bbc.com/news/world-us-canada -42811304.

———. 2019. "El Chapo Trial: Mexican Drug Lord Joaquín Guzmán Gets Life in Prison." BBC. July 17. https://www.bbc.com/news/world-us-canada -49022208.

Beccaria, Cesare. 2016. *On Crimes and Punishments.* Transaction Publishers.

Beck, Charlie, and Connie Rice. 2016. "How Community Policing Can Work." *New York Times.* August 12. https://www.nytimes.com/2016/08/12/opinion /how-community-policing-can-work.html.

Belknap, Joanne. 1987. "Routine Activity Theory and the Risk of Rape: Analyzing Ten Years of National Crime Survey Data." *Criminal Justice Policy Review* 2 (4): 337–56.

Bénabou, Roland, and Jean Tirole. 2006. "Incentives and Prosocial Behavior." *American Economic Review* 96 (5): 1652–78.

Bendixen, Machala. 2018. "Denmark's 'Anti-Ghetto' Laws Are a Betrayal of Our Tolerant Values." *Guardian,* July. https://www.theguardian.com/commentis free/2018/jul/10/denmark-ghetto-laws-niqab-circumcision-islamophobic.

Benson, Michael L., Tamara D. Madensen, and John E. Eck. 2009. "White-Collar Crime from an Opportunity Perspective." In *The Criminology of White Collar Crime.* Edited by Sally Simpson and David Weisburd, 175–95. New York: Springer.

Bereby-Meyer, Yoella, et al. 2020. "Honesty Speaks a Second Language." *Topics in Cognitive Science* 12: 632–43.

Berkrot, Bill. 2009. "Pfizer Whistleblower's Ordeal Reaps Big Rewards." Reuters. September 3. https://www.reuters.com/article/us-pfizer-whistleblower -idUSN021592920090903.

Blackman, Allen, and Geoffrey J. Bannister. 1997. "Pollution Control in the Informal Sector: The Ciudad Juárez Brickmakers' Project." *Natural Resources Journal* 37 (Fall): 829–56.

———. "Pollution Control in the Informal Sector: The Ciudad Juárez Brickmakers' Project." *Resources for the Future Discussion Paper* (February): 98–15.

Blackman, Allen. 2000. "Informal Sector Pollution Control: What Policy Options Do We Have?" *World Development* 28 (12): 2067–82.

Blackman, Allen, et al. 2006. "The Benefits and Costs of Informal Sector Pollution Control: Mexican Brick Kilns." *Environment and Development Economics* 11 (5): 603–27.

Blanken, Irene, Niels van de Ven, and Marcel Zeelenberg. 2015. "A Meta-Analytic Review of Moral Licensing." *Personality and Social Psychology Bulletin* 41 (4): 540–58.

Bossler, Adam M., and Thomas J. Holt. 2009. "On-Line Activities, Guardianship, and Malware Infection: An Examination of Routine Activities Theory." *International Journal of Cyber Criminology* 3 (1): 400–420.

Bostwick, William. 2010. "Safer Suds: U.K.'s Design Bridge Invents a More Bar Fight–Friendly Pint Glass." *Fast Company.* https://www.fastcompany.com /1543276/safer-suds-uks-design-bridge-invents-more-bar-fight-friendly -pint-glass.

Botchkovar, Ekaterina V., Charles R. Tittle, and Olena Antonaccio. 2009. "General Strain Theory: Additional Evidence Using Cross-Cultural Data." *Criminology* 47 (1): 131–76.

Botzas, Senay. 2019. "Bicycle Lovers in the Netherlands to Be Hit with Fine for Using Mobile Phones While Cycling." *Telegraph,* June 28. https://www .telegraph.co.uk/news/2019/06/28/bicycle-lovers-netherlands-hit-fine-using -mobile-phones-cycling.

Bouboushian, Rose. 2015. "$4.75M Kids for Cash Settlement Approved." Courthouse News Service, August 13. https://www.courthousenews.com/4–75m -kids-for-cash-settlement-approved.

Bouffard, Jeff, Maisha Cooper, and Kathleen Bergseth. 2017. "The Effectiveness of Various Restorative Justice Interventions on Recidivism Outcomes Among Juvenile Offenders." *Youth Violence and Juvenile Justice* 15 (4): 465–80.

Bowal, Peter. 1998. "A Study of Lay Knowledge of Law in Canada." *Indiana International & Comparative Law Review* 9 (1): 121–41.

Boyer, M. Martin, and Hanon Amandine. 2012. "Protecting Directors and Officers from Liability Arising from Aggressive Earnings Management." *Insurance and Risk Management* 77 (1): 33–58.

Bozeman, Barry. 2011. "The 2010 BP Gulf of Mexico Oil Spill: Implications for Theory of Organizational Disaster." *Technology in Society* 33 (3–4): 244–52.

Braga, Anthony Allan, and David Weisburd. 2010. *Policing Problem Places: Crime Hot Spots and Effective Prevention.* New York: Oxford University Press.

Braga, Anthony A., David Weisburd, and Brandon Turchan. 2018. "Focused Deterrence Strategies and Crime Control: An Updated Systematic Review and Meta-Analysis of the Empirical Evidence." *Criminology and Public Policy* 17 (1): 205–50.

Braga, Anthony A., et al. 1999. "Problem-Oriented Policing in Violent Crime Places: A Randomized Controlled Experiment." *Criminology* 37 (3): 541–80.

Brantingham, Patricia L., and Paul J. Brantingham. 1999. "A Theoretical Model of Crime Hot Spot Generation." *Studies on Crime and Crime Prevention* 8 (1): 7–26.

Breslow, Jason M. 2015. "The Staggering Death Toll of Mexico's Drug War." *Frontline.* PBS. July 27. https://www.pbs.org/wgbh/frontline/article/the -staggering-death-toll-of-mexicos-drug-war.

Brockmann, Hilke, Philipp Genschel, and Laura Seelkopf. 2016. "Happy Taxation: Increasing Tax Compliance Through Positive Rewards?" *Journal of Public Policy* 36 (3): 381–406.

Brockner, Joel, et al. 1997. "When Trust Matters: The Moderating Effect of Outcome Favorability." *Administrative Science Quarterly* 42 (3): 558–83.

Brown, Don W. 1978. "Arrest Rates and Crime Rates: When Does a Tipping Effect Occur?" *Social Forces* 57 (2): 671–82.

Bruce, S. 2002. "The 'A Man' Campaign: Marketing Social Norms to Men to Prevent Sexual Assault." In *Report on Social Norms.* Working Paper 5. Little Falls, NJ: PaperClip Communications.

Brunell, Amy B., et al. 2011. "Narcissism and Academic Dishonesty: The Exhibitionism Dimension and the Lack of Guilt." *Personality and Individual Differences* 50 (3): 323–28.

Burke, Jeffrey D., and Rolf Loeber. 2015. "The Effectiveness of the Stop Now and Plan (SNAP) Program for Boys at Risk for Violence and Delinquency." *Prevention Science* 16 (2): 242–53.

Bush, George H. W. 1989. "Address to the Nation on the National Drug Control Strategy." American Presidency Project. https://www.presidency.ucsb.edu /documents/address-the-nation-the-national-drug-control-strategy.

Button, A. 2007. "Gendered Mechanisms of Control, Power, and Resistance in Prison Dog Training Programs." Doctoral dissertation. Kansas State University, Manhattan.

Calder, Simon. 2016. "It's the 10th Anniversary of the Liquids Ban on Flights—but Is It Still Necessary?" *Independent*, August 9. https://www.independent .co.uk/travel/news-and-advice/liquids-ban-on-flights-10th-anniversary-do -we-still-need-it-a7181216.html.

California Legislative Information. 2020. "Vehicle Code." https://leginfo.legislature .ca.gov/faces/codesTOCSelected.xhtml.

Cameron, Judy, and W. David Pierce. 1994. "Reinforcement, Reward, and Intrinsic Motivation: A Meta-Analysis." *Review of Educational Research* 64 (3): 363–423.

Cameron, K. S., and R. E. Quinn. 2006. *Diagnosing and Changing Organizational Culture: Based on the Competing Values Framework*. Jossey-Bass.

Cao, Zhiyan, and Ganapathi S. Narayanamoorthy. 2011. "The Effect of Litigation Risk on Management Earnings Forecasts." *Contemporary Accounting Research* 28 (1): 125–73.

Cardwell, Stephanie, and Heith Copes. 2021 (forthcoming). "Neutralization." In *The Cambridge Handbook on Compliance*. Edited by Benjamin Van Rooij and D. Daniel Sokol. Cambridge, UK: Cambridge University Press.

Cardwell, Stephanie M., Lorraine Mazerolle, and Alex R. Piquero. 2019. "Parental Attachment and Truant Rationalizations of Antisocial Behavior: Findings from a Randomized Controlled Trial." *Journal of Crime and Justice* 43 (3): 1–19.

Carreyrou, John. 2018. *Bad Blood: Secrets and Lies in a Silicon Valley Startup*. New York: Knopf.

Carson, Thomas L., Mary Ellen Verdu, and Richard E. Wokutch. 2008. "Whistle-Blowing for Profit: An Ethical Analysis of the Federal False Claims Act." *Journal of Business Ethics* 77 (3): 361–76.

Carter, Zachary D. 2016. "Elizabeth Warren: American Justice Is 'Rigged' in Favor of the Rich." *Huffington Post*, February 3. http://www.huffingtonpost .com/entry/elizabeth-warren-american-justice-rigged-for-rich_us_56b205 a2e4b04f9b57d7e5fe.

Casciani, Dominic. 2009. "Liquid Bomb Plot: What Happened." BBC News, September 7. http://news.bbc.co.uk/2/hi/uk_news/8242479.stm.

Castle, Stephen. 2019. "London Attack Spurs Heroism and Questions About a Prisoner's Release." *New York Times*, November 30. https://www.nytimes .com/2019/11/30/world/europe/london-bridge-attack.html.

Cavanagh, Caitlin, and Elizabeth Cauffman. 2017. "What They Don't Know Can Hurt Them: Mothers' Legal Knowledge and Youth Re-Offending." *Psychology, Public Policy, and Law* 23 (2): 141–53.
Center for Research on Health Care Data Center. 2017. "Pathways to Desistance: A Study of Serious Adolescent Offenders as They Transition to Adulthood and out of Crime." http://www.pathwaysstudy.pitt.edu/index.html.
Chalmers, John M. R., Larry Y. Dann, and Jarrad Harford. 2002. "Managerial Opportunism? Evidence from Directors' and Officers' Insurance Purchases." *Journal of Finance* 57 (2): 609–36.
Chamlin, Mitchell B. 1991. "A Longitudinal Analysis of the Arrest-Crime Relationship: A Further Examination of the Tipping Effect." *Justice Quarterly* 8 (2): 187–99.
Chang, Cindy. 2020. "LAPD Community Policing Has Prevented Crime and Made Residents Feel Safer, Study Finds." *Los Angeles Times*, May 13. https://www.latimes.com/california/story/2020–05–13/lapd-community-policing-program-prevented-crime-made-residents-feel-safer-study-finds.
Chang, Otto H., Donald R. Nichols, and Joseph J. Schultz. 1987. "Taxpayer Attitudes Toward Tax Audit Risk." *Journal of Economic Psychology* 8 (3): 299–309.
Chason, Rachel. 2019. "His First Job Was Training Service Dogs in Prison. The Dogs Go on to Transform Veterans' Lives." *Washington Post*, October 27. https://www.washingtonpost.com/local/his-first-job-was-training-service-dogs-in-prison-the-dogs-go-on-to-transform-veterans-lives/2019/10/26/9ee3e828-f5c7-11e9-ad8b-85e2aa00b5ce_story.html.
Chate, R. A. C. 2008. "An Audit of the Level of Knowledge and Understanding of Informed Consent Amongst Consultant Orthodontists in England, Wales and Northern Ireland." *British Dental Journal* 205 (12): 665–73.
Chen, Brian X. 2019. "Texting While Walking Is Dangerous. Here Is How to Stop." *New York Times*, November 13. https://www.nytimes.com/2019/11/13/technology/personaltech/distracted-walking-twalking.html.
Chen, Hui, and Eugene Soltes. 2018. "Why Compliance Programs Fail and How to Fix Them." *Harvard Business Review* 96 (2): 115–25.
Chossière, Guillaume P., et al. 2017. "Public Health Impacts of Excess NOx Emissions from Volkswagen Diesel Passenger Vehicles in Germany." *Environmental Research Letters* 12: 1–14. https://iopscience.iop.org/article/10.1088/1748-9326/aa5987/pdf.
Cialdini, Robert B. 2003. "Crafting Normative Messages to Protect the Environment." *Current Directions in Psychological Science* 12 (4): 105–9.
———. 2007. "Descriptive Social Norms as Underappreciated Sources of Social Control." *Psychometrika* 72 (2): 263–68.
Cialdini, Robert B., and Noah J. Goldstein. 2004. "Social Influence: Compliance and Conformity." *Annual Review of Psychology* 55: 591–621.
Cialdini, Robert B., et al. 2006. "Managing Social Norms for Persuasive Impact." *Social Influence* 1 (1): 3–15.
Clark, Cory J., Eric Evan Chen, and Peter H. Ditto. 2015. "Moral Coherence Processes: Constructing Culpability and Consequences." *Current Opinion in Psychology* 6: 123–28.

Clarke, Ronald V. 1980. "'Situational' Crime Prevention: Theory and Practice." *British Journal of Criminology* 20 (2): 136–47.

―――. 2005. "Seven Misconceptions of Situational Crime Prevention." In *Handbook of Crime Prevention and Community Safety.* Edited by Nick Tilley, 39–70. New York: Routledge.

Clark-Moorman, Kyleigh, Jason Rydberg, and Edmund F. McGarrell. 2019. "Impact Evaluation of a Parolee-Based Focused Deterrence Program on Community-Level Violence." *Criminal Justice Policy Review* 30 (9): 1408–30.

Clinton, William J. 1993. "Remarks Announcing the Anticrime Initiative and an Exchange With Reporters." Washington, DC: US Government Publishing Office. https://www.govinfo.gov/content/pkg/PPP-1993-book2/html/PPP-1993-book2-doc-pg1360-4.htm.

Cochran, John K., and Mitchell B. Chamlin. 2000. "Deterrence and Brutalization: The Dual Effects of Executions." *Justice Quarterly* 17 (4): 685–706.

Cochran, John K., Mitchell B. Chamlin, and Mark Seth. 1994. "Deterrence or Brutalization—An Impact Assessment of Oklahoma's Return to Capital Punishment." *Criminology* 32: 107–34.

Coglianese, Cary, and David Lazer. 2003. "Management-Based Regulation: Prescribing Private Management to Achieve Public Goals." *Law and Society Review* 37 (4): 691–730.

Coglianese, Cary, and Jennifer Nash. 2021 (forthcoming). "Compliance Management Systems: Do They Make A Difference?" In *The Cambridge Handbook of Compliance.* Edited by Benjamin Van Rooij and D. Daniel Sokol. Cambridge, UK: Cambridge University Press.

Cohen, Alexandra O., and Betty J. Casey. 2014. "Rewiring Juvenile Justice: The Intersection of Developmental Neuroscience and Legal Policy." *Trends in Cognitive Sciences* 18 (2): 63–65.

Cohen, Alma, and Rajeev Dehejia. 2004. "The Effect of Automobile Insurance and Accident Liability Laws on Traffic Fatalities." *Journal of Law and Economics* 47 (2): 357–93.

Cohen, Lawrence E., and Marcus Felson. 1979. "Social Change and Crime Rate Trends: A Routine Activity Approach." *American Sociological Review* 44 (4): 588–608.

Colvin, Geoff. 2017. "Inside Wells Fargo's Plan to Fix Its Culture Post-Scandal." *Fortune,* June 11. http://fortune.com/2017/06/11/wells-fargo-scandal-culture.

Cooke, Barbara J., and David P. Farrington. 2016. "The Effectiveness of Dog-Training Programs in Prison: A Systematic Review and Meta-Analysis of the Literature." *Prison Journal* 96 (6): 854–76.

Corkery, Michael. 2016. "Elizabeth Warren Accuses Wells Fargo Chief of 'Gutless Leadership.'" *New York Times,* September 20. https://www.nytimes.com/2016/09/21/business/dealbook/wells-fargo-ceo-john-stumpf-senate-testimony.html.

Corry, Nida, et al. 2008. "The Factor Structure of the Narcissistic Personality Inventory." *Journal of Personality Assessment* 90 (6): 593–600.

Cowley, Stacy. 2017. "Wells Fargo Review Finds 1.4 Million More Suspect Accounts." *New York Times,* August 31. https://www.nytimes.com/2017/08/31/business/dealbook/wells-fargo-accounts.html.

Cowley, Stacy, and Jennifer A. Kingson. 2017. "Wells Fargo to Claw Back $75 Million from 2 Former Executives." *New York Times*, April 10. https://www.nytimes.com/2017/04/10/business/wells-fargo-pay-executives-accounts-scandal.html.

Cox, Dennis, and Alan Plumley. 1988. "Analyses of Voluntary Compliance Rates for Different Income Source Classes." Unpublished manuscript, Research Division, Internal Revenue Service, Washington, DC.

Craig, Leam A., Theresa A. Gannon, and Louise Dixon. 2013. *What Works in Offender Rehabilitation: An Evidence-Based Approach to Assessment and Treatment.* Chichester: John Wiley & Sons.

Cullen, Christopher, and Martin Minchin. 2000. *The Prison Population in 1999: A Statistical Review.* Home Office Research Findings 118. London: Home Office.

Cullen, Francis T., Robert Agnew, and Pamela Wilcox. 2014. *Criminological Theory: Past to Present.* Oxford, UK: Oxford University Press.

Cullen, Francis T., Cheryl Lero Jonson, and Daniel S. Nagin. 2011. "Prisons Do Not Reduce Recidivism: The High Cost of Ignoring Science." *Prison Journal* 91 (3 suppl.): 48S–65S.

Cummins, J. David, Richard D. Phillips, and Mary A. Weiss. 2001. "The Incentive Effects of No-Fault Automobile Insurance." *Journal of Law and Economics* 44 (2): 427–64.

Cup, Inc. 2019. "739 bekeuringen bij Touringcar-controle op smartphonegebruik (739 Fines Through Coach-Bus Inspections)." *AD*, September 19. https://www.ad.nl/binnenland/739-bekeuringen-bij-touringcar-controle-op-smart phonegebruik~a01c04a95.

Currie, Nikki. 2008. "A Case Study of Incarcerated Males Participating in a Canine Training Program." Doctoral dissertation. Kansas State University, Manhattan.

Curtis, Mary B. 2006. "Are Audit-Related Ethical Decisions Dependent upon Mood?" *Journal of Business Ethics* 68 (2): 191–209.

Dalton, Dennis. 2012. *Mahatma Gandhi: Nonviolent Power in Action*: New York: Columbia University Press.

Dambrova, Maija, et al. 2016. "Pharmacological Effects of Meldonium: Biochemical Mechanisms and Biomarkers of Cardiometabolic Activity." *Pharmacological Research* 113: 771–80.

Darley, John M., Kevin M. Carlsmith, and Paul H. Robinson. 2001. "The Ex Ante Function of the Criminal Law." *Law and Society Review* 35 (1): 165–90.

Darley, John M., Catherine A. Sanderson, and Peter S. LaMantia. 1996. "Community Standards for Defining Attempt Inconsistencies with the Model Penal Code." *American Behavioral Scientist* 39 (4): 405–20.

Das Gupta, Ram Prasad. 2007. *Crime and Punishment in Ancient India.* Delhi: BKP.

Dasgupta, Siddhartha, and Ankit Kesharwani. 2010. "Whistleblowing: A Survey of Literature." *IUP Journal of Corporate Governance* 9 (4): 57–70.

De Bruijn, Anne Leonore, et al. 2020. "Why Did Israelis Comply with COVID-19 Mitigation Measures During the Initial First Wave Lockdown?" Available at SSRN: https://papers.ssrn.com/sol3/papers.cfm?abstract_id=3681964.

Deci, Edward L, Richard Koestner, and Richard M. Ryan. 1999. "A Meta-Analytic Review of Experiments Examining the Effects of Extrinsic Rewards on Intrinsic Motivation." *Psychological Bulletin* 125 (6): 627–68.

DeGue, Sarah, et al. 2014. "A Systematic Review of Primary Prevention Strategies for Sexual Violence Perpetration." *Aggression and Violent Behavior* 19 (4): 346–62.

DeJesus, Ivey. 2019. "Jerry Sandusky Scandal at Penn State: The Culture of Silence." *PennLive*, January 5. https://www.pennlive.com/midstate/2012/07/jerry_sandusky_scandal_at_penn.html.

Dell'Antonia, K. J. 2016. "The Right Way to Bribe Your Kids to Read." *New York Times*, July 23. http://www.nytimes.com/2016/07/24/opinion/sunday/the-right-way-to-bribe-your-kids-to-read.html.

DeLongis, A., C. Nathanson, and D. L. Paulhus. 2011. "Revenge: Who, When, and Why." Unpublished manuscript, University of British Columbia, Vancouver.

DeMatteo, David, et al. 2020. "Statement of Concerned Experts on the Use of the Hare Psychopathy Checklist—Revised in Capital Sentencing to Assess Risk for Institutional Violence." *Psychology, Public Policy, and Law* 26 (2): 133–44.

Deming, David J. 2011. "Better Schools, Less Crime?" *Quarterly Journal of Economics* 126 (4): 2063–115.

De Quervain, Dominique J. F., et al. 2004. "The Neural Basis of Altruistic Punishment." *Science* 305 (5688): 1254–58.

De Ridder, Denise T. D., et al. 2012. "Taking Stock of Self-Control: A Meta-Analysis of How Trait Self-Control Relates to a Wide Range of Behaviors." *Personality and Social Psychology Review* 16 (1): 76–99.

Derrig, Richard A., et al. 2002. "The Effect of Population Safety Belt Usage Rates on Motor Vehicle-Related Fatalities." *Accident Analysis and Prevention* 34 (1): 101–10.

Devlin, Rose Anne. 1992. "Liability Versus No-Fault Automobile Insurance Regimes: An Analysis of the Experience in Quebec." In *Contributions to Insurance Economics*. Edited by George Dionne, 499–520. New York: Springer.

Dewees, Don, and Michael Trebilcock. 1992. "The Efficacy of the Tort System and Its Alternatives: A Review of Empirical Evidence." *Osgoode Hall Law Journal* 30 (1): 57-138.

Dierks, Benjamin. 2006. "Corruption Probe Reaches Ever Higher at Siemens." *Guardian*. December 13. https://www.theguardian.com/business/2006/dec/13/internationalnews.

Dietz, Graham, and Nicole Gillespie. 2012. "Rebuilding Trust: How Siemens Atoned for Its Sins." *Guardian*. March 26. https://www.theguardian.com/sustainable-business/recovering-business-trust-siemens.

Domenec, Fanny. 2012. "The 'Greening' of the Annual Letters Published by Exxon, Chevron and BP Between 2003 and 2009." *Journal of Communication Management* 16 (3): 296–311.

Donohue, John J., and Justin Wolfers. 2006. "Estimating the Impact of the Death Penalty on Murder." *American Law and Economics Review* 11 (2): 249–309.

Doyen, Stéphane, et al. 2012. "Behavioral Priming: It's All in the Mind, but Whose Mind?" *PLOS One* 7 (1): e29081 1-7, https://journals.plos.org/plosone/article?id=10.1371/journal.pone.0029081.

Doyle, Elaine, et al. 2009. "Procedural Justice Principles and Tax Compliance in Ireland: A Preliminary Exploration in the Context of Reminder Letters." *Journal of Finance and Management in Public Services* 8 (1): 49–62.

Doyle, Krista. 2021. "Texting While Driving Penalties by State." Aceable, https://www.aceable.com/blog/texting-and-driving-fines-by-state.

DuCharme, Larry L., Paul H. Malatesta, and Stephan E. Sefcik. 2004. "Earnings Management, Stock Issues, and Shareholder Lawsuits." *Journal of Financial Economics* 71 (1): 27–49.

Duindam, Hanne M., Jessica J. Asscher, Machteld Hoeve, Geert Jan J. M. Stams, and Hanneke E. Creemers. 2020. "Are We Barking up the Right Tree? A Meta-Analysis on the Effectiveness of Prison-Based Dog Programs." *Criminal Justice and Behavior* 47: 749–67.

Dyck, Alexander, Adair Morse, and Luigi Zingales. 2010. "Who Blows the Whistle on Corporate Fraud?" *Journal of Finance* 65 (6): 2213–53.

Earle, Beverley H., and Gerald A. Madek. 2007. "The Mirage of Whistleblower Protection Under Sarbanes-Oxley: A Proposal for Change." *American Business Law Journal* 44 (1): 1–54.

Eberwein, Howard Jacob, III. 2008. "Raising Legal Literacy in Public Schools, a Call for Principal Leadership: A National Study of Secondary School Principals' Knowledge of Public School Law." Doctoral dissertation. University of Massachusetts, Amherst.

Eck, John E., Jeffrey S. Gersh, and Charlene Taylor. 2000. "Finding Crime Hot Spots Through Repeat Address Mapping." In *Analyzing Crime Patterns: Frontiers of Practice*. Edited by Victor Goldsmith, Philip G. McGuire, John B. Mollenkopf, Timothy A. Ross, 49–64. New York: Sage.

Edelman, Lauren B. 1992. "Legal Ambiguity and Symbolic Structures: Organizational Mediation of Civil Rights Law." *American Journal of Sociology* 97 (6): 1531–76.

Edelman, Lauren B., and Shauhin A. Talesh. 2011. "To Comply or Not to Comply— That Isn't the Question: How Organizations Construct the Meaning of Compliance." In *Explaining Compliance: Business Responses to Regulation*. Edited by Christine Parker and Vibeke Lehmann Nielsen, 103–22. Cheltenham, UK: Edward Elgar.

Edwards, Frank, Hedwig Lee, and Michael Esposito. 2019. "Risk of Being Killed by Police Use of Force in the United States by Age, Race–Ethnicity, and Sex." *Proceedings of the National Academy of Sciences* 116 (34): 16793–98.

Egan, Matt. 2017. "More Wells Fargo Workers Allege Retaliation for Whistleblowing." CNN, November 7. http://money.cnn.com/2017/11/06/investing/wells-fargo-retaliation-whistleblower/index.html.

Ehrlich, Isaac. 1975. "The Deterrent Effect of Capital Punishment: A Question of Life and Death." *American Economic Review* 65 (3): 397–417.

Ekblom, Paul. 1988. "Preventing Post Office Robberies in London: Effects and Side Effects." *Journal of Security Administration* 11 (2): 36–43.

Elffers, Henk, and Dick J. Hessing. 1997. "Influencing the Prospects of Tax Evasion." *Journal of Economic Psychology* 18 (2): 289–304.

Ellickson, Robert C. 1991. *Order Without Law*. Cambridge, MA: Harvard University Press.

Elvik, Rune. 2016. "Association Between Increase in Fixed Penalties and Road Safety Outcomes: A Meta-Analysis." *Accident Analysis and Prevention* 92: 202–10.

Ely, Robin J., and Debra E. Meyerson. 2010. "An Organizational Approach to Undoing Gender: The Unlikely Case of Offshore Oil Platforms." *Research in Organizational Behavior* 30: 3–34.

Engel, Robin S., Marie Skubak Tillyer, and Nicholas Corsaro. 2013. "Reducing Gang Violence Using Focused Deterrence: Evaluating the Cincinnati Initiative to Reduce Violence (CIRV)." *Justice Quarterly* 30 (3): 403–39.

Engstrom, Nora Freeman. 2011. "An Alternative Explanation for No-Fault's Demise." *DePaul Law Review* 61: 303–82.

Engström, Per, et al. 2015. "Tax Compliance and Loss Aversion." *American Economic Journal: Economic Policy* 7 (4): 132–64.

Ernest-Jones, Max, Daniel Nettle, and Melissa Bateson. 2011. "Effects of Eye Images on Everyday Cooperative Behavior: A Field Experiment." *Evolution and Human Behavior* 32 (3): 172–78.

Ewing, Jack. 2017. *Faster, Higher, Farther: The Volkswagen Scandal*. New York: W. W. Norton.

Fabbri, Marco, Paolo Nicola Barbieri, and Maria Bigoni. 2019. "Ride Your Luck! A Field Experiment on Lottery-Based Insentives for Compliance." *Management Science* 65 (9): 4336-48.

Fagan, Jeffrey. 2006. "Death and Deterrence Redux: Science, Law and Causal Reasoning on Capital Punishment." *Ohio State Journal of Criminal Law* 4: 255.

———. 2014. "Capital Punishment: Deterrent Effects and Capital Costs." Columbia Law School. https://colburnjusticeleague.files.wordpress.com/2014 /10/capital-punishment_-deterrent-effects-capital-costs-_-columbia-law -school.pdf.

Fahmy, Chantal, et al. 2020. "Head Injury in Prison: Gang Membership and the Role of Prison Violence." *Journal of Criminal Justice* 67 (March–April), article 101658: 1–11.

Farrington, David P., and Brandon C. Welsh. 2007. *Improved Street Lighting and Crime Prevention: A Systematic Review*. Stockholm: National Council for Crime Prevention.

Farrow, Ronan. 2019. *Catch and Kill: Lies, Spies and a Conspiracy to Protect Predators*. New York: Fleet.

Fazlollah, Mark, Craig R. McCoy, and Julie Shaw. 2018. "Under Court Order, District Attorney Krasner Releases List of Tainted Police." *Philadelphia Inquirer*, March 6. https://www.inquirer.com/philly/news/larry-krasner-philadelphia -police-tainted-misconduct-secret-list-20180306.html.

Fehling, Donald E., Jr. 2018. "School Shooting: Don't Blame Guns for Human Failings." *News Tribune* (Tacoma). February 21. https://www.thenewstribune .com/opinion/letters-to-the-editor/article201414504.html.

Han Feizi. 2003. *Basic Writings*. Translated by Burton Watson. New York: Columbia University Press.

Feldman, Yuval. 2018. *The Law of Good People: Challenging States' Ability to Regulate Human Behavior*. New York: Cambridge University Press.

Feuer, Alan. 2019. "'El Chapo' Guzmán Sentenced to Life in Prison, Ending No-
torious Criminal Career." *New York Times*, July 17. https://www.nytimes.com
/2019/07/17/nyregion/el-chapo-sentencing.html.

Fine, Adam, and Benjamin Van Rooij. 2017. "For Whom Does Deterrence Affect
Behavior? Identifying Key Individual Differences." *Law and Human Behavior* 41
(4): 356–60.

Fine, Adam, et al. 2020a. "Age-Graded Differences and Parental Influences on Ad-
olescents' Obligation to Obey the Law." *Journal of Developmental and Life-Course
Criminology* 6 (1): 26–42.

Fine, A., et al. 2020b. "Youth Perceptions of Law Enforcement and Worry About
Crime from 1976–2016." *Criminal Justice & Behavior* 47 (5): 564–81.

Fine, A., et al. 2020c. "Police Legitimacy: Identifying Developmental Trends and
Whether Youths' Perceptions Can Be Changed." *Journal of Experimental Crimi-
nology* (early view online). https://doi.org/10.1007/s11292-020-09438-7.

Fine, Adam, et al. 2016. "Rule Orientation and Behavior: Development and
Validation of a Scale Measuring Individual Acceptance of Rule Violation."
*Psychology, Public Policy, and Law* 22 (3): 314–29.

Finkel, Norman J. 1995. "Prestidigitation, Statistical Magic, and Supreme Court
Numerology in Juvenile Death Penalty Cases." *Psychology, Public Policy, and
Law* 1 (3): 612–42.

Fisman, Ray. 2008. "Going Down Swinging." *Slate*, March 20. http://www.slate
.com/articles/business/the_dismal_science/2008/03/going_down_swinging
.html.

Flaherty, Colleen. 2017. "Sociology's 'Mic Drop' Moment." *Inside Higher Ed*, Oc-
tober 12. https://www.insidehighered.com/news/2017/10/12/chief-justice
-john-roberts-calls-data-gerrymandering-sociological-gobbledygook.

Flexon, Jamie L., et al. 2016. "Low Self-Control and the Dark Triad: Disentan-
gling the Predictive Power of Personality Traits on Young Adult Substance
Use, Offending and Victimization." *Journal of Criminal Justice* 46: 159–69.

Foley, Regina M. 2001. "Academic Characteristics of Incarcerated Youth and
Correctional Educational Programs: A Literature Review." *Journal of Emotional
and Behavioral Disorders* 9 (4): 248–59.

Foshee, Vangie A., et al. 2004. "Assessing the Long-Term Effects of the Safe Dates
Program and a Booster in Preventing and Reducing Adolescent Dating Vio-
lence Victimization and Perpetration." *American Journal of Public Health* 94 (4):
619–24.

Fox 2 Detroit. 2020. "Gov. Gretchen Whitmer Urges Michigan Residents to Stay
the Course on Social Distancing as Protesters Loom." April 15. https://www
.fox2detroit.com/news/gov-gretchen-whitmer-urges-michigan-residents-to
-stay-the-course-on-social-distancing-as-protesters-loom.

Fradella, Henry F. 2003. "A Content Analysis of Federal Judicial Views of the
Social Science Researcher's Black Arts." *Rutgers Law Journal* 35: 103–70.

Freeman, Richard B. 1991. *Crime and the Employment of Disadvantaged Youths*. Cam-
bridge, MA: National Bureau of Economic Research.

Frey, Darcy. 2002. "How Green Is BP?" *New York Times*, December 8. https://
www.nytimes.com/2002/12/08/magazine/how-green-is-bp.html.

Frost, William. 2017. "Wells Fargo Report Gives Inside Look at the Culture That Crushed the Bank's Reputation." CNBC, April 10. https://www.cnbc.com /2017/04/10/wells-fargo-report-shows-culture-that-crushed-banks -reputation.html.

Furnham, Adrian, Steven C. Richards, and Delroy L. Paulhus. 2013. "The Dark Triad of Personality: A 10 Year Review." *Social and Personality Psychology Compass* 7 (3): 199–216.

Garcia, Uriel J. 2019. "Phoenix Police Union Backs Off No-Confidence Vote Against Chief Jeri Williams." *AZCentral*, November 11. https://www.azcentral.com/story /news/local/phoenix/2019/11/01/phoenix-police-union-officers-avoid-no -confidence-vote-against-chief/4129121002.

Ge, Weili, Allison Koester, and Sarah McVay. 2017. "Benefits and Costs of Sarbanes-Oxley Section 404 (B) Exemption: Evidence from Small Firms' Internal Control Disclosures." *Journal of Accounting and Economics* 63 (2–3): 358–84.

Geertz, Clifford. 1973. "Thick Description: Toward and Interpretive Theory of Culture." In *The Interpretation of Cultures: Selected Essays*, 3–30. New York: Basic Books.

———. 2000. "Deep Play: Notes on the Balinese Cockfight." In *Culture and Politics: A Reader*. Edited by Lane Crothers and Charles Lockhart, 175–201. New York: St. Martin's Press.

Gendreau, Paul, et al. 2000. "The Effects of Community Sanctions and Incarceration on Recidivism." *Forum on Corrections Research* 12 (2): 10–13.

Gibbs, Carole, Michael B. Cassidy, and Louie Rivers III. 2013. "A Routine Activities Analysis of White-Collar Crime in Carbon Markets." *Law and Policy* 35 (4): 341–74.

Gibson, James L. 2004. "Does Truth Lead to Reconciliation? Testing the Causal Assumptions of the South African Truth and Reconciliation Process." *American Journal of Political Science* 48 (2): 201–17.

———. 2005. "The Truth About Truth and Reconciliation in South Africa." *International Political Science Review* 26 (4): 341–61.

Gillan, Stuart L., and Christine A. Panasian. 2015. "On Lawsuits, Corporate Governance, and Directors' and Officers' Liability Insurance." *Journal of Risk and Insurance* 82 (4): 793–822.

Gino, Francesca, Shahar Ayal, and Dan Ariely. 2009. "Contagion and Differentiation in Unethical Behavior: The Effect of One Bad Apple on the Barrel." *Psychological Science* 20 (3): 393–98.

Gino, Francesca, and Max H. Bazerman. 2009. "When Misconduct Goes Unnoticed: The Acceptability of Gradual Erosion in Others' Unethical Behavior." *Journal of Experimental Social Psychology* 45 (4): 708–19.

Gino, Francesca, Michael I. Norton, and Dan Ariely. 2010. "The Counterfeit Self: The Deceptive Costs of Faking It." *Psychological Science* 21 (5): 712–20.

Givelber, Daniel J., William J. Bowers, and Carolyn L. Blitch. 1984. "Tarasoff, Myth and Reality: An Empirical Study of Private Law in Action." *Wisconsin Law Review* 1984 (2): 443–98.

Glassbrenner, Donna, Joseph S. Carra, and James Nichols. 2004. "Recent Estimates of Safety Belt Use." *Journal of Safety Research* 35 (2): 237–44.

Glazer, Emily. 2017. "Wells Fargo Digs Deeper into Its Culture Issues." *Wall Street Journal*, March 21. https://www.wsj.com/articles/wells-fargo-digs-deeper-into -its-culture-issues-1490124295.

Glinton, Sonari. 2016. "'We Didn't Lie,' Volkswagen CEO Says of Emissions Scandal." National Public Radio, January 11. https://www.npr.org/sections /thetwo-way/2016/01/11/462682378/we-didnt-lie-volkswagen-ceo-says-of -emissions-scandal.

Glueck, Sheldon, and Eleanor Glueck. 1937. *Later Criminal Careers*. New York: Commonwealth Fund.

Gneezy, Uri, and Aldo Rustichini. 2000. "A Fine Is a Price." *Journal of Legal Studies* 29: 1-17.

Goebel, Sebastian, and Barbara E. Weißenberger. 2017. "The Relationship Between Informal Controls, Ethical Work Climates, and Organizational Performance." *Journal of Business Ethics* 141 (3): 505–28.

Goldenberg, Suzanne. 2010. "US Oil Spill Inquiry Chief Slams BP's 'Culture of Complacency.'" *Guardian*, November 9. https://www.theguardian.com /environment/2010/nov/09/oil-spill-inquiry-culture-complacency-bp.

Goldstein, Joseph. 2013. "Judge Rejects New York's Stop-and-Frisk Policy." *New York Times*, April 12. https://www.nytimes.com/2013/08/13/nyregion/stop -and-frisk-practice-violated-rights-judge-rules.html.

Gottfredson, Michael R., and Travis Hirschi. 1990. *A General Theory of Crime*. Stanford, CA: Stanford University Press.

Gow, David. 2008. "Siemens Boss Admits Setting Up Slush Funds." *Guardian*. May 27. https://www.theguardian.com/business/2008/may/27/technology.europe.

Grand View Research. 2020. *Enterprise Governance, Risk and Compliance Market Size, Share and Trends Analysis Report by Component, by Software, by Service, by Enterprise Type, by Vertical, and Segment Forecasts, 2020–2027*. San Francisco: Grand View Research.

Graves, Allison. 2016. "Did Hillary Clinton Call African-American Youth 'Super-predators?'" PolitiFact, August 28. http://www.politifact.com/truth-o-meter /statements/2016/aug/28/reince-priebus/did-hillary-clinton-call-african -american-youth-su.

Gray, Garry C. 2006. "The Regulation of Corporate Violations Punishment, Compliance, and the Blurring of Responsibility." *British Journal of Criminology* 46 (5): 875–92.

Gray, Garry C., and Susan S. Silbey. 2012. "The Other Side of the Compliance Relationship." In *Explaining Compliance: Business Responses to Regulation*. Edited by Christine Parker and Vibeke Lehmann Nielsen, 123–38. Cheltenham: Edgar Elden.

———. 2014. "Governing Inside the Organization: Interpreting Regulation and Compliance." *American Journal of Sociology* 120 (1): 96–145.

Gray, Garry, and Jérôme Pélisse. 2019. "Frontline Workers and the Role of Legal and Regulatory Intermediaries." HAL. https://hal.archives-ouvertes.fr/hal -02316029/document.

Greene, Joshua D., et al. 2004. "The Neural Bases of Cognitive Conflict and Control in Moral Judgment." *Neuron* 44 (2): 389–400.

Greenwald, Anthony G., and Linda Hamilton Krieger. 2006. "Implicit Bias: Scientific Foundations." *California Law Review* 94 (4): 945–67.

Greenwald, Anthony G., et al. 2009. "Understanding and Using the Implicit Association Test: III. Meta-Analysis of Predictive Validity." *Journal of Personality and Social Psychology* 97 (1): 17–41.

Griffiths, Margaret, ed. 2020. "Casualties in Iraq: The Human Cost of Occupation." Antiwar.com. https://antiwar.com/casualties.

Grijns, Mies, and Hoko Horii. 2018. "Child Marriage in a Village in West Java (Indonesia): Compromises Between Legal Obligations and Religious Concerns." *Asian Journal of Law and Society* 5 (2): 453–66.

Groff, Elizabeth R. 2007. "Simulation for Theory Testing and Experimentation: An Example Using Routine Activity Theory and Street Robbery." *Journal of Quantitative Criminology* 23 (2): 75–103.

Gronhovd, Sheri L. 1986. "Social Science Statistics in the Courtroom: The Debate Resurfaces in McCleskey v. Kemp." *Notre Dame Law Review* 62: 688–712.

*Guardian*. 2019. "New Zealand: Just 11% of Sexual Violence Reports Lead to Conviction." November 1. https://www.theguardian.com/world/2019/nov/01/new-zealand-just-11-of-sexual-violence-reports-lead-to-conviction.

Guerette, Rob T., and Kate J. Bowers. 2009. "Assessing the Extent of Crime Displacement and Diffusion of Benefits: A Review of Situational Crime Prevention Evaluations." *Criminology* 47 (4): 1331–68.

Gunia, Brian C., et al. 2012. "Contemplation and Conversation: Subtle Influences on Moral Decision Making." *Academy of Management Journal* 55 (1): 13–33.

Gunningham, Neil, and Darren Sinclair. 2014. "The Impact of Safety Culture on Systemic Risk Management." *European Journal of Risk Regulation* 5: 505–16.

Haidt, Jonathan. 2001. "The Emotional Dog and Its Rational Tail: A Social Intuitionist Approach to Moral Judgment." *Psychological Review* 108 (4): 814–34.

———. 2007. "The New Synthesis in Moral Psychology." *Science* 316 (5827): 998–1002.

———. 2012. *The Righteous Mind: Why Good People Are Divided by Politics and Religion*. New York: Vintage.

Haidt, Jonathan, Fredrik Bjorklund, and Scott Murphy. 2000. "Moral Dumbfounding: When Intuition Finds No Reason." Unpublished manuscript, University of Virginia.

Haidt, Jonathan, and Matthew A. Hersh. 2001. "Sexual Morality: The Cultures and Emotions of Conservatives and Liberals." *Journal of Applied Social Psychology* 31 (1): 191–221.

Haidt, Jonathan, Silvia Helena Koller, and Maria G. Dias. 1993. "Affect, Culture, and Morality, or Is It Wrong to Eat Your Dog?" *Journal of Personality and Social Psychology* 65 (4): 613–28.

Haney-López, Ian. 2015. *Dog Whistle Politics: How Coded Racial Appeals Have Reinvented Racism and Wrecked the Middle Class*: New York: Oxford University Press.

Hannaford, Alex. 2016. "No Exit." *Texas Observer*, October 3. https://www.texasobserver.org/three-strikes-law-no-exit.

Hare, Robert D., et al. 1990. "The Revised Psychopathy Checklist: Reliability and Factor Structure." *Psychological Assessment: A Journal of Consulting and Clinical Psychology* 2 (3): 338–41.

Harrison, Roger, and Herb Stokes. 1992. *Diagnosing Organizational Culture*. San Francisco: Pfeiffer.

Hartner, Martina, et al. 2008. "Procedural Fairness and Tax Compliance." *Economic Analysis and Policy* 38 (1): 137–52.

Hatch, Mary Jo. 1993. "The Dynamics of Organizational Culture." *Academy of Management Review* 18 (4): 657–93.

Heaton, Paul, and Eric Helland. 2008. "No-Fault Insurance and Automobile Accidents." Working Paper WR-551-1-ICJ. RAND.

Helland, Eric, and Alexander Tabarrok. 2007. "Does Three Strikes Deter? A Nonparametric Estimation." *Journal of Human Resources* 42 (2): 309–30.

Helmond, Petra, et al. 2015. "A Meta-Analysis on Cognitive Distortions and Externalizing Problem Behavior: Associations, Moderators, and Treatment Effectiveness." *Criminal Justice and Behavior* 42 (3): 245–62.

Henley, Jon. 2018. "Dutch Cyclists Face Mobile Phone Ban." *Guardian*. September 27. https://www.theguardian.com/world/2018/sep/27/dutch-cyclists-face -mobile-phone-ban.

Henriques, Diana B. 2011. *The Wizard of Lies: Bernie Madoff and the Death of Trust*. New York: Macmillan.

Hensley, Scott. 2009. "Pfizer Whistleblower Tells His Bextra Story." NPR, September 3. https://www.npr.org/sections/health-shots/2009/09/pfizer _whistleblower_tells_his.html.

Hirschi, Travis. 2004. "Self-Control and Crime." In *Handbook of Self-Regulation: Regulation, Theory, and Applications*. Edited by Roy F. Baumeister and Kathleen D. Vohs, 537–52. New York: Guilford Press.

Hirschi, Travis, and Michael Gottfredson. 1993. "Commentary: Testing the General Theory of Crime." *Journal of Research in Crime and Delinquency* 30 (1): 47–54.

Ho, Daniel E. 2017. "Does Peer Review Work: An Experiment of Experimentalism." *Stanford Law Review* 69: 1–120.

Hofeditz, Marcel, et al. 2017. "'Want To' Versus 'Have To': Intrinsic and Extrinsic Motivators as Predictors of Compliance Behavior Intention." *Human Resource Management* 56 (1): 25–49.

Hoffman, Andrew J., and P. Devereaux Jennings. 2011. "The BP Oil Spill as a Cultural Anomaly? Institutional Context, Conflict, and Change." *Journal of Management Inquiry* 20 (2): 100–112.

Hofstede, G., et al. 1990. "Measuring Organizational Cultures: A Qualitative and Quantitative Study Across Twenty Cases." *Administrative Science Quarterly* 35 (2): 286–316.

Holiday, Ryan. 2018. *Conspiracy: Peter Thiel, Hulk Hogan, Gawker, and the Anatomy of Intrigue*. New York: Portfolio.

Hollinger, Richard C. 1991. "Neutralizing in the Workplace: An Empirical Analysis of Property Theft and Production Deviance." *Deviant Behavior* 12 (2): 169–202.

Holloway, Katy R., Trevor Bennett, and David P. Farrington. 2008. *Effectiveness of Treatment in Reducing Drug-Related Crime: Report Prepared for the National Council for Crime Prevention, Sweden*. Swedish National Council for Crime Prevention (BRÅ).

Holt, Thomas J., and Adam M. Bossler. 2008. "Examining the Applicability of Lifestyle-Routine Activities Theory for Cybercrime Victimization." *Deviant Behavior* 30 (1): 1–25.

Howell, James C. 2009. "Superpredators and Other Myths About Juvenile Delinquency." In *Preventing and Reducing Juvenile Delinquency: A Comprehensive Framework*, 2nd ed., 3–16. Los Angeles: SAGE.

Humphreys, Keith. 2018. "Opioid Epidemic Is Deadlier Than the Vietnam War in '68, Study Says." *Washington Post*, June 7. https://www.washingtonpost.com /news/wonk/wp/2018/06/07/the-opioid-epidemic-is-deadlier-than-the -vietnam-war-study-says.

Independent Directors of the Board of Wells Fargo. 2017. *Sales Practice Investigation Report*. April 10. https://www08.wellsfargomedia.com/assets/pdf/about /investor-relations/presentations/2017/board-report.pdf.

Isaac, Mike. 2019. *Super Pumped: The Battle for Uber*. New York: W. W. Norton.

Johnson, Boris. 2020. "This country has made a huge effort, a huge sacrifice, and done absolutely brilliantly well in delaying the spread of the virus." Twitter. April 4. https://twitter.com/borisjohnson/status/1246349201711288320.

Johnson, Carrie. 2014. "20 Years Later, Parts of Major Crime Bill Viewed as Terrible Mistake." NPR. September 12. https://www.npr.org/2014/09/12 /347736999/20-years-later-major-crime-bill-viewed-as-terrible-mistake?t =1608801496559.

Johnson, Eric J., et al. 2012. "Beyond Nudges: Tools of a Choice Architecture." *Marketing Letters* 23 (2): 487–504.

Johnson, Rucker, and Steven Raphael. 2012. "How Much Crime Reduction Does the Marginal Prisoner Buy?" *Journal of Law and Economics* 55 (2): 275–310.

Jonas-van Dijk, Jiska, et al. 2020. "Victim–Offender Mediation and Reduced Reoffending: Gauging the Self-Selection Bias." *Crime and Delinquency* 66 (6–7): 949–72.

Jones, Daniel N., and Delroy L. Paulhus. 2009. "Machiavellianism." In *Handbook of Individual Differences in Social Behavior*. Edited by Mark R. Leary and Rick H. Hoyle, 93–108. New York: Guilford Press.

Jones, Renae A., Nerina L. Jimmieson, and Andrew Griffiths. 2005. "The Impact of Organizational Culture and Reshaping Capabilities on Change Implementation Success: The Mediating Role of Readiness for Change." *Journal of Management Studies* 42 (2): 361–86.

Jonson, Cheryl L. 2010. "The Impact of Imprisonment on Reoffending: A Meta-Analysis." Doctoral dissertation. University of Cincinnati.

Joy Tong, L. S., and David P. Farrington. 2006. "How Effective Is the 'Reasoning and Rehabilitation' Programme in Reducing Reoffending? A Meta-Analysis of Evaluations in Four Countries." *Psychology, Crime and Law* 12 (1): 3–24.

Kachalia, Allen, and Michelle M. Mello. 2011. "New Directions in Medical Liability Reform." *New England Journal of Medicine* 364 (16): 1564–72.

Kagan, Robert A., and John T. Scholz. 1984. "The 'Criminology of the Corporation' and Regulatory Enforcement Strategies." In *Regulatory Enforcement*. Edited by Keith Hawkins and John M. Thomas, 67–95. Boston: Kluwer-Nijhoff.

Kagan, Robert A., and Jerome H. Skolnick. 1993. "Banning Smoking: Compliance Without Enforcement." In *Smoking Policy: Law, Politics, and Culture*.

Edited by Robert L. Rabin and Stephen D. Sugarman, 69–94. New York: Oxford University Press.

Kahneman, Daniel. 2011. *Thinking, Fast and Slow*. New York: Macmillan.

Kahneman, Daniel, and Amos Tversky. 1979. "Prospect Theory: An Analysis of Decision Under Risk." *Econometrica: Journal of the Econometric Society* 47 (2): 263–91.

Kang, Songman. 2016. "Inequality and Crime Revisited: Effects of Local Inequality and Economic Segregation on Crime." *Journal of Population Economics* 29 (2): 593–626.

Kaptein, Muel, and Mark S. Schwartz. 2008. "The Effectiveness of Business Codes: A Critical Examination of Existing Studies and the Development of an Integrated Research Model." *Journal of Business Ethics* 77 (2): 111–27.

Kaptein, Muel, and Martien Van Helvoort. 2019. "A Model of Neutralization Techniques." *Deviant Behavior* 40 (10): 1260–85.

Kasper, van Laarhoven. 2019. "Kabinet wil gegarandeerde celstraffen voor belagers hulpverleners (Government wants mandatory prison for harassment of safety and enforcement personnel)." *NRC Handelsblad*, October 14. https://www.nrc.nl/nieuws/2019/10/14/kabinet-wil-gegarandeerde-celstraffen-voor-belagen-hulpverleners-a3976643.

Keizer, Kees, Siegwart Lindenberg, and Linda Steg. 2011. "The Reversal Effect of Prohibition Signs." *Group Processes and Intergroup Relations* 14 (5): 681–88.

Kellaway, Lucy. 2015. "Wells Fargo's Happy: Grumpy Ratio Is No Way to Audit Staff." *Financial Times*, February 8. https://www.ft.com/content/31967ba6-aacb-11e4-81bc-00144feab7de.

Kellermann, Arthur L., et al. 1993. "Gun Ownership as a Risk Factor for Homicide in the Home." *New England Journal of Medicine* 329 (15): 1084–91.

Kern, Mary C., and Dolly Chugh. 2009. "Bounded Ethicality: The Perils of Loss Framing." *Psychological Science* 20 (3): 378–84.

Kidd, David G., Anne T. McCartt, and Nathan J. Oesch. 2014. "Attitudes Toward Seat Belt Use and In-Vehicle Technologies for Encouraging Belt Use." *Traffic Injury Prevention* 15 (1): 10–17.

Kim, Irene. 2015. "Directors' and Officers' Insurance and Opportunism in Accounting Choice." *Accounting and Taxation* 7 (1): 51–65.

Kim, Pauline T. 1999. "Norms, Learning and Law: Exploring the Influences of Workers' Legal Knowledge." *University of Illinois Legal Review* 1999 (2): 447–516.

Kirchler, Erich. 2007. *The Economic Psychology of Tax Behaviour*. New York: Cambridge University Press.

Kirchler, Erich, Erik Hoelzl, and Ingrid Wahl. 2008. "Enforced Versus Voluntary Tax Compliance: The 'Slippery Slope' Framework." *Journal of Economic Psychology* 29 (2): 210–25.

Kirchler, Erich, and Boris Maciejovsky. 2001. "Tax Compliance Within the Context of Gain and Loss Situations, Expected and Current Asset Position, and Profession." *Journal of Economic Psychology* 22 (2): 173–94.

Kirchler, Erich, et al. 2010. "Why Pay Taxes? A Review of Tax Compliance Decisions." In *Developing Alternative Frameworks for Explaining Tax Compliance*. Edited James Alm, Jorge Martinez-Vazquez, and Benno Torgler, 59. New York: Routledge.

Kish-Gephart, Jennifer J., David A. Harrison, and Linda Klebe Treviño. 2010. "Bad Apples, Bad Cases, and Bad Barrels: Meta-Analytic Evidence About Sources of Unethical Decisions at Work." *Journal of Applied Psychology* 95 (1): 1-31.

Kivisto, Aaron J., Bradley Ray, and Peter L. Phalen. 2017. "Firearm Legislation and Fatal Police Shootings in the United States." *American Journal of Public Health* 107 (7): 1068–75.

Kjøbli, John, Henrik Daae Zachrisson, and Gunnar Bjørnebekk. 2018. "Three Randomized Effectiveness Trials—One Question: Can Callous-Unemotional Traits in Children Be Altered?" *Journal of Clinical Child and Adolescent Psychology* 47 (3): 436–43.

Kleck, Gary, et al. 2005. "The Missing Link in General Deterrence Research." *Criminology* 43: 623–60.

Klockars, Carl B. 1974. *The Professional Fence*. New York: Free Press.

Kochanowski, Paul S., and Madelyn V. Young. 1985. "Deterrent Aspects of No-Fault Automobile Insurance: Some Empirical Findings." *Journal of Risk and Insurance* 52 (2): 269–88.

Koelle, Felix, et al. 2017. "Nudging the Electorate: What Works and Why?" CeDEx Discussion Paper 2017–16. https://www.nottingham.ac.uk/cedex /documents/papers/cedex-discussion-paper-2017-16.pdf.

Koessler, Ann-Kathrin, et al. 2019. "Commitment to Pay Taxes: Results from Field and Laboratory Experiments." *European Economic Review* 115: 78–98.

Kogler, Christoph, et al. 2013. "Trust and Power as Determinants of Tax Compliance: Testing the Assumptions of the Slippery Slope Framework in Austria, Hungary, Romania and Russia." *Journal of Economic Psychology* 34: 169–80.

Kohlberg, Lawrence. 1963. "The Development of Children's Orientations Toward a Moral Order: I. Sequence in the Development of Moral Thought." *Vita Humana* 6 (1): 11–33.

———. 1971. "Stages of Moral Development." *Moral Education* 1 (51): 23–92.

Kollewe, Julia. 2010. "BP Chief Executive Tony Hayward in His Own Words." *Guardian*. May 14. https://www.theguardian.com/environment/2010/may/14 /tony-hayward-bp.

Kooistra, Emmeke, et al. 2020. "Mitigating COVID-19 in a Nationally Representative UK Sample: Personal Abilities and Obligation to Obey the Law Shape Compliance with Mitigation Measures." Working paper. https://psyarxiv.com /zuc23.

Kotaman, Hüseyin. 2017. "Impact of Rewarding and Parenting Styles on Young Children's Cheating Behavior." *European Journal of Developmental Psychology* 14 (2): 127–40.

Kovandzic, Tomislav V., John J. Sloan III, and Lynne M. Vieraitis. 2004. "'Striking Out' as Crime Reduction Policy: The Impact of 'Three Strikes' Laws on Crime Rates in US Cities." *Justice Quarterly* 21 (2): 207–39.

Kovandzic, Tomislav V., Lynne M. Vieraitis, and Denise Paquette Boots. 2009. "Does the Death Penalty Save Lives?" *Criminology and Public Policy* 8 (4): 803–43.

Krawiec, Kimberly D. 2003. "Cosmetic Compliance and the Failure of Negotiated Governance." *Washington University Law Quarterly* 81: 487–544.

Kristal, Ariella S., et al. 2020. "Signing at the Beginning Versus at the End Does Not Decrease Dishonesty." *Proceedings of the National Academy of Sciences* 117 (13): 7103–7.

Kuiper, Malouke Esra, et al. 2020. "The Intelligent Lockdown: Compliance with COVID-19 Mitigation Measures in the Netherlands." Working paper. https://psyarxiv.com/5wdb3.

Lakatos, Joseph, Bethany Davidson, and Kenneth Sanney. 2017. "Calling Wells Fargo's CEO: Drive Widespread Cultural Change via Implementation of the Dynamic Organizational Model and Permeation of Servant Leadership Throughout the Financial Institution." *Journal of International Management Studies* 12 (1): 1–8.

Landes, Elisabeth M. 1982. "Insurance, Liability, and Accidents: A Theoretical and Empirical Investigation of the Effect of No-Fault Accidents." *Journal of Law and Economics* 25 (1): 49–65.

Langan, Patrick A., and David J. Levin. 2002. "Recidivism of Prisoners Released in 1994." *Federal Sentencing Reporter* 15 (1): 58–65.

Lantigua-Williams, Juleyka. 2016. "Giving Students a Second Chance." *Atlantic.* June 10. https://www.theatlantic.com/politics/archive/2016/06/fair-chance-education-pledge/486518.

Lardén, Martin, et al. 2006. "Moral Judgement, Cognitive Distortions and Empathy in Incarcerated Delinquent and Community Control Adolescents." *Psychology, Crime and Law* 12 (5): 453–62.

Laub, John H., and Robert J. Sampson. 2003. *Shared Beginnings, Divergent Lives.* Cambridge, MA: Harvard University Press.

Laufer, William S. 1999. "Corporate Liability, Risk Shifting, and the Paradox of Compliance." *Vanderbilt Law Review* 52: 1341–420.

Laufer, William S., and Diana C. Robertson. 1997. "Corporate Ethics Initiatives as Social Control." *Journal of Business Ethics* 16 (10): 1029–47.

Leap, Jorja. 2020. *Evaluation of the LAPD Community Safety Partnership.* Los Angeles: UCLA Luskin. http://www.lapdpolicecom.lacity.org/051220/CSP%20Evaluation%20Report_2020_FINAL.pdf.

Lee, Kibeom, Michael C. Ashton, and Reinout E. de Vries. 2005. "Predicting Workplace Delinquency and Integrity with the HEXACO and Five-Factor Models of Personality Structure." *Human Performance* 18 (2): 179–97.

Lee, Kibeom, Michael C. Ashton, and Kang-Hyun Shin. 2005. "Personality Correlates of Workplace Anti-Social Behavior." *Applied Psychology* 54 (1): 81–98.

Lee, Kibeom, Marie Gizzarone, and Michael C. Ashton. 2003. "Personality and the Likelihood to Sexually Harass." *Sex Roles* 49 (1–2): 59–69.

Lens, Michael C. 2013. "Subsidized Housing and Crime: Theory, Mechanisms, and Evidence." *Journal of Planning Literature* 28 (4): 352–63.

———. 2014. "The Impact of Housing Vouchers on Crime in US Cities and Suburbs." *Urban Studies* 51 (6): 1274–89.

Lepper, Mark R., David Greene, and Richard E. Nisbett. 1973. "Undermining Children's Intrinsic Interest with Extrinsic Reward: A Test of the 'Overjustification' Hypothesis." *Journal of Personality and Social Psychology* 28 (1): 129–37.

Levine, Harry G., and Craig Reinarman. 2004. *Alcohol Prohibition and Drug Prohibition. Lessons from Alcohol Policy for Drug Policy.* Amsterdam: CEDRO.

Lewis, Anthony. 1987. "Abroad at Home: Bowing to Racism." *New York Times.* April 28. https://www.nytimes.com/1987/04/28/opinion/abroad-at-home -bowing-to-racism.html.

Lilienfeld, Scott O., and Brian P. Andrews. 1996. "Development and Preliminary Validation of a Self-Report Measure of Psychopathic Personality Traits in Noncriminal Population." *Journal of Personality Assessment* 66 (3): 488–524.

Lin, Chen, Micah S. Officer, and Hong Zou. 2011. "Directors' and Officers' Liability Insurance and Acquisition Outcomes." *Journal of Financial Economics* 102 (3): 507–25.

Lipsey, Mark W., and Francis T. Cullen. 2007. "The Effectiveness of Correctional Rehabilitation: A Review of Systematic Reviews." *Annual Review of Law and Social Science* 3: 297–320.

Littleton, Mark. 2008. "Teachers' Knowledge of Education Law." *Action in Teacher Education* 30 (2): 71–78.

Liyanarachchi, Gregory, and Chris Newdick. 2009. "The Impact of Moral Reasoning and Retaliation on Whistle-Blowing: New Zealand Evidence." *Journal of Business Ethics* 89 (1): 37–57.

Lochner, Lance, and Enrico Moretti. 2004. "The Effect of Education on Crime: Evidence from Prison Inmates, Arrests, and Self-Reports." *American Economic Review* 94 (1): 155–89.

Lopez, Linette. 2011. "China Mobile Executive Gets Death Penalty for Taking Bribes from Siemens." *Business Insider,* June 21. https://www.businessinsider. com/chinese-exec-gets-death-penalty-for-taking-bribes-from-siemens-2011-6.

Los Angeles Mayor's Office. 2017. "Mayor Garcetti Announces New Expansion of Community Safety Partnership." March 3. https://www.lamayor.org/mayor -garcetti-announces-new-expansion-community-safety-partnership.

Loughran, David S. 2001. *The Effect of No-Fault Automobile Insurance on Driver Behavior and Automobile Accidents in the United States.* Santa Monica: Rand Institute for Civil Justice.

Loughran, Thomas A. 2019. "Behavioral Criminology and Public Policy." *Criminology and Public Policy* 18 (4): 737–58.

Lubin, Joann S. 2017. "After Uber and Wells Fargo, Boards Wake Up to Culture." *Wall Street Journal,* October 5. https://www.wsj.com/articles/after-uber-boards -wake-up-to-company-culture-1507046401.

Lustgarten, Abrahm. 2010. "Furious Growth and Cost Cuts Led to BP Accidents Past and Present." ProPublica, October 26. https://www.propublica.org/article /bp-accidents-past-and-present.

Lustgarten, Abrahm. 2012. *Run to Failure: BP and the Making of the Deepwater Horizon Disaster.* New York: W. W. Norton.

Lustgarten, Abrahm, and Ryan Knutson. 2010. "Years of Internal BP Probes Warned That Neglect Could Lead to Accidents." ProPublica, June 7. https:// www.propublica.org/article/years-of-internal-bp-probes-warned-that-neglect -could-lead-to-accidents.

Lyall, Sarah. 2010. "In BP's Record, a History of Boldness and Costly Blunders." *New York Times,* July 12. https://www.nytimes.com/2010/07/13/business /energy-environment/13bprisk.html.

Maarse, Geert. 2016. "Het is heel moeilijk om wildplassers op heterdaad te betrappen" (It is very difficult to catch public urinators in the act). *Erasmus Magazine*, December 12. https://www.erasmusmagazine.nl/2016/12/22/het-is-heel -moeilijk-om-wildplassers-op-heterdaad-te-betrappen.

MacCoun, Robert J. 2005. "Voice, Control, and Belonging: The Double-Edged Sword of Procedural Fairness." *Annual Review of Law and Social Sci*ence 1: 171–201.

MacDonald, John, et al. 2015. "Targeting Voter Registration with Incentives: A Randomized Controlled Trial of a Lottery in a London Borough." *Electoral Studies* 40: 170–75.

Macomber, Donna, et al. 2010. "Education in Juvenile Detention Facilities in the State of Connecticut: A Glance at the System." *Journal of Correctional Education* 61 (3): 223–61.

Maki, Alexander, et al. 2016. "Paying People to Protect the Environment: A Meta-Analysis of Financial Incentive Interventions to Promote Proenvironmental Behaviors." *Journal of Environmental Psychology* 47: 242–55.

Makkai, T., and John Braithwaite. 1996. "Procedural Justice and Regulatory Compliance." *Law and Human Behavior* 20 (1): 83–98.

Males, Mike, and Dan Macallair. 1999. "Striking Out: The Failure of California's Three Strikes and You're Out Law." *Stanford Law and Policy Review* 11: 65–74.

Mamdani, Mahmood. 2002. "Amnesty or Impunity? A Preliminary Critique of the Report of the Truth and Reconciliation Commission of South Africa (TRC)." *Diacritics* 32 (3–4): 33–59.

Manske, Michael, and Jana Quoos. 2018. "Secret Lab-Report on the Monkey Testing: Why Nobody Was Supposed to Learn About the Animal Testing." *Bild*, January 30. https://www.bild.de/geld/wirtschaft/volkswagen/the -secret-lab-report-54648270.bild.html.

Marlborough, Patrick. 2016. "My Life as a Kleptomaniac." *Vice*, April 29. https://www.vice.com/en_ca/article/bnpw88/what-its-like-to-live-with -kleptomania.

Martinson, Robert. 1974. "What Works? Questions and Answers About Prison Reform." *Public Interest* 35: 22–56.

Maruna, Shadd, and Heith Copes. 2005. "What Have We Learned from Five Decades of Neutralization Research?" *Crime and Justice* 32: 221–320.

Marvell, Thomas B., and Carlisle E. Moody. 1994. "Prison Population Growth and Crime Reduction." *Journal of Quantitative Criminology* 10 (2): 109–40.

———. 2001. "The Lethal Effects of Three-Strikes Laws." *Journal of Legal Studies* 30: 89–106.

Mashaw, Jerry L. 1978. *Social Security Hearings and Appeals: A Study of the Social Security Administration Hearing System*. Lexington, MA: Lexington Books.

Mason, Melanie. 2016. "Stop-and-Frisk's Effect on Crime Is Hotly Debated. Its Disproportionate Impact on Minorities Is Not." *Los Angeles Times*, September 26. http://www.latimes.com/politics/la-na-pol-crime-debate-factcheck -20160926-snap-story.html.

Mattera, Philip. 2016. "BP: Corporate Rap Sheet." Corporate Research Project. https://www.corp-research.org/BP.

Mayhew, Pat, Ronald V. Clarke, and David Elliott. 1989. "Motorcycle Theft, Helmet Legislation and Displacement." *Howard Journal of Criminal Justice* 28 (1): 1–8.

Mazerolle, Lorraine, et al. 2013. "Shaping Citizen Perceptions of Police Legitimacy: A Randomized Field Trial of Procedural Justice." *Criminology* 51 (1): 33–63.

McCabe, Donald L., Linda Klebe Trevino, and Kenneth D. Butterfield. 1996. "The Influence of Collegiate and Corporate Codes of Conduct on Ethics-Related Behavior in the Workplace." *Business Ethics Quarterly* 6 (4): 461–76.

McCarthy, Bill, and John Hagan. 1991. "Homelessness: A Criminogenic Situation?" *British Journal of Criminology* 31 (4): 393–410.

McEwin, R. Ian. 1989. "No-Fault and Road Accidents: Some Australasian Evidence." *International Review of Law and Economics* 9 (1): 13–24.

McKendall, Marie, Beverly DeMarr, and Catherine Jones-Rikkers. 2002. "Ethical Compliance Programs and Corporate Illegality: Testing the Assumptions of the Corporate Sentencing Guidelines." *Journal of Business Ethics* 37 (4): 367–83.

McLean, Kyle, et al. 2019. "Police Officers as Warriors or Guardians: Empirical Reality or Intriguing Rhetoric?" *Justice Quarterly*: 1–23.

McNeeley, Susan. 2015. "Lifestyle-Routine Activities and Crime Events." *Journal of Contemporary Criminal Justice* 31 (1): 30–52.

Mello, Michelle M., and Allen Kachalia. 2010. *Evaluation of Options for Medical Malpractice System Reform*. Washington, DC: MedPAC.

Mendoza, Martha. 1995. "Mexican Kilns Cast Pall on El Paso: Industry: Scientist at Los Alamos Lab Is Trying to Perfect a Clean-Burning, Economical Alternative to Brick Making in Which Old Tires Are Burned." *Los Angeles Times*, December 15. https://www.latimes.com/archives/la-xpm-1995-12-15-fi-14450-story.html.

Miceli, Marcia P., Janet Pollex Near, and Terry M. Dworkin. 2008. *Whistle-Blowing in Organizations*. Rev. ed. New York: Routledge.

Miles, Thomas J., and Jens Ludwig. 2007. "The Silence of the Lambdas: Deterring Incapacitation Research." *Journal of Quantitative Criminology* 23 (4): 287–301.

Militello, Matthew, David Schimmel, and H. Jake Eberwein. 2009. "If They Knew, They Would Change: How Legal Knowledge Impacts Principals' Practice." *NASSP Bulletin* 93 (1): 27–52.

Moberly, Richard. 2012. "Sarbanes-Oxley's Whistleblower Provisions: Ten Years Later." *South Carolina Law Review* 64: 1–54.

Mocan, H. Naci, and R. Kaj Gittings. 2003. "Getting off Death Row: Commuted Sentences and the Deterrent Effect of Capital Punishment." *Journal of Law and Economics* 46: 453–78.

Monahan, John, and Laurens Walker. 2011. "Twenty-Five Years of Social Science in Law." *Law and Human Behavior* 35 (1): 72–82.

Morgenson, Gretchen. 2016. "Monsanto Whistle-Blower: $22 Million Richer, but Not Satisfied." *New York Times*, September 9. https://www.nytimes.com/2016/09/11/business/for-monsanto-whistle-blower-a-22-million-award-that-fell-short.html.

———. 2017. "Wells Fargo's Testimony Left Some Feeling Shortchanged." *New York Times*, August 31. https://www.nytimes.com/2017/08/31/business/wells-fargo-testimony.html.

Motlag, Jason. 2016. "A Radical Approach to Gun Crime, Paying People Not to Kill Each Other." *Guardian*, June 9. https://www.theguardian.com/us-news /2016/jun/09/richmond-california-ons-gun-crime.

Mulvey, Edward P., et al. 2010. "Trajectories of Desistance and Continuity in Antisocial Behavior Following Court Adjudication Among Serious Adolescent Offenders." *Development and Psychopathology* 22 (2): 453–75.

Muratori, Pietro, et al. 2017. "Evaluation of Improvement in Externalizing Behaviors and Callous-Unemotional Traits in Children with Disruptive Behavior Disorder: A 1-Year Follow-Up Clinic-Based Study." *Administration and Policy in Mental Health and Mental Health Services Research* 44 (4): 452–62.

Murphy, Kristina. 2003. "Procedural Justice and Tax Compliance." *Australian Journal of Social Issues* 38 (3): 379–408.

———. 2005. "Regulating More Effectively: The Relationship Between Procedural Justice, Legitimacy, and Tax Non-Compliance." *Journal of Law and Society* 32 (4): 562–89.

Murphy, Kristina, Tom R. Tyler, and Amy Curtis. 2009. "Nurturing Regulatory Compliance: Is Procedural Justice Effective When People Question the Legitimacy of the Law?" *Regulation and Governance* 3 (1): 1–26.

Nagin, Daniel S. 2013. "Deterrence in the Twenty-First Century." *Crime and Justice* 42 (1): 199–263.

Nagin, Daniel S., Francis T. Cullen, and Cheryl Lero Jonson. 2009. "Imprisonment and Reoffending." *Crime and Justice* 38 (1): 115–200.

Nagin, Daniel S., and Cody W. Telep. 2017. "Procedural Justice and Legal Compliance." *Annual Review of Law and Social Science* 13: 5–28.

National Park Service. 2018. "Petrified Wood." https://www.nps.gov/pcfo/learn /nature/petrified-wood.htm.

Near, Janet P., and Marcia P. Miceli. 1996. "Whistle-Blowing: Myth and Reality." *Journal of Management* 22 (3): 507–26.

Nelson, J. Ron, Deborah J. Smith, and John Dodd. 1990. "The Moral Reasoning of Juvenile Delinquents: A Meta-Analysis." *Journal of Abnormal Child Psychology* 18 (3): 231–39.

Nelson, J. S. 2016. "The Criminal Bug: Volkswagen's Middle Management." Unpublished paper. https://papers.ssrn.com/sol3/papers.cfm?abstract_id=2767255.

Newman, Oscar. 1972. *Defensible Space*. New York: Macmillan.

NHTSA. 2019a. "Distracted Driving." National Highway Traffic Safety Administration. https://www.nhtsa.gov/risky-driving/distracted-driving#resources.

———. 2019b. "Distracted Driving in Fatal Crashes 2017." National Highway Traffic Safety Administration. https://crashstats.nhtsa.dot.gov/Api/Public /ViewPublication/812700.

———. 2020. "Seat Belts." National Highway Traffic Safety Administration. https://www.nhtsa.gov/risky-driving/seat-belts.

Nieuwbeerta, Paul, Daniel S. Nagin, and Arjan Blokland. 2009. "The Relationship Between First Imprisonment and Criminal Career Development: A Matched Samples Comparison." *Journal of Quantitative Criminology* 25 (3): 227–57.

Nir, Sarah Maslin. 2017. "A Free-Riding Tortoise (and Other Violations) as Subway Delays Mount." *New York Times*, June 2. https://www.nytimes.com/2017 /06/02/nyregion/subway-rules-of-conduct.html.

Nisan, Mordecai. 1992. "Beyond Intrinsic Motivation: Cultivating a Sense of
the Desirable." In *Effective and Responsible Teaching: The New Synthesis*. Edited
by Fritz Oser, Andreas Dick, and Jean-Luc Patry, 126–38. San Francisco:
Jossey-Bass.

Nixon, Richard. 1973. "Radio Address About the State of the Union Message on
Law Enforcement and Drug Abuse Prevention." https://www.presidency.ucsb
.edu/documents/radio-address-about-the-state-the-union-message-law
-enforcement-and-drug-abuse-prevention.

Nolan, Jessica M., and Kenneth E. Wallen. 2021 (forthcoming). "Social Norms
and Persuasion." In *The Cambridge Handbook of Compliance*. Edited by Benjamin
van Rooij and D. Daniel Sokol. Cambridge, UK: Cambridge University Press.

NOS Nieuws. 2019. "Beschonken bestuurders raken eerder hun rijbewijs kwijt
(Drunk drivers to lose their license more swiftly)." *NOS*, November 7.
https://nos.nl/artikel/2309386-beschonken-bestuurders-raken-eerder-hun-
rijbewijs-kwijt.html#:~:text=Automobilisten%20onder%20invloed%20die
%20achter,Grapperhaus%20van%20Justitie%20en%20Veiligheid.

Novi Mores. 2012. "Gedragsverandering in de stiltecoupé (Behavioral change in
the silent compartment)." October 25. http://www.novimores.nl/2012/10
/gedragsverandering-in-de-stiltecoupe.

NYCLU (New York Civil Liberties Union). 2020. "Annual Stop-and-Frisk Num-
bers." http://www.nyclu.org/content/stop-and-frisk-data.

O'Brien, Thomas C., Tracey L. Meares, and Tom R. Tyler. 2020. "Reconciling
Police and Communities with Apologies, Acknowledgements, or Both: A
Controlled Experiment." *Annals of the American Academy of Political and Social
Science* 687 (1): 202–15.

Ogbonna, Emmanuel, and Barry Wilkinson. 2003. "The False Promise of Or-
ganizational Culture Change: A Case Study of Middle Managers in Grocery
Retailing." *Journal of Management Studies* 40 (5): 1151–78.

OSHA. 2020. "Commonly Used Statistics." https://www.osha.gov/oshstats
/commonstats.html.

Oswald, Frederick L., et al. 2013. "Predicting Ethnic and Racial Discrimination:
A Meta-Analysis of IAT Criterion Studies." *Journal of Personality and Social
Psychology* 105 (2): 171–92.

Owens, Emily, et al. 2018. "Can You Build a Better Cop? Experimental Evidence
on Supervision, Training, and Policing in the Community." *Criminology and
Public Policy* 17 (1): 41–87.

Painter, Kate, and David P. Farrington. 1997. "The Crime Reducing Effect of
Improved Street Lighting: The Dudley Project." *Situational Crime Prevention:
Successful Case Studies* 2: 209–26.

Palmer, Emma J. 2003. "An Overview of the Relationship Between Moral Rea-
soning and Offending." *Australian Psychologist* 38 (3): 165–74.

Pardosi, T. 1997. *Profil Migran Msuk di Enam Kota Besar: Medan, Bandung, Surabaya,
Jakarta, Semarang, Ujung Pandang, Hasil Survei Urbanisasi 1995*. Jakarta: Biro
Pusat Statistik (BPS) Indonesia.

Pare, Paul-Philippe, and Richard Felson. 2014. "Income Inequality, Poverty and
Crime Across Nations." *British Journal of Sociology* 65 (3): 434–58.

Parker, Christine, and Vibeke Lehmann Nielsen. 2009. "Corporate Compliance Systems: Could They Make Any Difference?" *Administration and Society* 41 (1): 3–37.

Paulhus, Delroy L., and Kevin M. Williams. 2002. "The Dark Triad of Personality: Narcissism, Machiavellianism, and Psychopathy." *Journal of Research in Personality* 36 (6): 556–63.

PBS. 2010. "BP's Troubled Past." *Frontline*, October 26. http://www.pbs.org/wgbh/pages/frontline/the-spill/bp-troubled-past.

Pease, Ken. 1991. "The Kirkholt Project: Preventing Burglary on a British Public Housing Estate." *Security Journal* 2 (2): 73–77.

Pelissier, Bernadette, et al. 2001. "Federal Prison Residential Drug Treatment Reduces Substance Use and Arrests After Release." *American Journal of Drug and Alcohol Abuse* 27 (2): 315–37.

Perkins, H. Wesley, et al. 2010. "Effectiveness of Social Norms Media Marketing in Reducing Drinking and Driving: A Statewide Campaign." *Addictive Behaviors* 35 (10): 866–74.

Perkins, Jessica M., H. Wesley Perkins, and David W. Craig. 2019. "Misperceiving a Code of Silence: Peer Support for Telling Authorities About Weapons at School Among Middle School and High School Students in the United States." *Youth and Society* 51 (6): 814–39.

Pickett, Justin T., and Shawn D. Bushway. 2015. "Dispositional Sources of Sanction Perceptions: Emotionality, Cognitive Style, Intolerance of Ambiguity, and Self-Efficacy." *Law and Human Behavior* 39 (6): 624-40.

Pickett, Justin T., Thomas A. Loughran, and Shawn Bushway. 2015. "On the Measurement and Properties of Ambiguity in Probabilistic Expectations." *Sociological Methods and Research* 44 (4): 636–76.

——. 2016. "Consequences of Legal Risk Communication for Sanction Perception Updating and White-Collar Criminality." *Journal of Experimental Criminology* 12 (1): 75–104.

Piquero, Alex R. 2008. "Taking Stock of Developmental Trajectories of Criminal Activity over the Life Course." In *The Long View of Crime: A Synthesis of Longitudinal Research*. Edited by Akiva M. Liberman, 23–78. New York: Springer.

Piquero, Alex R., Wesley G. Jennings, and David P. Farrington. 2010. "On the Malleability of Self-Control: Theoretical and Policy Implications Regarding a General Theory of Crime." *Justice Quarterly* 27 (6): 803–34.

Piquero, Alex R., Wesley G. Jennings, David P. Farrington, Brie Diamond, and Jennifer M. Reingle Gonzalez. 2016. "A Meta-Analysis Update on the Effectiveness of Early Self-Control Improvement Programs to Improve Self-Control and Reduce Delinquency." *Journal of Experimental Criminology* 12 (2): 249–64.

Plambeck, Erica L., and Terry A. Taylor. 2016. "Supplier Evasion of a Buyer's Audit: Implications for Motivating Supplier Social and Environmental Responsibility." *Manufacturing and Service Operations Management* 18 (2): 184–97.

Plato. 1975. *The Laws*. London: Penguin.

Pleasence, Pascoe, and Nigel J. Balmer. 2012. "Ignorance in Bliss: Modeling Knowledge of Rights in Marriage and Cohabitation." *Law and Society Review* 46 (2): 297–333.

Pleasence, Pascoe, Nigel J. Balmer, and Catrina Denvir. 2017. "Wrong About Rights: Public Knowledge of Key Areas of Consumer, Housing and Employment Law in England and Wales." *Modern Law Review* 80 (5): 836–59.

Pogarsky, Greg. 2021 (forthcoming). "Heuristics and Biases in the Criminology of Compliance." In *Cambridge Handbook of Compliance*. Edited by Benjamin Van Rooij and D. Daniel Sokol. Cambridge, UK: Cambridge University Press.

Pogarsky, Greg, and Shaina Herman. 2019. "Nudging and the Choice Architecture of Offending Decisions." *Criminology and Public Policy* 18 (4): 823–39.

Pogarsky, Greg, and Alex R. Piquero. 2003. "Can Punishment Encourage Offending? Investigating the 'Resetting' Effect." *Journal of Research in Crime and Delinquency* 40 (1): 95–120.

Pogarsky, Greg, Sean Patrick Roche, and Justin T. Pickett. 2017. "Heuristics and Biases, Rational Choice, and Sanction Perceptions." *Criminology* 55 (1): 85–111.

———. 2018. "Offender Decision-Making in Criminology: Contributions from Behavioral Economics." *Annual Review of Criminology* 1: 379–400.

Pontell, Henry N., Kitty Calavita, and Robert Tillman. 1994. "Corporate Crime and Criminal Justice System Capacity: Government Response to Financial Institution Fraud." *Justice Quarterly* 11 (3): 383–410.

Pope, Shelby. 2016. "Can San Francisco Stop Public Urination with Paint That Pees Back?" *Narratively*, July 28. https://narratively.com/can-san-francisco -stop-public-urination-with-paint-that-pees-back.

Porporino, Frank J., et al. 2002. "An Outcome Evaluation of Prison-Based Treatment Programming for Substance Users." *Substance Use and Misuse* 37 (8–10): 1047–77.

Prakash, Aseem, and Matthew Potoski. 2006. *The Voluntary Environmentalists: Green Clubs, ISO 14001, and Voluntary Environmental Regulations*. Cambridge, UK: Cambridge University Press.

Pratt, Travis C., and Francis T. Cullen. 2000. "The Empirical Status of Gottfredson and Hirschi's General Theory of Crime: A Meta-Analysis." *Criminology* 38 (3): 931–64.

———. 2005. "Assessing Macro-Level Predictors and Theories of Crime: A Meta-Analysis." *Crime and Justice* 32: 373–450.

Pratt, Travis C., Kristy Holtfreter, and Michael D. Reisig. 2010. "Routine Online Activity and Internet Fraud Targeting: Extending the Generality of Routine Activity Theory." *Journal of Research in Crime and Delinquency* 47 (3): 267–96.

Pratt, Travis C., and Kristin Lloyd. 2021 (forthcoming). "Self-Control and Offending." In *The Cambridge Handbook on Compliance*. Edited by Benjamin Van Rooij and D. Daniel Sokol. Cambridge UK: Cambridge University Press.

Pratt, Travis C., Michael G. Turner, and Alex R. Piquero. 2004. "Parental Socialization and Community Context: A Longitudinal Analysis of the Structural Sources of Low Self-Control." *Journal of Research in Crime and Delinquency* 41 (3): 219–43.

President's Task Force on 21st Century Policing. 2015. *Final Report of the President's Task Force on 21st Century Policing*. Washington, DC: Office of Community Oriented Policing Services. https://cops.usdoj.gov/pdf/taskforce/TaskForce _FinalReport.pdf.

*Psychology Today.* 2019. "Kleptomania." https://www.psychologytoday.com/us/conditions/kleptomania.

Public Apology Central. 2017. "Maria Sharapova Explains Failed Drug Test in Press Conference." March 7, 2016, press conference. YouTube. https://www.youtube.com/watch?v=Nxd5X7wl9dE&feature=emb_logo.

Publicis Groupe Belgium. 2014. "Responsible Young Drivers: The Impossible Texting and Driving Test." YouTube. https://www.youtube.com/watch?v=n7pv4fyZhxc.

Puzzanghera, Jim. 2017. "What's Wrong with Bank Culture? A Top Fed Official Points to Wells Fargo Scandal." *Los Angeles Times*, March 21. http://www.latimes.com/business/la-fi-wells-fargo-fed-20170321-story.html.

Ramji-Nogales, Jaya, Andrew I. Schoenholtz, and Philip G. Schrag. 2007. "Refugee Roulette: Disparities in Asylum Adjudication." *Stanford Law Review* 60: 295-412.

Rapp, Geoffrey Christopher. 2012. "Mutiny by the Bounties? The Attempt to Reform Wall Street by the New Whistleblower Provisions of the Dodd-Frank Act." *Brigham Young University Law Review* 2012 (1): 73–152.

Rappaport, John. 2016. "How Private Insurers Regulate Public Police." *Harvard Law Review.* 130: 1539–614.

Rappleye, Hannah. 2016. "Shocking Trial, but Louisiana Sheriff Cleared of Civil Rights Abuses." NBC News, November 5. https://www.nbcnews.com/news/us-news/shocking-trial-louisiana-sheriff-cleared-civil-rights-abuses-n678031.

Reagan, Ronald. 1984. "Radio Address to the Nation on Proposed Crime Legislation." American Presidency Project. https://www.presidency.ucsb.edu/documents/radio-address-the-nation-proposed-crime-legislation.

Reckard, E. Scott. 2013. "Wells Fargo's Pressure-Cooker Sales Culture Comes at a Cost." *Los Angeles Times*, December 21. http://www.latimes.com/business/la-fi-wells-fargo-sale-pressure-20131222-story.html.

Reinders Folmer, Christopher P. 2021 (forthcoming). "Crowding-Out Effects of Laws, Policies and Incentives on Compliant Behavior." In *Cambridge Handbook of Compliance.* Edited by Benjamin Van Rooij and D. Daniel Sokol. Cambridge, UK: Cambridge University Press.

Reising, Kim, et al. 2019. "Childhood Risk Factors for Personality Disorder Symptoms Related to Violence." *Aggression and Violent Behavior* 49: 1–14.

Reuters. 2016. "VW Says Defeat Device in Conformity with European Law." Reuters, November 3. https://www.reuters.com/article/us-volkswagen-emissions-lawsuit/vw-says-defeat-device-in-conformity-with-european-law-idUSKBN12Y2VJ.

Reutter, David M. 2019. "Infamous Louisiana Sheriff on His Way Out." *Prison Legal News*, last modified October 4. https://www.prisonlegalnews.org/news/2019/oct/4/infamous-louisiana-sheriff-his-way-out.

Rice, Constance, and Susan K. Lee. 2015. *Relationship-Based Policing: Achieving Safety in Watts: A Report for the President's Task Force on 21st Century Policing.* Urban Peace Institute.

Richards, Clinton. 1999. "The Transient Effects of Limited Ethics Training." *Journal of Education for Business* 74 (6): 332–34.

Richtel, Matt. 2016. "Phone Makers Could Cut Off Drivers. So Why Don't They?" *New York Times*, September 24. https://www.nytimes.com/2016/09/25/technology/phone-makers-could-cut-off-drivers-so-why-dont-they.html.

Rijksoverheid. 2020. "Letterlijke tekst persconferentie minister-president Rutte, ministers Grapperhaus, De Jonge en Van Rijn over aangescherpte maatregelen coronavirus (verbatim text of press conference on stringent coronavirus measures)." March 23. https://www.rijksoverheid.nl/documenten/mediateksten/2020/03/23/persconferentie-minister-president-rutte-ministers-grapperhaus-de-jonge-en-van-rijn-over-aangescherpte-maatregelen-coronavirus.

Robben, Henry S. J., et al. 1990. "Decision Frame and Opportunity as Determinants of Tax Cheating: An International Experimental Study." *Journal of Economic Psychology* 11 (3): 341–64.

Roberts, Dean. 2017. "A Year After Scandal, Claims of Sales Pressure Linger at Wells Fargo." *Charlotte Observer*, September 2. http://www.charlotteobserver.com/news/business/banking/article170791647.html.

Robies, Frances. 2018. "Meth, the Forgotten Killer, Is Back. And It's Everywhere." *New York Times*, February 13. https://www.nytimes.com/2018/02/13/us/meth-crystal-drug.html.

Robin, Lily, et al. 2020. *The Los Angeles Community Safety Partnership: 2019 Assessment.* Urban Institute. https://www.urban.org/sites/default/files/publication/101827/the_los_angeles_community_safety_partnership_2019_assessment.pdf.

Robinson, David, and Frank J. Porporino. 2003. "Programming in Cognitive Skills: The Reasoning and Rehabilitation Programme." In *The Essential Handbook of Offender Assessment and Treatment.* Edited by Clive R. Hollin, 63–78. New York: John Wiley and Sons

Rooth, Dan-Olof. 2009. "Obesity, Attractiveness, and Differential Treatment in Hiring: A Field Experiment." *Journal of Human Resources* 44 (3): 710–35.

Rorabaugh, W. J. 1996. "Reexamining the Prohibition Amendment." *Yale Journal of Law and the Humanities* 8: 285–94.

Ross, Ezra, and Martin Pritikin. 2010. "Collection Gap: The Underenforcement of Corporate and White-Collar Fines and Penalties." *Yale Law and Policy Review* 29: 453–526.

Ruffle, Bradley J., and Yossef Tobol. 2014. "Honest on Mondays: Honesty and the Temporal Separation Between Decisions and Payoffs." *European Economic Review* 65: 126–35.

Ruiz, Rebecca R., et al. 2016. "Russian Doctor Explains How He Helped Beat Doping Tests at the Sochi Olympics." *New York Times*, May 13. https://www.nytimes.com/interactive/2016/05/13/sports/russia-doping-sochi-olympics-2014.html.

Rustad, Michael, and Thomas Koenig. 1993. "The Supreme Court and Junk Social Science: Selective Distortion in Amicus Briefs." *North Carolina Law Review* 72: 91–162.

Ryan, Kevin F. 1998. "Clinging to Failure: The Rise and Continued Life of US Drug Policy." *Law and Society Review* 32: 221–42.

Saltstone, Scot P., Robert Saltstone, and Brian H. Rowe. 1997. "Knowledge of Medical-Legal Issues. Survey of Ontario Family Medicine Residents." *Canadian Family Physician* 43: 669–73.

Sampson, Robert J, and John H. Laub. 1997. "A Life-Course Theory of Cumulative Disadvantage and the Stability of Delinquency." *Developmental Theories of Crime and Delinquency* 7: 133–61.

Sarat, Austin. 1975. "Support for the Legal System: An Analysis of Knowledge, Attitudes, and Behavior." *American Politics Quarterly* 3 (1): 3–24.

Sawyer, Kim R., Jackie Johnson, and Mark Holub. 2010. "The Necessary Illegitimacy of the Whistleblower." *Business and Professional Ethics Journal* 29 (1): 85–107.

Scalzi, Cynthia C., et al. 2006. "Barriers and Enablers to Changing Organizational Culture in Nursing Homes." *Nursing Administration Quarterly* 30 (4): 368–72.

Schein, E. H. 2010. *Organizational Culture and Leadership.* 4th ed. New York: Jossey-Bass.

Schell-Busey, Natalie Marie. 2009. "The Deterrent Effects of Ethics Codes for Corporate Crime: A Meta-Analysis." Unpublished PhD dissertation, University of Maryland, https://drum.lib.umd.edu/bitstream/handle/1903/9289 /SchellBusey_umd_0117E_10313.pdf.

Schell-Busey, Natalie, et al. 2016. "What Works? A Systematic Review of Corporate Crime Deterrence." *Criminology and Public Policy* 15 (2): 387–416.

Schepanski, Albert, and Teri Shearer. 1995. "A Prospect Theory Account of the Income Tax Withholding Phenomenon." *Organizational Behavior and Human Decision Processes* 63 (2): 174–86.

Scherdin, Mary Jane. 1986. "The Halo Effect: Psychological Deterrence of Electronic Security Systems." *Information Technology and Libraries* 5 (3): 232–35.

Schimmel, David, and Matthew Militello. 2007. "Legal Literacy for Teachers: A Neglected Responsibility." *Harvard Educational Review* 77 (3): 257–84.

Scholten, Wieke, and Naomi Ellemers. 2016. "Bad Apples or Corrupting Barrels? Preventing Traders' Misconduct." *Journal of Financial Regulation and Compliance* 24 (4): 366–82.

Schubert, Carol A., et al. 2004. "Operational Lessons from the Pathways to Desistance Project." *Youth Violence and Juvenile Justice* 2 (3): 237–55.

Schubert, Siri, and T. Christian Miller. 2008. "At Siemens, Bribery Was Just a Line Item." *New York Times,* December 20. http://www.nytimes.com/2008/12/21 /business/worldbusiness/21siemens.html.

Schultz, P. Wesley, et al. 2007. "The Constructive, Destructive, and Reconstructive Power of Social Norms." *Psychological Science* 18 (5): 429–34.

Schwartz, Joanna C. 2014. "Introspection Through Litigation." *Notre Dame Law Review* 90: 1055–104.

Scott, Tim, et al. 2003. "The Quantitative Measurement of Organizational Culture in Health Care: A Review of the Available Instruments." *Health Services Research* 38 (3): 923–45.

Seabrook, John. 2009. "Don't Shoot: A Radical Approach to the Problem of Gang Violence." *New Yorker,* June 15, 2009. https://www.newyorker.com/magazine /2009/06/22/dont-shoot-2.

Segall, Eleanor. 2018. "'Admitting It Was Shameful and Embarrassing'—What It's Really Like to Have Kleptomania." *Metro,* May 11. https://metro.co.uk/2018 /05/11/admitting-it-was-shameful-and-embarrassing-what-its-really-like-to -have-kleptomania-7510046.

Sentencing Project. 2020. "Trends in US Corrections." http://sentencingproject
.org/wp-content/uploads/2016/01/Trends-in-US-Corrections.pdf.

Shalvi, Shaul, Ori Eldar, and Yoella Bereby-Meyer. 2012. "Honesty Requires
Time (and Lack of Justifications)." *Psychological Science* 23 (10): 1264–70.

Sharma, Gaurav. 2017. "Insider Reveals 'Culture of Fear' That Drove Kobe Steel
Scandal." *International Business Times*, October 27. https://www.ibtimes.co.uk
/insider-reveals-culture-fear-that-drove-kobe-steel-scandal-1644749.

Sharma Rani, Rikha. 2017. "Building Trust Cuts Violence. Cash Also Helps."
*New York Times*, February 21. https://www.nytimes.com/2017/02/21/opinion
/building-trust-cuts-violence-cash-also-helps.html.

SharpBrains. 2006. "Brain Teaser: Can You Count the Fs in This Sentence?"
https://sharpbrains.com/blog/2006/09/10/brain-exercise-brain-teaser.

Shear, Michael D., Michael Crowley, and James Glanz. 2020. "Coronavirus May
Kill 100,000 to 240,000 in US Despite Actions, Officials Say." *New York Times*,
March 31. https://www.nytimes.com/2020/03/31/us/politics/coronavirus
-death-toll-united-states.html.

Shepherd, Joanna M. 2002. "Fear of the First Strike: The Full Deterrent Effect of Cali-
fornia's Two- and Three-Strikes Legislation." *Journal of Legal Studies* 31 (1): 159–201.

———. 2004. "Murders of Passion, Execution Delays, and the Deterrence of Cap-
ital Punishment." *Journal of Legal Studies* 33 (2): 283–321.

———. 2005. "Deterrence Versus Brutalization: Capital Punishment's Differing
Impacts Among States." *Michigan Law Review* 104: 203–56.

Sherman, Lawrence W., Patrick R. Gartin, and Michael E. Buerger. 1989. "Hot
Spots of Predatory Crime: Routine Activities and the Criminology of Place."
*Criminology* 27 (1): 27–56.

———. 1995. "General Deterrent Effects of Police Patrol in Crime 'Hot Spots': A
Randomized, Controlled Trial." *Justice Quarterly* 12 (4): 625–48.

Shu, Lisa L., and Francesca Gino. 2012. "Sweeping Dishonesty Under the Rug:
How Unethical Actions Lead to Forgetting of Moral Rules." *Journal of Personal-
ity and Social Psychology* 102 (6): 1164–77.

Shu, Lisa L., et al. 2012. "Signing at the Beginning Makes Ethics Salient and
Decreases Dishonest Self-Reports in Comparison to Signing at the End." *Pro-
ceedings of the National Academy of Sciences* 109 (38): 15197–200.

Shuman, Daniel W., and Myron S. Weiner. 1981. "The Privilege Study: An Em-
pirical Examination of the Psychotherapist-Patient Privilege." *North Carolina
Law Review* 60: 893–942.

Siegel, Michael, Craig S. Ross, and Charles King III. 2013. "The Relationship
Between Gun Ownership and Firearm Homicide Rates in the United States,
1981–2010." *American Journal of Public Health* 103 (11): 2098–105.

Simerman, John. 2019. "$3 Million in New Payouts as Iberia Parish Sheriff's Of-
fice Settles More Abuse Suits." Nola.com, March 2. https://www.nola.com
/news/courts/article_f17160ee-a7fe-50fd-a1f8-0b9b55ca5a26.html.

Simpson, Sally, et al. 2014. "Corporate Crime Deterrence: A Systematic Review."
*Campbell Systematic Reviews* 10 (4): 5–88.

Singer, Tania, et al. 2006. "Empathic Neural Responses Are Modulated by the
Perceived Fairness of Others." *Nature* 439 (7075): 466–69.

Sloan, Frank A., Bridget A. Reilly, and Christoph M. Schenzler. 1994. "Tort Liability Versus Other Approaches for Deterring Careless Driving." *International Review of Law and Economics* 14 (1): 53–71.

Slovic, Paul, Baruch Fischhoff, and Sarah Lichtenstein. 1979. "Rating the Risks." *Environment: Science and Policy for Sustainable Development* 21 (3): 14–39.

Smith, Joanne R., and Winnifred R. Louis. 2008. "Do as We Say and as We Do: The Interplay of Descriptive and Injunctive Group Norms in the Attitude–Behaviour Relationship." *British Journal of Social Psychology* 47 (4): 647–66.

Smith, Randall. 2015. "Two Former Traders Found Guilty in Libor Manipulation Case." *New York Times*, November 5. http://www.nytimes.com/2015/11/06/business/dealbook/two-former-traders-found-guilty-in-libor-manipulation-case.html.

Smithson, Joy, and Steven Venette. 2013. "Stonewalling as an Image-Defense Strategy: A Critical Examination of BP's Response to the Deepwater Horizon Explosion." *Communication Studies* 64 (4): 395–410.

Solomon, Mark G., Richard P. Compton, and David F. Preusser. 2004. "Taking the Click It or Ticket Model Nationwide." *Journal of Safety Research* 35 (2): 197–201.

Soper, George A. 1919. "The Lessons of the Pandemic." *Science* 49 (1274): 501–6.

Spano, Richard, and Joshua D. Freilich. 2009. "An Assessment of the Empirical Validity and Conceptualization of Individual Level Multivariate Studies of Lifestyle/Routine Activities Theory Published from 1995 to 2005." *Journal of Criminal Justice* 37 (3): 305–14.

Spiegel International. 2007. "Siemens Corruption Scandal Deepens: New Allegations of Bribes to Saddam." *Der Spiegel*, January 3. https://www.spiegel.de/international/siemens-corruption-scandal-deepens-new-allegations-of-bribes-to-saddam-a-457549.html.

———. 2008. "Siemens Verdict: Former Manager Convicted of Corruption." *Der Spiegel*, July 28. http://www.spiegel.de/international/business/siemens-verdict-former-manager-convicted-of-corruption-a-568504.html.

Stanley-Becker, Isaac, and Alex Horton. 2018. "Sully, Bush's Service Dog, Lies Before the President's Flag-Draped Casket in the Capitol Rotunda." *Washington Post*, December 4. https://www.washingtonpost.com/nation/2018/12/03/sully-bushs-service-dog-lies-before-his-casket-before-one-last-journey-with-former-president.

Stanovich, Keith E., and Richard F. West. 2000. "Advancing the Rationality Debate." *Behavioral and Brain Sciences* 23 (5): 701–17.

Stansbury, Jason, and Bruce Barry. 2007. "Ethics Programs and the Paradox of Control." *Business Ethics Quarterly* 17 (2): 239–61.

Steffy, Loren C. 2010. *Drowning in Oil: BP and the Reckless Pursuit of Profit*. New York: McGraw Hill Professional.

Steinberg, Laurence, and Elizabeth S. Scott. 2003. "Less Guilty by Reason of Adolescence: Developmental Immaturity, Diminished Responsibility, and the Juvenile Death Penalty." *American Psychologist* 58 (12): 1009–18.

Steinberg, Richard M. 2011. *Governance, Risk Management, and Compliance: It Can't Happen to Us—Avoiding Corporate Disaster While Driving Success*. Hoboken, NJ: John Wiley & Sons.

Stewart, Mary White, and Catherine Byrne. 2000. "Genocide, Political Violence, and the Neutralization of Evil." Paper presented at the American Sociological Association Annual Meeting, Washington, DC.

Stromberg, Joseph. 2013. "The Neuroscientist Who Discovered He Was a Psychopath." *Smithsonian Magazine*, November 22. https://www.smithsonianmag.com /science-nature/the-neuroscientist-who-discovered-he-was-a-psychopath -180947814.

Sweeten, Gary, Alex R. Piquero, and Laurence Steinberg. 2013. "Age and the Explanation of Crime, Revisited." *Journal of Youth and Adolescence* 42 (6): 921–38.

Sykes, Gresham M., and David Matza. 1957. "Techniques of Neutralization: A Theory of Delinquency." *American Sociological Review* 22 (6): 664–70.

Sylves, Richard T., and Louise K. Comfort. 2012. "The Exxon Valdez and BP Deepwater Horizon Oil Spills: Reducing Risk in Socio-Technical Systems." *American Behavioral Scientist* 56 (1): 76–103.

Taibbi, Matt. 2013. "Cruel and Unusual Punishment: The Shame of Three Strikes Laws." *Rolling Stone*, March 27. https://www.rollingstone.com/politics /politics-news/cruel-and-unusual-punishment-the-shame-of-three-strikes -laws-92042.

Talesh, Shauhin A. 2009. "The Privatization of Public Legal Rights: How Manufacturers Construct the Meaning of Consumer Law." *Law and Society Review* 43 (3): 527–62.

———. 2015. "Rule-Intermediaries in Action: How State and Business Stakeholders Influence the Meaning of Consumer Rights in Regulatory Governance Arrangements." *Law and Policy* 37 (1–2): 1–31.

Talesh, Shauhin, and Jérôme Pélisse. 2019. "How Legal Intermediaries Facilitate or Inhibit Social Change." *Studies in Law, Politics, and Society* 79: 111–45.

Tang, Shu-Hua, and Vernon C. Hall. 1995. "The Overjustification Effect: A Meta-Analysis." *Applied Cognitive Psychology* 9 (5): 365–404.

Taylor, Eileen Z., and Mary B. Curtis. 2010. "An Examination of the Layers of Workplace Influences in Ethical Judgments: Whistleblowing Likelihood and Perseverance in Public Accounting." *Journal of Business Ethics* 93 (1): 21–37.

Tenbrunsel, Ann E., and David M. Messick. 2004. "Ethical Fading: The Role of Self-Deception in Unethical Behavior." *Social Justice Research* 17 (2): 223–36.

Tewksbury, Richard, and Elizabeth Ehrhardt Mustaine. 2001. "Lifestyle Factors Associated with the Sexual Assault of Men: A Routine Activity Theory Analysis." *Journal of Men's Studies* 9 (2): 153–82.

Thaler, Richard H. 2015. *Misbehaving: The Making of Behavioral Economics*. New York: W. W. Norton.

Thompson, Derek. 2018. "The Most Expensive Comment in Internet History?" *Atlantic*, February 23. https://www.theatlantic.com/business/archive/2018 /02/hogan-thiel-gawker-trial/554132.

Thomson, Ernie. 1999. "Effects of an Execution on Homicides in California." *Homicide Studies* 3 (2): 129–50.

Thornton, Dorothy, Neil Gunningham, and Robert A. Kagan. 2005. "General Deterrence and Corporate Environmental Behavior." *Law and Policy* 27 (2): 262–88.

Thornton, Dorothy, Robert A. Kagan, and Neil Gunningham. 2008. "Compliance Costs, Regulation, and Environmental Performance: Controlling Truck Emissions in the US." *Regulation and Governance* 2 (3): 275–92.

Travis, Jeremy, Bruce Western, and Steve Redburn. 2014. *The Growth of Incarceration in the United States: Exploring Causes and Consequences.* Washington, DC: National Academies Press.

Treviño, Linda Klebe, and Gary R. Weaver. 2001. "Organizational Justice and Ethics Program Follow-Through: Influences on Employees' Harmful and Helpful Behavior." *Business Ethics Quarterly* 11 (4): 651–71.

Treviño, Linda Klebe, Gary R. Weaver, David G. Gibson, and Barbara Ley Toffler. 1999. "Managing Ethics and Legal Compliance: What Works and What Hurts." *California Management Review* 41 (2): 131–51.

Treviño, Linda K., and Stuart A. Youngblood. 1990. "Bad Apples in Bad Barrels: A Causal Analysis of Ethical Decision-Making Behavior." *Journal of Applied Psychology* 75 (4): 378–85.

Truth and Reconciliation Commission (South Africa). 2020. "Amnesty Hearings and Decisions." https://www.justice.gov.za/trc/amntrans/index.htm.

Tversky, Amos, and Daniel Kahneman. 1974. "Judgment Under Uncertainty: Heuristics and Biases." *Science* 185 (4157): 1124–31.

Twiley, Nicola. 2015. "Rocks, Paper, Sinners." *New Yorker*, January 23. http://www.newyorker.com/tech/elements/slide-show-bad-luck-petrified-forest.

Tyler, Tom R. 1990. *Why People Obey the Law.* Princeton, NJ: Princeton University Press.

———. 1997. "Procedural Fairness and Compliance with the Law." *Swiss Journal of Economics and Statistics* 133 (2): 219–40.

———. 2000. "Social Justice: Outcome and Procedure." *International Journal of Psychology* 35 (2): 117–25.

Tyler, Tom R., Patrick E. Callahan, and Jeffrey Frost. 2007. "Armed, and Dangerous (?): Motivating Rule Adherence Among Agents of Social Control." *Law and Society Review* 41 (2): 457–92.

Unnever, James D., and Francis T. Cullen. 2009. "Empathetic Identification and Punitiveness: A Middle-Range Theory of Individual Differences." *Theoretical Criminology* 13 (3): 283–312.

Urban Dictionary. 2015. "Twalking." https://www.urbandictionary.com/define.php?term=Twalking.

USADA (US Anti-Doping Agency). 2016. "Substance Profile: Meldonium." March 30. https://www.usada.org/spirit-of-sport/meldonium.

US Attorney's Office. 2015. "Former Siemens Chief Financial Officer Pleads Guilty in Manhattan Federal Court to $100 Million Foreign Bribery Scheme." FBI News. September 30. https://www.fbi.gov/contact-us/field-offices/newyork/news/press-releases/former-siemens-chief-financial-officer-pleads-guilty-in-manhattan-federal-court-to-100-million-foreign-bribery-scheme.

US Chemical Safety and Hazard Investigation Board. 2007. "Investigation Report: Refinery Explosion and Fire, Texas City, Texas, March 23, 2005." https://www.hsdl.org/?abstract&did=234995.

US Department of Justice. 2004. "Warner-Lambert to Pay $430 Million to Resolve Criminal and Civil Health Care Liability Relating to Off-Label Promotion." Press release. May 13. https://www.justice.gov/archive/opa/pr/2004/May/04_civ_322.htm.

————. 2011. "The False Claims Act: A Primer." April 22. https://www.justice.gov/sites/default/files/civil/legacy/2011/04/22/C-FRAUDS_FCA_Primer.pdf.

US Department of Justice, and US Attorney for the District of Columbia. 2008. "Siemens Sentencing Memo." December 12. https://www.justice.gov/sites/default/files/opa/legacy/2008/12/19/siemens-sentencing-memo.pdf.

US Senate Select Committee on Intelligence. 2014. "Committee Study of the Central Intelligence Agency's Detention and Interrogation Program." https://www.intelligence.senate.gov/sites/default/files/documents/CRPT-113srpt288.pdf.

Valliant, Paul M., et al. 2000. "Moral Reasoning, Interpersonal Skills, and Cognition of Rapists, Child Molesters, and Incest Offenders." *Psychological Reports* 86 (1): 67–75.

Van der Merwe, Hugo, and Audrey R. Chapman. 2008. *Truth and Reconciliation in South Africa: Did the TRC Deliver?* Philadelphia: University of Pennsylvania Press.

Van Gelder, Jean-Louis. 2012. "Beyond Rational Choice: The Hot/Cool Perspective of Criminal Decision Making." *Psychology, Crime and Law* 19 (9): 745–63.

Van Gelder, Jean-Louis, and Reinout E. de Vries. 2013. "Rational Misbehavior? Evaluating an Integrated Dual-Process Model of Criminal Decision Making." *Journal of Quantitative Criminology* 30: 1–27.

————. 2016. "Traits and States at Work: Lure, Risk and Personality as Predictors of Occupational Crime." *Psychology, Crime and Law* 22 (7): 701–20.

Van Gelder, Jean-Louis, Hal E. Hershfield, and Loran F. Nordgren. 2013. "Vividness of the Future Self Predicts Delinquency." *Psychological Science* 24 (6): 974–80.

Van Gelder, Jean-Louis, et al. 2015. "Friends with My Future Self: Longitudinal Vividness Intervention Reduces Delinquency." *Criminology* 53 (2): 158–79.

Van McCrary, S., and Jeffrey W. Swanson. 1999. "Physicians' Legal Defensiveness and Knowledge of Medical Law: Comparing Denmark and the USA." *Scandinavian Journal of Public Health* 27 (1): 18–21.

Van McCrary, S., et al. 1992. "Treatment Decisions for Terminally Ill Patients: Physicians' Legal Defensiveness and Knowledge of Medical Law." *Law, Medicine and Health Care* 20 (4): 364–76.

Van Natta, Don, Jr., Elaine Sciolino, and Stephen Grey. 2006. "Details Emerge in British Terror Case." *New York Times*, August 28. https://www.nytimes.com/2006/08/28/world/europe/28plot.html.

Van Rooij, Benjamin, and Adam Fine. 2018. "Toxic Corporate Culture: Assessing Organizational Processes of Deviancy." *Administrative Sciences* 8 (3): 23–61.

Van Rooij, Benjamin, et al. 2020. "Compliance with COVID-19 Mitigation Measures in the United States" Working paper. https://psyarxiv.com/qymu3.

Vaughn, Joshua. 2019. "In a Louisiana Parish, Hundreds of Cases May Be Tainted by Sherriff's Office Misconduct." *Appeal*, November 25. https://theappeal.org

/iberia-parish-brady-letters/?utm_source=the+Appeal&utm_campaign
=1ed105eb2c-.

Vazsonyi, Alexander T., Jakub Mikuška, and Erin L. Kelley. 2017. "It's Time: A
Meta-Analysis on the Self-Control-Deviance Link." *Journal of Criminal Justice*
48: 48–63.

Violation Tracker. 2020. "100 Most Penalized Parent Companies." https://
violationtracker.goodjobsfirst.org/top-100-parents.

Visher, Christy A., Laura Winterfield, and Mark B. Coggeshall. 2005. "Ex-Offender
Employment Programs and Recidivism: A Meta-Analysis." *Journal of Experimental
Criminology* 1 (3): 295–316.

Volkov, Michael. 2020. "The Boeing Scandal and the Demise of a Corporate Cul-
ture (Part I of III)." JD Supra. https://www.jdsupra.com/legalnews/the-boeing
-scandal-and-the-demise-of-a-71150.

Volkswagen. 2017. "Volkswagen Diesel Old Wives' Tale 6: Diesel Is Dirty." You-
Tube. June 25. https://www.youtube.com/watch?v=RMFaBXiBaZA.

Walters, Glenn D., and P. Colin Bolger. 2019. "Procedural Justice Perceptions,
Legitimacy Beliefs, and Compliance with the Law: A Meta-Analysis." *Journal
of Experimental Criminology* 15 (3): 341–72.

Wang, Amy B., and Kristine Philips. 2018. "'Just Shoot Me,' an Armed Man Told
a Cop. The Officer Didn't—and Was Fired, His Lawsuit Claimed." *Washington
Post*, December 8. https://www.washingtonpost.com/news/post-nation/wp
/2018/02/12/an-officer-who-was-fired-after-refusing-to-shoot-an-armed
-man-just-won-175000-in-a-settlement.

Warren, Danielle E., Joseph P. Gaspar, and William S. Laufer. 2014. "Is Formal
Ethics Training Merely Cosmetic? A Study of Ethics Training and Ethical
Organizational Culture." *Business Ethics Quarterly* 24 (1): 85–117.

Warren, Elizabeth. 2016a. "Enough Is Enough." Facebook. https://www.facebook
.com/senatorelizabethwarren/posts/556583621170802.

———. 2016b. "Letter to the Department of Justice Inspector General." https://
www.warren.senate.gov/files/documents/2016-9-15_Referral_DOJ_IG
_letter.pdf.

———. 2016c. "One Way to Rebuild Our Institutions." *New York Times*, January
29. https://www.nytimes.com/2016/01/29/opinion/elizabeth-warren-one
-way-to-rebuild-our-institutions.html.

Waschbusch, Daniel A., et al. 2019. "Effects of Behavioral Treatment Modified to
Fit Children with Conduct Problems and Callous-Unemotional (CU) Traits."
*Journal of Clinical Child and Adolescent Psychology* 49 (5): 1–12.

Waxman, Olivia B. 2019. "Before the Trump Impeachment Inquiry, These Were
American History's Most Famous Whistle-Blowers." *Time*, September 26.
https://time.com/5684536/whistleblower-history.

Weaver, Gary R. 2014. "Encouraging Ethics in Organizations: A Review of Some
Key Research Findings." *American Criminal Law Review* 51: 293–316.

Weaver, Gary R., and Linda Klebe Treviño. 1999. "Compliance and Values
Oriented Ethics Programs: Influences on Employees' Attitudes and Behavior."
*Business Ethics Quarterly* 9 (2): 315–35.

Weaver, Gary R., Linda Klebe Treviño, and Philip L. Cochran. 1999. "Corporate Ethics Practices in the Mid-1990's: An Empirical Study of the Fortune 1000." *Journal of Business Ethics* 18 (3): 283–94.

Webley, Paul, et al. 1991. *Tax Evasion: An Experimental Approach.* New York: Cambridge University Press.

Weekes, John R., et al. 2013. "What Works in Reducing Substance-Related Offending." In *What Works in Offender Rehabilitation: An Evidence-Based Approach to Assessment and Treatment.* Edited by Leam Craig, Louise Dixon, and Theresa Gannon, 237–54. Hoboken, NJ: Wiley.

Weisburd, David, and Lorraine Green. 1995. "Policing Drug Hot Spots: The Jersey City Drug Market Analysis Experiment." *Justice Quarterly* 12 (4): 711–35.

Weisburd, David, and Lorraine Green Mazerolle. 2000. "Crime and Disorder in Drug Hot Spots: Implications for Theory and Practice in Policing." *Police Quarterly* 3 (3): 331–49.

Weisburd, David, et al. 2004. "Trajectories of Crime at Places: A Longitudinal Study of Street Segments in the City of Seattle." *Criminology* 42 (2): 283–322.

Weiser, Kathy. 2019. "The Curse of the Petrified Forest." Legends of America. http://www.legendsofamerica.com/az-petrifiedcurse.html.

Welch, Chris. 2019. "Spotify Launches a Simplified Car View for Controlling Your Music While Driving." *Verge,* January 16. https://www.theverge.com /2019/1/16/18185644/spotify-car-view-now-testing-android-simple-controls.

Wenzel, Michael. 2005. "Misperceptions of Social Norms About Tax Compliance: From Theory to Intervention." *Journal of Economic Psychology* 26 (6): 862–83.

White, Ben, et al. 2012. "What Do Emergency Physicians Think of Law?" *Emergency Medicine Australasia* 24 (4): 355–56.

———. 2014. "Doctors' Knowledge of the Law on Withholding and Withdrawing Life-Sustaining Medical Treatment." *Medical Journal of Australia* 201 (4): 229–32.

Whitebread, Charles H. 2000. "Freeing Ourselves from the Prohibition Idea in the Twenty-First Century." *Suffolk University Law Review* 33: 235–58.

Williams, Allan F., and JoAnn K. Wells. 2004. "The Role of Enforcement Programs in Increasing Seat Belt Use." *Journal of Safety Research* 35 (2): 175–80.

Williams, Kevin M., et al. 2009. "Inferring Sexually Deviant Behavior from Corresponding Fantasies: The Role of Personality and Pornography Consumption." *Criminal Justice and Behavior* 36 (2): 198–222.

Wilson, Richard A. 2001. *The Politics of Truth and Reconciliation in South Africa: Legitimizing the Post-Apartheid State.* Cambridge, UK: Cambridge University Press.

Winter, S., and P. J. May. 2001. "Motivation for Compliance with Environmental Regulations." *Journal of Policy Analysis and Management* 20 (4): 675–98.

Woo, Ayoung, and Kenneth Joh. 2015. "Beyond Anecdotal Evidence: Do Subsidized Housing Developments Increase Neighborhood Crime?" *Applied Geography* 64: 87–96.

Wood, George, Tom R. Tyler, and Andrew V. Papachristos. 2020. "Procedural Justice Training Reduces Police Use of Force and Complaints Against Officers." *Proceedings of the National Academy of Sciences* 117 (18): 9815–21.

Woodward, Aylin. 2019. "It's Been Nearly 30 Years Since the Exxon Valdez Oil Spill. But That Crisis Pales in Comparison to These Recent Ocean Disasters." *Business Insider,* March 21. https://www.businessinsider.nl/exxon-valdez-spill -other-disasters-contaminated-ocean-2019-3?international=true&r=US.

Woodyatt, Amy. 2019. "'World First' Cell Phone Detection Cameras Rolled Out in Australia." CNN News, December 2. https://edition.cnn.com/2019/12/01 /australia/cell-phone-detection-camera-australia-intl-scli/index.html.

Worrall, John L. 2004. "The Effect of Three-Strikes Legislation on Serious Crime in California." *Journal of Criminal Justice* 32 (4): 283–96.

Worsham, Ronald G., Jr. 1996. "The Effect of Tax Authority Behavior on Taxpayer Compliance: A Procedural Justice Approach." *Journal of the American Taxation Association* 18 (2): 19–39.

Wright, John Paul, et al. 2017. "Malevolent Forces: Self-Control, the Dark Triad, and Crime." *Youth Violence and Juvenile Justice* 15 (2): 191–215.

Xunzi. 2003. *Xunzi: Basic Writings.* Translated by Burton Watson. New York: Columbia University Press.

Yates, Sally Q. 2015. "Memorandum on Individual Accountability for Corporate Wrongdoing." US Department of Justice, Office of the Deputy Attorney General. September 9. https://www.justice.gov/archives/dag/file/769036/download.

Yu, Rongqin, John R. Geddes, and Seena Fazel. 2012. "Personality Disorders, Violence, and Antisocial Behavior: A Systematic Review and Meta-Regression Analysis." *Journal of Personality Disorders* 26 (5): 775–92.

Zador, Paul, and Adrian Lund. 1986. "Re-Analyses of the Effects of No-Fault Auto Insurance on Fatal Crashes." *Journal of Risk and Insurance* 53 (2): 226–41.

Zimring, Franklin E., Gordon Hawkins, and Sam Kamin. 2001. *Punishment and Democracy: Three Strikes and You're Out in California.* New York: Oxford University Press.

Zimring, Franklin E., and Sam Kamin. 2001. "Facts, Fallacies, and California's Three Strikes." *Duquesne Law Review* 40: 605–14.